뉴노멀 시대를 위한

비즈니스 생존 키워드

언택트 시대의 새로운 가이드

마정산 지음

정보문화사
Information Publishing Group

뉴노멀 시대를 위한
비즈니스 생존 키워드

초판 1쇄 인쇄 | 2021년 3월 15일
초판 1쇄 발행 | 2021년 3월 20일

지 은 이 | 마정산
발 행 인 | 이상만
발 행 처 | 정보문화사

책 임 편 집 | 노미라
편 집 진 행 | 정수향
교 정 · 교 열 | 안종군

주   소 | 서울시 종로구 동숭길 113 (정보빌딩)
전   화 | (02)3673-0114
팩   스 | (02)3673-0260
등   록 | 1990년 2월 14일 1-1013호
홈 페 이 지 | www.infopub.co.kr

I S B N | 978-89-5674-905-1

2020년은 우리 세대가 평생 기억할 또 하나의 연도가 될 것 같다. 전 세계가 하나의 원인 때문에 동시에 똑같은 어려움을 겪었던 적이 있었을까? 중세 유럽의 흑사병이나 20세기 초의 스페인 독감 또는 제2차 세계대전 등이 그나마 필적할 만하지만 2020년 코로나19가 불러일으킨 파급력은 전무후무할 것 같다. 코로나19는 우리 사회의 의료 체계와 정치, 경제, 교육 그리고 사회·문화의 모든 방면에 예기치 못한 영향을 끼치고 있다.

저자 역시 처음에는 그저 건강하기만을 바랐지만, 점차 시간이 지나면서 코로나19가 우리 주변에 어떤 영향을 미치고 있는지에 관심이 생겼다. 신문, 방송, 해외 언론 매체 등을 구독해볼 때마다 그리고 주변 사람들과 이야기를 나눌수록 상황이 생각보다 심각하다는 생각이 들었다. 어쩌면 코로나19 때문에 우리 사회와 경제가 예전과는 전혀 다른 영역에 들어설 것 같다는 생각이 들었다. 특히 언론에서는 지금과 같은 상황은 처음 겪어본다는 말을 반복하고 있었다.

하지만 시간이 지날수록 왠지 모를 기시감을 느낄 수 있었다. 마치 2020년 코로나19가 초래한 상황을 예전에도 몇 번 겪었던 것 같았다. 2015년 메르스 사태와 2003년 중국 사스 사태는 전염병에 따른 사회 혼란이라는 점에서 코로나19 사태와 비슷하지만 사회 전체에 영향을 미치진 않았다. 그 당시 사회적 혼란이 왜 초래됐는지는 잘 기억나지 않지만 결과적으로는 이와 비슷한 사건들을 예전에도 경험한 적이 있다는 느낌은 지울 수 없었다.

2020년 여름, 공저자와 함께 『비대면 비즈니스 트렌드』(정보문화사, 2020)를 저술하던 중 지금과 비슷한 일을 언제 겪었는지가 갑자기 떠올랐다. 바로 1998년 IMF 외환 위기였던 것이다. 당시 나는 대학에 재학 중이었다. 2020년과 마찬가지로 대다수의 사람들은 IMF가 무엇인지 알지도 못했고 관심도 없었다. 마치 우리들이 지금도 코로나19에 대해 완벽하게 알지 못하는 것과 비슷했다. 결과도 비슷했다. IMF 외환 위기를 기점으로 세상이 너무도 많이 변했다. 1998년 이전에 정상적이었던 관행과 활동이 1998년 이후에는 비정상적인 활동이 된 것이다. 그때도 많은 언론이 IMF 외환 위기와 같은 사태는 전무후무한 일이라고 힘주어 말하곤 했다.

머릿속을 맴돌던 기시감이 해소되자, 갑자기 이와 비슷한 경험들이 몇 가지 더 떠올랐다. 2008년 리먼 브러더스가 촉발한 세계 금융 위기가 전 세계를 공포로 몰아넣고 있을 당시, 나는 미국에 있었다. 환율이 어느 순간 1,800원까지 올랐을 때 느꼈던 허탈감을 지금도 기억한다. IMF 외환 위기와 마찬가지로 많은 언론이 2008년 금융 위기는 정말 예외적인 사건이라고 말했다. 그 당시에는 세계 금융 위기가 얼마나 예외적인 사건인지 알 수 없었지만, 정확히 10년 전 한국에서 겪었던 일들이 미국과 전 세계에서 벌어지는 것을 목격할 수 있었다. 2016년 중국과 사드(THAAD)를 둘러싼 갈등이 심각했을 때도 이와 비슷한 경험을 했다. 나는 중국 관련 업무를 맡고 있었기 때문에 중국에 있는 한국 기업들이 한순간에 곤경에 빠진 것을 볼 수 있었다. 언론이나 전문가들은 예전과 마찬가지로 '이번 일은 예측하기 힘들고 전무후무한 일'이라고 말했다. 도대체 전무후무한 일들이 왜 이렇게 자주 발생하는 걸까?

결론은 한 가지였다. 대부분의 사람은 이제 '블랙 스완'이 무엇을 의미하는지를 알고 있다. 우리는 예측하지 못한 일이 벌어졌을 때 '블랙 스완이 나타났다.'라고 말한다. 하지만 내가 겪은 바로는 블랙 스완은 철새다. 잊을 만하면 어김없이 다시 나타난다. 다만 우리들은 블랙 스완이 언제 오는지를 모를 뿐이다. 이제 익숙해질 만도 한데 여전히 불편한 존재가 바로 블랙 스완이다.

코로나19, 사드 사태, 세계 금융 위기, IMF 외환 위기 등이 올 때마다 우리들은 언제나 큰 위기를 경험했고, 우리가 익숙했던 세상이 한차례 크게 요동친 후 전혀 다른 세상으로 변하는 것을 온몸으로 체험했다. 위기의 원인에 따라 세상은 다르게 변화했지만, 언제나 마무리는 똑같았다. 세상은 위기 전후로 크게 바뀌었다는 것이다.

커다란 위기가 바꿔 놓은 세상에서 살아가기는 어렵다. 이미 몇 차례 경험해봤지만, 한 번도 쉬웠던 적은 없었다. 하지만 위기 후에 오는 세상 역시 우리들이 살아가야 하는 세상이고, 우리들이 하루라도 빨리 적응할수록 더 편하게 살 수 있다는 사실을 깨달았다. 하지만 이를 좀 더 적극적으로 해결할 방법은 없을까? 블랙 스완이 언제 다시 올지는 모르지만, 최소한 날아오는 모습이 보인다면 미리 대처하는 것이 좋지 않을까? 위기 이후 새롭게 바뀐 세상에서 좀 더 효과적으로 살기 위해서는 무엇을 해야 할까? 그리고 기업은 어떻게 해야 하며, 기업에 속해 있는 개인들은 무엇을 준비해야 할까?

이 책은 이러한 고민들에 대한 저자 나름의 탐구이자 해답이다.

우선 커다란 위기 후에 우리들이 경험하게 되는 일상을 '뉴노멀'이라고 정의했다. 뉴노멀은 이제 흔히 들을 수 있는 표현이지만, 뉴노멀이 과연 무엇인지 그리고 뉴노멀의 특성이 무엇인지에 대해 쉽게 알려주는 사람이나 언론은 없는 것 같다. 간단한 영어 단어 두 개가 결합한 표현이지만, 뉴노멀을 헤쳐나가야 하는 우리에게 있어서는 막연한 존재일 뿐이다. 막연하기 때문에 이런저런 시행착오를 겪게 된다.

이 책에는 코로나19가 초래한 뉴노멀 상황에서 시행착오를 줄이고, 궁극적으로 기업과 개인의 생존력을 높일 수 있는 방법이 총 4개 부(部)로 구성돼 있으며 전체 파트는 15개의 생존 키워드들로 이뤄져 있다.

1부에서는 코로나19가 초래한 현재의 뉴노멀 상황을 정의하고, 이번 뉴노멀이 지닌 주요한 특징들, 즉 비대면, 무경계의 경쟁(Borderless Competition) 그리고 센싱 등에 대해 자세히 정리했다. IMF 외환 위기나 사드 사태와 달리, 이번에 우리가 경험하는 뉴노멀의 핵심적 특징은 바로 '비대면'이다. 비대면은 단순히 얼굴만 마주치지 않으면 된다고 생각한다면, 현재 벌어지고 있는 뉴노멀의 특징을 전혀 이해하지 못한 것이다. 비대면은 이 책에서 반복적으로 강조하는 디지털 기술과 밀접하게 결합해 새로운 흐름을 만들고 있기 때문이다.

2부에서는 뉴노멀 상황에서 기업이 생존하고 매출을 올리기 위해 당장 시작해야 하는 네 가지 키워드를 소개했다. 코로나19가 촉발한 뉴노멀하에서는 고객들이 무엇을 원하는지, 고객 가치를 기반으로 어떤 제품을 만들어야 하는지, 이를 어떤 식으로 고객에게 커뮤니케이션해야 하는지, 어떻게 판매해야 하는지를 파악해야 한다.

3부에서는 뉴노멀 상황에서 기업들이 반드시 준비해야 하는 활동들을 정리했다. 모든 것이 비대면 기반으로 움직이는 뉴노멀 시대에 꼭 필요한 디지털 트랜스포메이션, 조직 문화와 프로세스를 혁신하는 방법, 위기를 관리하는 방법에 대해 논의한다.

4부에서는 개인들이 생존하는 데 필요한 세 가지 키워드로 구성돼 있다. 첫 번째 키워드는 디지털 노마드로, 원격근무 형태에서 한 단계 더 나아가 직원 스스로가 독립적으로 활동할 수 있어야 한다. 두 번째 키워드는 경력 관리로, 불확실한 시대일수록 직원과 기업은 서로 윈윈할 수 있는 경력 관리를 계획하고 실행해야 한다. 마지막 키워드는 평생 학습으로, 평생 학습은 개인이 불확실한 시대를 살아갈 수 있는 최소한의 보험이다.

독자들은 이 15가지 키워드 중 현재 자신이 가장 궁금해하는 키워드를 선정해 먼저 읽어도 된다. 하지만 현재 뉴노멀 상황을 좀 더 자세히 이해하고 앞으로의 생존 전략을 구상하기 위해서는 가급적 순서대로 읽을 것을 권한다. 각 부를 구성하는 개별 키워드들은 상호 연계돼 있기 때문에 순서대로 읽으면 전체적인 맥락을 더욱 쉽게 이해할 수 있기 때문이다.

이 책에서 다루는 내용은 어렵다. 기업의 생존과 비즈니스의 성공을 위해 오랫동안 경영학과 실무에서 연구해온 주제들이기 때문이다. 하지만 독자들이 현실감과 흥미를 갖고 읽을 수 있도록 최신 논문이나 신문 자료, 최근 트렌드를 수록했다.

지금 우리들이 경험하고 있는 뉴노멀은 현재진행형이다. 따라서 앞으로 어떤 방식으로 진화할 것인지, 우리가 어떤 불확실성을 경험할 것인지는 장담할 수 없다. 하지만 이 책에서 다루는 15가지 생존 키워드를 충분히 숙지하고 현실에 적용하기 위해 노력한다면 우리들의 생존 가능성은 지속적으로 상승할 것이다. 그리고 또 한 가지 중요한 점은 이러한 생존 키워드들을 우리 안에 내재화해야 한다는 점이다. 앞에서 말한 것처럼 위기는 항상 반복되며, 그때마다 새로운 뉴노멀 상황이 나타날 것이다. 지금의 뉴노멀을 성공적으로 극복할 수 있고, 자신만의 생존 노하우를 확실히 보유할 수 있다면 앞으로 어떤 위기가 오더라도 쉽게 극복할 수 있을 것이다.

이제 우리 앞에 있는 위기와 불확실성에 대한 두려움을 접고, 새로 등장한 뉴노멀을 정복하기 위해 앞으로 나아가자.

차례

프롤로그   3

차례   8

01 뉴노멀에서 비즈니스 기회는 어디에 있는가?

미지의 세계로 진입하다   14

　• 비대면 시대의 최고의 스타 기업, 줌   15

1부를 구성하는 네 가지 키워드   17

1장　뉴노멀, 비즈니스를 움직이는 시대의 방향성   20

뉴노멀은 언제 등장하는가?   22

　• IMF라는 뉴노멀을 극복한 웅진 코웨이   24

뉴노멀을 위기가 아닌 기회로 활용하는 방법   27

　• 물리 쿼티 키보드에 집착하다 사라진 블랙베리   31

2장　비대면, 시간과 공간을 새롭게 정의하다   34

비대면에 대한 올바른 정의   35

　• 증강현실을 이용한 비대면 A/S, 뷰포리아 초크   43

초연결 사회의 대안, 비대면 연결   44

3장　무경계의 경쟁, 언제 어디서 경쟁자가 나타날지 모른다   46

만인에 대한 만인의 투쟁, 무경계의 경쟁   48

　• 크라우드 펀딩의 성공 사례, 스카이벨(Skybell)   51

무경계의 경쟁에서 생존하기 위한 세 가지 질문   53

4장　센싱, 기회를 감지하다   58

'계획−실행−평가'가 지배하던 시대의 종언   59

　• 코로나19 이후 예상 가능한 시나리오 플래닝   62

센싱을 위한 효과적인 모델, 커네빈 프레임워크   67

02 수익 창출의 기회는 어디에 있는가?

2부를 구성하는 네 가지 키워드   77

5장 고객 가치, 변화한 소비자들의 가치관을 이해하라   81

고객을 이해한다는 것은 무엇을 의미하는가?   82
· 소비를 바라보는 두 가지 시선, YOLO vs. FIRE   83
뉴노멀 시대의 핵심적 고객 가치들   87
고객 가치를 파악하는 최선의 방법   94

6장 개인화, 고객별 맞춤 서비스를 강화하라   97

유튜브는 개인화 시대를 어떻게 앞당겼는가?   98
· 마케팅의 핵심 프로세스, STP   100
더 작아진 세분 시장의 크기   102
· 대량 생산 시대의 최후의 승자, 포드 자동차와 GM   106
개인화의 핵심 요소, 스마트 팩토리   109

7장 커뮤니케이션, 말해야 팔린다   112

드라마 '매드맨'이 뉴노멀을 만난다면?   113
· 뉴노멀 시대의 매체 변화   115
팬데믹 기간 중 소비자들이 듣기 원하는 메시지   120

8장 이커머스, 모든 물건은 온라인에 있다   126

예전과 달라진 미국 블랙 프라이데이의 모습   127
· 미국 할인점 월마트의 이커머스 분투기   130
· 아마존은 왜 온라인에서 책을 팔기 시작했을까?   134
나이키가 더 이상 아마존과 거래하지 않는 이유   138

03 기업은 무엇을 준비해야 하는가?

3부를 구성하는 네 가지 키워드   144

9장   디지털 트랜스포메이션, 기업의 체질을 업그레이드하다   149

아날로그적 비즈니스의 종말   150
- 디지털 트랜스포메이션을 통한 레고(LEGO)의 부활   151

CEO의 핵심 어젠다인 디지털 트랜스포메이션   154
- 스타벅스의 마케팅을 위한 디지털 트랜스포메이션 전략   157
- P&G의 디지털 트랜스포메이션 성적은?   159

10장   기업문화, 기업을 구성하는 비밀 레시피   164

여덟 가지 기업문화 스타일   166
- 팬데믹 시대에 빛을 발한 기업문화, 베스트 웨스턴 호텔   168

뉴노멀 시대를 이끄는 세 가지 기업문화 방향   171
- ING의 기업문화 변화를 위한 체계적인 모니터링   176

11장   프로세스 혁신, 기업의 업무 흐름을 개선하다   179

프로세스는 기업의 혈관과도 같다   180
프로세스 혁신이 필요한 세 가지 시점   182
- ERP와 프로세스 혁신   183

뉴노멀 시대의 프로세스 혁신 방향성   188

12장   위기 관리, 위험을 기회로 바꾸는 활동   194

위기에는 기회와 위험이 공존한다   195
두 가지 종류의 위기 관리   197
- 글로벌 공급망의 불안정성   200

세 가지 위기 관리 원칙   203

04 개인은 생존하기 위해 무엇을 해야 하는가?

4부를 구성하는 세 가지 키워드   211

13장 디지털 노마드, 뉴노멀 시대의 삶의 방식   216

디지털 노마드, 질 오펠리거 씨의 하루   216
디지털 노마드, 그들은 누구인가?   218
디지털 노마드를 위한 장소, 코워킹 스페이스   223
· 디지털 노마드를 위한 휴식처이자 사무 공간, 로움   226

14장 경력 관리, 앞으로 나아갈 길을 준비하다   232

경력이 우리에게 의미하는 것   233
· 경력 관리를 통해 디자이너의 창의성을 높이는 방법   238
경력 관리를 위해 필요한 두 가지 활동   240
경력 관리를 위한 다섯 가지 질문   245

15장 평생 학습, 지속적 생존을 위한 마지막 방법   247

평생 학습을 위한 체계적인 학습 전략   249
기계에 대한 조직적 저항, 19세기 러다이트 운동   251
무엇을 학습해야 하는가?   258

뉴노멀에서
비즈니스 기회는
어디에 있는가?

01부

미지의 세계로 진입하다

아무도 예측하지 못한 시점에 급격한 변화가 닥쳐왔다. 사람들은 당황하고 놀라 어쩔 줄을 몰라 하고, 기존에 정상이라고 믿었던 생각과 행동들이 어느 순간부터 비정상으로 여겨졌다. 오늘은 분명 어제와는 전혀 다른 하루가 될 것이란 점을 본능적으로 느끼지만, 어떤 날이 될지는 알 수 없었다. 우리를 둘러싼 불확실성은 계속 높아지기만 한다. 애니메이션 '겨울왕국 2'의 주제가인 'Into the unknown(미지의 세계로)'이 점점 현실화되는 것 같다.

이처럼 경영 환경을 둘러싼 불확실성과 예측 불가능성이 높아질 때마다 언론에 등장하는 표현들이 있다. 재미있는 점은 이 표현들이 대부분 동물을 비유적으로 사용하고 있다는 것이다. 예를 들어 검은 백조, 회색 코뿔소, 방안의 코끼리 그리고 심지어 검은 코끼리와 같은 표현도 볼 수 있다.

검은 백조, 검은 코끼리 등은 급격한 환경 변화와 위기감을 표현하기 위해 자주 사용되는 표현들이다. '검은 백조'[1]는 전혀 예측하지 못했던 사건이 발생하는 현상, '회색 코뿔소'[2]는 파급력과 발생 가능성은 높지만 사람들이 간과하는 현상을 가리킨다. 그리고 '방 안의 코끼리'[3]는 모든 사람이 잘못됐다는 것을 알지만 그 말을 꺼내는 순간 발생할 위험 때문에 아무도 말하지 않는 현상, '검은 코끼리'[4]는 '검은 백조'와 '방 안의 코끼리'의 합성어로, 엄청난 사태가 벌어질 것을 알지만 모른 척하고 해결하지 않는 문제를 가리킨다.

지금 알아본 표현들처럼 재치 있고 은유적인 표현은 아니지만, 급격한 변화 때문에 사회, 경제, 문화, 비즈니스 등이 완전히 새로운 영역으로 진입하는 현상을 가리키는 또 다른 표현이 한 가지 더 있다. 바로 이 책의 중요한 주제인 '뉴노멀(New Normal)'이라는 표현이다. 뉴노멀은 비록 회색 코뿔소처럼 상상력을 자극하는 표현은 아니지만, 지금 우리가 처한 현실을 보다 함축적으로 보여준다.

2020년 전 세계를 뒤흔든 코로나19는 우리가 알고 있던 많은 것을 하루아침에 바꿔 버렸다. 이제 우리의 일상이 어떻게 변화했는지를 말하는 것은 아무런 의미가 없다. 너무 많은 것이 바뀌었기 때문에 일일이 말할 수도 없고, 어떤 변화는 현재진행형이기도 하다. 어떤 것들은 앞으로도 계속 변화하겠지만 언제, 어떤 식으로 변화할 것인지는 알 수 없다. 이렇듯 최근 새롭게 변화하는 모든 현상을 우리는 '뉴노멀'이라는 단어 하나로 정의할 수 있다.

한순간에 변화한 일상생활을 견뎌내는 것도 쉬운 문제가 아니지만, 더 큰 문제는 비즈니스와 연관된 변화들이다. 우리의 비즈니스가 뉴노멀 시대에 적응하지 못한다면 개개인은 생계에 위협을 받게 되고, 잘 나가던 사업은 하루아침에 위기에 처할 수도 있다. 물론 이와 반대로 뉴노멀 환경에 잘 적응하거나 환경을 스스로 만들어갈 경우에는 한순간에 업계의 스타로 떠오를 수도 있다. 줌(Zoom)의 사례를 간단히 살펴보자.

비대면 시대의 최고의 스타 기업, 줌

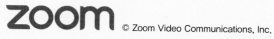

© Zoom Video Communications, Inc.

줌처럼 비대면 시대의 등장을 상징적으로 보여주는 기업은 없다. 줌은 원래 스카이프(Skype) 등과 같은 화상 회의 서비스를 제공하는 기업 중 하나였다. 스카이프는 2003년에 사업을 시작했고, 줌은 2011년 창업했으므로 줌이 후발주자인 셈이다. 그러나 코로나19로 인해 오프라인 모임 및 통학, 회사 출퇴근 등이 불가능해지면서 대안으로 떠오른 온라인 학습 및 화상 회의 플랫폼으로 각광받게 됐다.

줌은 비대면 환경에 선제적으로 대응함으로써 놀랄 만한 성과를 거뒀다. 2019년 3월 나스닥에 최초 상장된 이후 2020년 1월까지 주가는 60달러 초반에 머물렀지만, 2020년 10월 19일 기준으로 573달러까지 올랐다. 10개월만에 주가가 거의 10배 증가한 것이다.

이제는 줌으로 대변되는 화상 회의가 없는 세상을 상상하기 힘들어졌다. 일종의 네트워크 효과에 의해 줌을 이용하는 사람들이 점점 늘어날수록 더 많은 사람이 줌을 이용할 수밖에 없다. 기존에 많이 사용했던 스카이프와 줌이 서로 호환되지 않는 한, 앞으로도 화상 회의를 위한 줌의 수요는 계속 증가할 것이다.

뉴노멀은 지금의 시대가 새로운 국면에 접어들었다는 것을 나타내는 표현이자 앞 시대와의 구분을 위해 사용되는 표현이다. 따라서 뉴노멀은 무엇이며, 뉴노멀의 특성은 무엇인지를 아는 것도 필요하지만, 더 중요한 점은 지금 이 시점에서 뉴노멀이 우리에게 어떤 방향성을 제시하는지를 이해하는 것이다. 그리고 그 방향성을 명확하게 이해하는 기업과 조직은 스스로의 생존 및 성공 가능성을 월등히 높일 수 있을 것이다. 미국 아이스하키 리그의 가장 위대한 선수 중 한 명인 웨인 그레츠키(Wayne Gretzky)[5]가 평소 즐겨 사용한 말을 떠올려보자.

"유능한 하키 선수는 공[1]이 있는 곳에서 플레이하고, 위대한 선수는 공이 갈 곳에서 플레이한다."

---

1 아이스하키에서는 공(Ball) 대신 '퍽(Puck)'이라는 단어를 쓴다. 여기서는 우리에게 익숙한 공이라는 단어를 사용했다.

1부를 구성하는 네 가지 키워드

1부에서는 2020년 이후 등장한 뉴노멀이 어떤 특성이 있는지 자세히 알아본다. 좀 더 구체적으로 말하면 1부는 향후 비즈니스와 일상생활에 중·장기적으로 영향을 미칠 핵심 키워드들을 소개한다. 이 네 가지 키워드는 다음과 같다.

- 뉴노멀
- 비대면
- 무경계의 경쟁
- 센싱

1장에서는 뉴노멀의 정의 및 주요 특성 그리고 뉴노멀이 우리들에게 미치는 영향에 대해 살펴본다. 뉴노멀의 중요성을 한마디로 표현한다면 '경기장'이라고 할 수 있다. 42.195km를 달리는 마라톤에 혼자 출전하든, 11명이 단체로 뛰어야 하는 축구 경기에 참가하든 상관없다. 운동 선수들이 시합에서 원하는 결과를 얻기 위해서는, 즉 시합에서 이기기 위해서는 자신들이 달리고 시합할 경기장이 어떻게 생겼는지 미리 파악하고 있어야 한다. 현시대의 뉴노멀을 이해한다는 것은 시합에 나가기 전에 경기장의 모습을 살펴보고, 경기장이 자신에게 유리한지 또는 문제점이 없는지를 살펴보는 것과 같다.

2장에서 다루는 '비대면(Contactless)'은 뉴노멀 시대를 대표하는 핵심 키워드다. 비대면은 코로나19와 상관없이 언젠가는 메가트렌드로 자리잡을 키워드였다. 인터넷과 IT 기술 덕분에 우리들은 예전부터 다양한 영역에서 비대면 방식을 활용한 다양한 서비스와 제품들을 제공받아왔기 때문이다. 코로나19는 이미 우리가 무의식적으로 활용하고 있던 비대면 현상을 보다 극적으로 촉발시켰을 뿐이다.

비대면은 '단순히 얼굴을 마주하지 않는다.'라는 표현 이상의 의미를 지닌다. 비대면은 우리들의 일상생활과 비즈니스에서 시간과 공간이 갖고 있는 의미를 새롭게 정의하고 있다. 더 이상 시간과 공간에 얽매일 필요가 없어진 것이다. 하지만 우리가 절대로 잊으면 안 되는 점은 비대면 상황에서도 상호 연결성(Connectivity)은 더욱 강화돼야 한다는 것이다. 즉, 비대면 연결(Contactless Connectivity)이 향후 가장 중요한 개념이 될 것이다.

3장에서는 뉴노멀 상황에서 우리가 마주칠 경쟁의 특성을 살펴본다. 이제부터는 '무경계(Borderless)의 경쟁'이다. 이미 오래전부터 우리를 둘러싼 경계선들은 하나씩 무너져 내렸다. 거리, 시차, 산업별 진입 장벽 등은 더 이상 예전과 같은 강력한 힘을 갖지 못한다. 무엇보다 비대면 활동으로 인해 시간과 공간의 제약이 완전히 무너졌다.

동일 산업 내의 경쟁뿐 아니라 서로 다른 업종 간의 경쟁 역시 치열해지고 있다. 피트니스 클럽은 같은 동네에 위치한 또 다른 피트니스 클럽과 경쟁하는 것이 아니라 집에서도 격렬한 운동을 할 수 있도록 지원하는 '즈위프트(Zwift)'[6]와 같은 IT 기반의 모바일 애플리케이션과 경쟁해야 한다. 언제 어디서 새로운 경쟁자가 나타날지 알 수 없는 상황이 된 것이다.

4장에서 다루는 주제는 '센싱(Sensing)'이다. 뉴노멀처럼 불확실성이 높은 환경에서는 예전과 같은 정교한 예측 및 계획 수립이 어렵다. 전통적인 '계획(Plan)-실행(Do)-평가(See)' 대신 환경과 경쟁을 '감지(Sensing)하고 반응(Response)'할 수 있어야 한다.

새로운 환경과 경쟁을 정확히 센싱한다는 것은 말처럼 쉽지 않다. 불필요한 정보를 차단하고 필요한 정보만을 선별할 수 있도록 체계적으로 훈련하고 매뉴얼을 준비해야 한다. 4장에서는 뉴노멀 상황에 필요한 센싱 능력을 어떻게 키울지를 살펴본다.

1부에서 다루는 네 가지 키워드들은 어느 날 갑자기 우리들 앞에 나타난 것이 아니다. 오히려 평상시에 익숙하게 들어왔던 표현들이다. 하지만 새롭게 등장한 뉴노멀이 얼마 전까지 익숙했던 개념과 관습들을 변화시킨 것처럼 지금까지 익숙하게 사용했던 키워드들 역시 우리들에게 새로운 의미와 가능성을 전달하고 있다.

먼저 새롭게 등장한 뉴노멀의 정의 및 특성에 대해 알아보자.

1장

뉴노멀, 비즈니스를 움직이는 시대의 방향성

뉴노멀

경제, 사회, 문화, 일상생활 등에서 예상하지 못한 거대한 변화를 겪은 후
기존과는 전혀 다른 방식이 일상화되는 현상

코로나19가 촉발한 팬데믹(Pandemic)[2]은 현시대를 '코로나 이전(Before Corona, BC)'과 '코로나 이후(After Corona, AC)'로 나누고 있다.[7] 2019년까지 '코로나 이전(BC)'의 시대를 살았다면, 2020년부터는 '코로나 이후(AC)'의 시대를 살고 있는 것이다. '코로나 이후' 시대의 모습이 앞으로 어떠할 것인지, 어떤 모습으로 변화할 것인지를 명확하게 말할 수 있는 사람은 없다. 하지만 앞으로의 세계와 비즈니스 그리고 우리 일상생활은 2020년 이전과는 확연히 다를 것이다.

뉴노멀은 이제부터 우리가 겪어야 하는 일상이 어떤 모습일지를 상징적으로 보여주는 표현이다. 뉴노멀은 '새롭다(New)'와 '정상', '일상', '보통(Normal)'의 의미가 합쳐진 표현으로, 이제부터 과거와는 명확하게 달라진 '새로운 일상생활'을 하게 된다는 것을 의미한다. 뉴노멀이라는 표현은 개

---

2 감염병의 세계적 유행이라는 뜻으로, 2개 대륙 이상에서 동시에 감염병이 확산되는 현상을 말한다. 세계보건기구(WHO)의 최고 경고 등급인 6단계에 해당한다.

인의 일상생활뿐 아니라 경제 시스템, 비즈니스 방식, 정치, 사회, 문화 등 거의 모든 영역에서 사용되고 있다. 심지어 2020년 코카콜라의 커뮤니케이션 캠페인[8]에서도 '뉴노멀'이라는 표현을 볼 수 있다.

뉴노멀이라는 표현이 들어간 국내외 신문 기사들 또한 쉽게 찾아볼 수 있다. 몇몇 기사를 확인해보자. 'BTS(방탄소년단)의 빌보드 1위는 뉴노멀[9]', '원하면 코로나가 끝나도 무기한 재택근무, 근로 뉴노멀 맞는 기업들[10]', '폭염 뉴노멀 시대[11]', '종교 소모임 통해 확산…비대면 모임의 뉴노멀 만들어야[12]', '야구장에서 침 못 뱉는다. KBO 리그의 뉴노멀[13]'과 같이 2020년 이후 뉴노멀이라는 표현은 일상에서 쉽게 접할 수 있다.

뉴노멀이라는 표현은 코로나19 때문에 처음 등장한 것이 아니다. 영어권에서 자주 사용되는 두 개의 단어들이 합쳐진 표현이므로 누가 언제 어디서 '뉴노멀'이라는 표현을 썼는지 파악하기는 어렵다. 하지만 확실한 점은 뉴노멀이라는 표현은 우리의 예상보다 훨씬 오래전부터 사용됐다는 것이다. 2011년 1월 뉴욕타임스에는 '뉴노멀은 실제로는 아주 오래됐다.'라는 기사[14]가 실렸다. 경제학자인 데이비드 레이브슨(David Laibson)은 기사에서 1929년 미국 주가가 지속적인 고점에 도달했다가 일주일 후에 갑자기 대공황이 들이닥친 사례를 들고 있는데, 1929년 10월 어느 날, 대공황을 갑자기 겪게 된 미국인들 그리고 더 나아가 전 세계인들은 기존과 달라진 뉴노멀을 경험하게 됐다고 말한다.

시간을 좀 더 앞으로 당겨보자. 2003년 4월 미국의 경영 잡지인 패스트 컴퍼니(Fast Company)의 '더 뉴노멀(The New Normal)'이라는 기사[15]에서 저명한 기술 투자자인 로저 맥나미(Roger McNamee)는 "IT 기술 관련 산업에서 더 이상 IT 버블[3] 기간 동안 볼 수 있었던 차기 대물(Next Big Thing)

---

3 1995년에서 2000년 초반, 미국과 전 세계에서 인터넷이 폭발적으로 성장하면서 벤처 기업들의 주가는 단기간 엄청나게 상승했다가 2001년에 시장이 붕괴됐다. 미국에서는 '닷컴 버블', 한국에서는 'IT 버블'이라 불리기도 한다.

은 없으며, 우리가 기대할 수 있는 것은 '뉴노멀'이라고 불리는 것뿐"이라고 말했다. 그리고 "2003년이 뉴노멀의 첫 해이며, 앞으로는 이 상태가 계속될 것"이라고 말했다. 비록 2003년 이후 세계적으로 워낙 다양한 일이 많이 벌어져서 2003년의 상황이 계속됐다고 생각하지는 않지만, 최소한 2000년대 초에도 뉴노멀이라는 단어와 개념은 쉽게 찾아볼 수 있었다.

일반적으로 뉴노멀이라는 표현은 2000년 초반부터 활발하게 사용됐다. 2000년대 초 IT 버블이 폭발하면서 1990년 후반과 전혀 달라진 세상을 표현하기 위해 뉴노멀을 사용하기 시작했고, 2008년 세계 금융 위기가 터지자 언론 매체들이 다시 한번 뉴노멀을 소환해냈다. 2014년 중국의 시진핑 주석은 중국은 이제 예전과 같은 두 자릿수의 경제 성장은 어려우며, 경제 성장률 7%라는 새로운 상황(新常态, 뉴노멀의 중국식 표현)에 진입했다고 발표했다.[16]

뉴노멀은 언제 등장하는가?

지금까지 살펴본 것처럼 뉴노멀이라는 표현은 일반적으로 다음과 같은 현상이 나타날 때 사용된다. 첫째, 아무도 예측하지 못한 상태에서 급격한 사회, 경제, 문화적 변화가 나타난다. 물론 소수의 전문가들은 변화를 예측하고 막으려고 하지만 역부족이다.[17] 둘째, 급격한 변화는 대부분의 사람들에게 파괴적이고 돌이킬 수 없는 영향을 미친다. 셋째, 기존에 정상적이라고 믿었던 대부분의 관행들과 시스템은 더 이상 제대로 작동하지 않게 되고, 오히려 앞으로의 일상에 걸림돌이 된다는 것이다. 즉, 기존 관행과의 철저한 단절을 요구받게 된다.

뉴노멀은 과거와의 급격한 단절에서부터 시작하지만 그렇다고 해서 누

뉴노멀에서는 기존 사회 시스템과 딱 맞물려 있던 관습(Old Normal)에서 벗어나 새로운 사회 시스템을 형성해야 한다.

군가가 오늘부터 뉴노멀을 시작한다고 말해주지는 않는다. 전 세계를 뉴노멀 상태로 몰아넣었던 20세기 초의 대공황은 1929년 10월 24일(검은 목요일)과 10월 29일(검은 화요일) 두 차례의 주가 폭락을 그 시작점으로 보고 있다. IT 버블은 뉴욕 나스닥100 지수[4]가 최고점 대비 78% 하락한 2002년 10월 9일을 시작일로 생각할 수도 있다. 하지만 이렇게 뉴노멀의 시작 시점을 따지는 것은 아무런 의미가 없다. 뉴노멀은 비록 우리들에게 급격한 변화를 초래했지만 대부분의 현상들은 조금씩 모습을 드러내고 있기 때문이다. 결국 뉴노멀의 시작일은 시간이 어느 정도 지난 후 누군가가 사후적으로 확정하는 것이다.

뉴노멀의 시작 시점을 단정할 수 없는 것처럼 언제 끝날지도 단정할 수 없다. 앞에서 말한 것처럼 뉴노멀에는 '새롭다'와 '정상 또는 일상'이라는 의미가 담겨 있다. 우리는 더 이상의 새로움을 느끼지 못할 때 일상적인 상

---

4 미국 나스닥(NASDAQ) 상장 종목 중에서 시가총액이 크고 거래량이 많은 100개의 비금융 업종 대표 기업들로 구성된 지수다. 1985년 1월부터 산정되기 시작했다.

황을 맞이하게 된다. 뉴노멀은 전혀 예측하지 못한 순간에 갑자기 등장하지만 일정 시간이 지난 후 다시 한번 이와 비슷한 파괴적 현상이 등장한다. 이런 측면에서 본다면 뉴노멀은 경영 컨설팅 회사인 맥킨지(McKinsey)가 자주 사용하는 '넥스트 노멀(Next Normal)[18]'이라는 표현이 더 적합할 수도 있다. 뉴노멀은 다음(Next)에도 다시 나타나기 때문이다.

지금까지 뉴노멀의 의미, 기원 그리고 특성 등을 살펴봤으므로 이번에는 뉴노멀이 비즈니스를 수행하는 데 왜 중요한지 알아보자. 뉴노멀이 기업과 개인이 비즈니스를 하는 데 중요한 이유는 명확하다. 뉴노멀이 비즈니스의 승패를 좌우하는 중요한 환경과 구조를 결정하기 때문이다.

'물은 배를 띄울 수도 있고, 배를 뒤엎을 수도 있다[19]'는 말처럼 뉴노멀은 기업과 비즈니스를 성장시킬 수도 있고, 한순간에 잘 나가는 기업과 비즈니스를 망하게 할 수도 있다. 우리는 주변에서도 이러한 사례를 쉽게 찾아볼 수 있다.

IMF라는 뉴노멀을 극복한 웅진 코웨이

© 코웨이

1998년 IMF 외환 위기는 한국의 사회와 경제에 엄청난 충격을 안겨줬다. 얼마 전까지만 해도 기세등등했던 대기업들이 하루아침에 파산했고, 사람들은 더 이상 지갑을 열지 않았다. 기존의 경영 기법과 사회적 관습은 더 이상 정상적으로 작동하지 않았다. 어쩌면 경제적 측면에서 한국이 최초로 경험한 뉴노멀일지도 모른다.

대부분의 기업들이 IMF가 초래한 뉴노멀 상황에서 힘들어할 때 오히려 시장 환경과 소비자를 새로운 관점에서 바라보고 더 크게 성장한 사업이 있다. 바로 웅진 코웨이[5]의 렌털 사업이다.

1998년 이전에도 웅진 코웨이는 정수기 사업을 하고 있었고, 심지어 정수기 시장에서 1위를 차지하고 있던 기업이었다. 하지만 IMF 외환 위기 전까지 정수기 사업의 핵심은 약 100만 원 정도의 고가 정수기를 잘 트레이닝된 남성 영업 사원들이 판매하는 방식이었다. 하지만 IMF 이후 시장은 크게 바뀌었다. 우선 소비자들은 고가의 제품에 돈을 쓰지 않았다. 특히 정수기처럼 있으면 좋지만 당장 필요하지 않은 제품에는 더욱 그러했다. 또한 많은 기업이 도산함에 따라 적극적으로 일을 하려는 여성들이 대폭 늘어났다.

웅진 코웨이는 뉴노멀 상황에 대한 정확한 이해를 바탕으로 정수기 사업에 대한 개념을 '제품이 아니라 서비스를 판매하는 사업'으로 바꿨다. 이를 바탕으로 한 번에 큰 돈을 지불할 수 없는 고객들에게 매월 조금씩 납부하는 렌털 방식을 도입했다. 월 3만 원이 안 되는 돈을 지불하면 경제적으로 큰 부담 없이 좋은 물을 마실 수 있다는 것이다. 또한 학습지 사업을 통해 축적한 여성 방문 판매 노하우와 일을 하고자 하는 여성들을 결합해 '코디'라고 불리는 여성 방문 판매 사원이자 AS 직원들을 조직화했다.

성과는 놀라웠다. 1998년 약 4만 명 규모였던 렌털 서비스 이용자가 1999년 약 19만 명으로 증가했고, 1997년 약 30% 수준이던 시장 점유율은 2000년 60% 수준으로 증가했다. 코웨이는 아직까지도 정수기 시장에서 1위를 차지하고 있는 브랜드다.

뉴노멀 속에서는 모든 기업이 어려움을 겪는다. 하지만 뉴노멀의 본질을 이해하고 소비자들이 무엇을 원하는지를 파악한 후 소비자들에게 적합한 솔루션을 제공한다면 새로운 기회를 찾을 수 있다. 1998년 웅진 코웨이 정수기 렌털 사업이 이를 증명하고 있다.

5 2020년 2월 이후 사명은 '웅진 코웨이'에서 '코웨이'로 변경됐다. 1998년 당시 상황을 전달하기 위해 '웅진 코웨이'라는 사명을 의도적으로 사용했다.

뉴노멀이 비즈니스에 미치는 영향은 이 책에서 다루고 있는 모든 주제와 밀접하게 연결돼 있다. 뉴노멀 시대에 진입하면 기존 비즈니스 방식들은 변화를 겪는다. 간단하게 일하는 방식을 바꾸는 수준일 수도 있고(예를 들어, 출퇴근 대신 재택근무 실시), 심한 경우에는 비즈니스의 정체성과 사업 모델 자체를 바꿔야 할 수도 있다(예를 들어, 오프라인 판매 채널을 온라인 판매 방식으로 전환하는 것 등). 다음 표는 최근 뉴노멀 상황 속에서 기업들이 어떻게 발빠르게 대처했는지를 보여주고 있다.

기업들은 뉴노멀 기회를 어떻게 활용하고 있는가?

기업명 및 산업	뉴노멀의 특징	기업의 대응 전략
에어비앤비(AirBnB) 여행업	코로나19의 영향으로 전 세계가 봉쇄됐고, 결과적으로 여행을 가지 못하는 세상이 됐음	여행을 가지 않고도 현지 호스트와 함께 문화 체험을 할 수 있는 온라인 체험 프로그램 도입
넷플릭스(Netflix) 미디어	사회적 거리두기 및 방역으로 극장, 뮤지컬 등의 문화 활동을 하지 못하게 됐고, 집에 있는 시간이 급격히 증가함	극장에서 개봉하지 못하게 된 대작 영화들의 판권을 사서 넷플릭스에서 전속 방영함으로써 충성 구독 계층 강화

뉴노멀 시대에는 기업과 기업 내 직원들 그리고 개인 사업을 하는 모든 사람이 자신들의 비즈니스 방식에 대해 원점에서부터 다시 생각해야 할 필요가 있다. 다행히 뉴노멀이 자신의 비즈니스에 부정적 영향을 미치지 않았다면, 오히려 뉴노멀을 이용해 비즈니스를 더 키울 방법이 있는지를 고민해봐야 한다. 만약 뉴노멀이 비즈니스에 일정 수준 이상의 부정적 영향을 끼치거나 조만간 부정적 효과가 있을 것이라고 판단된다면 적극적인 자세로 해결책을 찾아봐야 한다.

뉴노멀을 맞아 성공한 기업들은 어쩌면 운이 좋았을 수도 있고, 남들처럼 아무런 준비를 하지는 않았지만 단지 한발 먼저 움직였을 수도 있으며, 아주 조금 일찍 상황을 눈치채고 대비책을 마련했을 수도 있거나 깊은 통찰력을 갖고 미리 준비했을 수도 있다. 또는 경쟁사들이 뉴노멀의 파고를 잘 넘지 못하고 도태된 덕분에 손쉽게 새로운 왕좌를 차지했을 수도 있고, 새로 출시한 제품과 서비스가 뉴노멀을 맞이한 소비자들에게 운 좋게 잘 받아들여졌을 수도 있다.

뉴노멀을 위기가 아닌 기회로 활용하는 방법

뉴노멀을 새로운 기회로 활용할 것인지, 위기로 받아들일 것인지는 기업과 조직의 역량 그리고 개개인들의 상황 인식에 달려 있다. 하지만 뉴노멀을 위기가 아닌 기회로 인식하기 위해서는 다음과 같은 접근법을 활용할 필요가 있다. 다음 접근법은 환경(Situation)을 분석하고 비즈니스에 미치는 영향력(Impact)을 파악하는 일련의 과정이다.

- 1단계: 뉴노멀의 상황에 대한 명확한 이해 및 분석(Situation)
- 2단계: 뉴노멀이 자신의 비즈니스에 미치는 영향력 검토(Impact)
- 3단계: 현재 보유 역량 및 향후 확보 가능한 역량 검토(Competency)

1단계는 뉴노멀을 이해하고 분석하는 단계다. 뉴노멀에 대한 분석이라고 해서 겁을 먹거나 어렵게 생각할 필요는 없다. 대기업 또는 대형 연구기관들은 자체적으로 현재 상황을 분석하고 뉴노멀이 향후 어떻게 전개될 것인지에 대한 연구 및 분석을 수행할 수 있다. 하지만 대부분의 기업들과 개인들은 그러한 전문적 분석과 컨설팅 등을 활용할 여유가 없다. 그렇다고 뉴노멀에 대한 분석을 건너뛰어도 된다는 뜻은 아니다. 뉴노멀은 앞으로 비즈니스를 해야 하는 전반적인 환경을 정의하고, 거시적인 방향성을

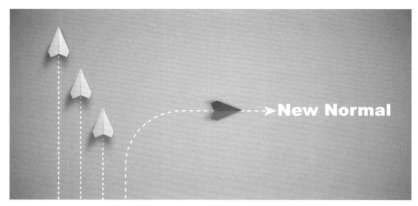
뉴노멀은 비즈니스가 새롭게 나아갈 방향을 의미한다. 새로운 방향으로 빨리 그리고 정확하게 방향을 선회해야만 한다.

제시하기 때문이다. 현재 뉴노멀이 어떤 방향으로 가고 있는지 모른 채 비즈니스를 한다는 것은 목적지 없이 집을 나와 10년 전에 한번 업데이트한 내비게이션만 믿고 운전하는 것과 마찬가지다.

현재 뉴노멀의 방향은 명확하다. 1부에서 다루고 있는 비대면, 무경계의 경쟁, 센싱 등이 핵심 방향이다. 이러한 세 가지 방향성은 대부분의 산업과 비즈니스 그리고 기업과 개인들에게 비슷한 정도의 영향력을 행사할 것이다. 이들 세 가지 키워드들은 다음 장부터 자세히 설명한다.

이외에 정치 및 경제적 관점에서 뉴노멀이 가져올 환경 변화를 파악하는 것도 필요하다. 정치와 경제는 결국 기업과 개인들의 비즈니스에 장기적으로 막강한 영향력을 발휘하기 때문이다. 정치 및 경제가 뉴노멀에 어떤 영향을 미치는지 간단히 살펴보자.

대부분의 언론 및 전문가들은 코로나19로 인해 앞으로 오랫동안 큰 정부(Big Government)의 시대가 될 것이라고 예측한다.[20] 전쟁, 대공황, 대규모 경제 위기 그리고 코로나19와 같은 대형 사건들이 벌어지면 정부는 어김없이 재정 지출을 확대하고 시장에 적극적으로 개입해왔다. 이는 여러 가지 역사적 사실이 증명하고 있다. 전 세계적인 팬데믹에 맞서 거의 대부분의 국가는 정부 예산을 최대한 사용해 방역 활동을 수행했다. 방역 활동 뿐 아니라 코로나19 때문에 생계가 막힌 사람들과 기업 그리고 가계를 위해 다양한 형태의 지원금을 지급했다. 한국 정부 역시 1차 재난 지원금으로 14조 8,000억 원을 지급했고 2차 지원금 역시 약 7조 원 규모로 지급했다. 문제는 코로나19가 한두 달 안에 해결될 문제가 아니므로 2020년 발생한 모든 문제를 해결하기 위해 앞으로도 정부 재정 지출을 지속적으로 증대할 것이고, 정부의 개입도 증가할 것이다.

강하고 큰 정부는 경제와 관련된 뉴노멀에도 영향을 미친다. 경제학 용어 중에 톱니 효과(Ratchet Effect)[21]라는 것이 있다. 한쪽 방향으로만 도는 톱니바퀴처럼 관습화된 경제 활동 또는 비용 지출은 예전 상황으로 되돌아가지 않는다는 현상을 가리킨다. 월스트리트 저널(Wall Street Journal)은 2008년 글로벌 경제 위기 당시 미국 연방 은행의 재정 지출이 폭발적으로 증가했지만, 경제 상황이 호전된 후에도 재정 지출이 2008년 이전으로 돌아가지 않았다는 사실을 일종의 '톱니 효과'라고 말하면서, 코로나19 이후의 정부 재정 지출 역시 증가할 것이라고 예측했다. 증가된 재정 지출은 필연적으로 시장 내 유동성을 증가시킨다.

뉴노멀의 방향과 환경적 특성을 검토하는 것도 중요하지만, 비즈니스적인 관점에서 보다 중요한 것은 뉴노멀이 자신의 비즈니스에 미치는 영향을 파악하는 두 번째 단계다.

두 번째 단계에서 제일 어려운 점은 현재 뉴노멀로 인해 비즈니스 간 경계가 무너지고 있다는 것이다. 비대면, 무경계, 글로벌라이제이션 등은 상대적으로 큰 개념이기 때문에 일상적인 업무와 비즈니스에 구체적으로 어떤 영향을 미칠지 바로 이해하기는 어렵다. 특히 비즈니스 간의 경계가 빠르게 허물어지는 상황에서 누가, 언제, 어떤 방식으로 내 영역을 침범할 것인지는 알기 어렵다. 하지만 바꿔 생각해보면 나 역시 전혀 새로운 영역으로 진입할 수 있다는 것을 의미한다.

뉴노멀이 나의 비즈니스에 어떤 영향을 미치고 있는지를 가장 객관적으로 알아보는 방법은 작년 동기 대비 매출 또는 수익을 살펴보는 것이다. 작년 동기 대비 매출 또는 수익이 크게 변화했다면 분명 비즈니스에 무슨 일이 발생했다는 것이다. 하지만 중요한 점은 기업의 비즈니스는 거시적 경제 흐름에서 크게 벗어날 수 없다는 것이다. 따라서 경제 지표를 전반적으로 검토해야 한다. 보다 직접적인 방법은 경쟁 업체들의 실적을 파악하는 것이다. 상장 기업이라면 당연히 정기 공시 자료를 통해 실적을 파악할 수 있지만, 비상장 기업 또는 새로 비즈니스를 시작한 스타트업이라면 경쟁사의 자료를 얻기가 어렵다. 특히 최근에 사업을 시작한 경우에는 비교할 수 있는 실제 매출 자료도 없기 때문에 더욱 막막할 것이다.

이런 경우 생각할 수 있는 차선책은 고객들의 의견을 직접 청취하는 것이다. 5장에서 좀 더 자세히 다루겠지만, 소비자들은 회사에서 생각하는 것보다 훨씬 더 현명하고 빠르게 반응한다. 소비자들에게 직접 의견을 물어보거나 인터넷 또는 SNS에 올린 소비자들의 글을 통해 현상태를 파악할 수 있다. 특히 관심을 갖고 확인해야 하는 점은 소비자들이 경쟁사 또는 전혀 새로운 제품과 서비스에 대해 어떻게 말하고 있는지를 파악하는 것이다. 만약 소비자들이 예상하지 못했던 전혀 다른 카테고리의 상품과 서비스를 이용하고 있다면, 좀 더 철저히 파악해볼 것을 권한다. 새로운 비즈니스 기회를 찾을 수 있거나 새로운 위협 요인을 미리 파악할 수 있기 때문이다.

마지막 단계는 현재 나의 비즈니스가 뉴노멀에 적합한 역량을 갖고 있는지 그리고 향후에 확보할 수 있는지를 파악하는 것이다. 기업이나 개인에게 필요한 역량(Competency)[22]이란, 특정 업무를 수행하는 데 필요한 지식, 기술, 자질 등을 의미한다. 만약 오프라인 할인 매장에 특화된 기업이 비대면 트렌드를 활용해 온라인 판매, 즉 이커머스(E-Commerce)에 진입한 다면 기존에 갖고 있던 것과 다른 역량을 확보해야 한다. 예를 들어 막힘없 는 물류 및 택배 시스템, 오프라인에서 상상할 수 없었던 광범위한 제품 구 색, 24시간 주문 및 결제 시스템 등 기존에 고민해보지 않았던 역량을 확 보해야 한다.

기업이나 개인이 선택한 비즈니스 방향에 맞는 역량 확보가 가장 바람 직하지만 뉴노멀과 같은 시대적 흐름과 환경을 무시할 수는 없다. 예를 들 면, 오프라인 유통 사업이 주 업무라 하더라도 비대면 온라인 트렌드를 미 리 준비하기 위해 온라인 유통, 즉 이커머스 관련 역량을 조금씩 확보해야 한다. 특히 언제 어디서 경쟁자가 치고 들어올지 모르는 경쟁 환경에서는 지금까지 강력하다고 믿어왔던 역량이 어느 순간 약점이 될 수도 있다. 다 음 블랙베리 스마트폰의 사례가 이를 잘 나타낸다.

물리 쿼티 키보드에 집착하다 사라진 블랙베리

© Blackberry

캐나다 기업인 블랙베리 리미티드(Blackberry Limited, 구 RIM)의 스마트폰 브랜드 인 '블랙베리'는 미국 대통령 버락 오바마가 애용한 폰으로도 알려져 있었는데, 스 마트폰을 통해 편리하게 이메일과 문자를 주고받을 수 있어서 2010년 전후에 큰 인 기를 끌었다. 한때는 아이폰 또는 갤럭시와 비교할 수 없을 정도로 성공한 스마트폰 이었다. 이러한 블랙베리의 성공 비결 중 하나는 스마트폰 하단에 위치한 물리 쿼티 (QWERTY) 키보드다.

요즘 나오는 아이폰이나 갤럭시는 전체 화면이 스크린으로 돼 있지만, 블랙베리 는 초기부터 물리 쿼티 키보드를 핵심 역량이자 마케팅 포인트로 삼았다. 2000년대

블랙베리의 물리 쿼티 키보드는 스마트폰의
절반을 차지할 만큼 컸다.

후반 물리 쿼티 키보드를 가진 제품들이 많았지만, 블랙베리만큼 키보드의 성능이 좋은 스마트폰은 없었다. 실제로 블랙베리를 이용하는 소비자들의 대부분은 물리 쿼티 키보드를 최우선 구매 요인으로 꼽았다.

하지만 스마트폰 시장은 2010년 이후 급격히 개편됐다. 터치 방식의 대화면 스크린이 스마트폰의 뉴노멀이 된 것이다. 애플, 삼성전자 등은 대화면 스크린이 가능한 스마트폰들을 내놓기 시작했고, 다양한 애플리케이션이 출시됐다. 소비자들은 보다 큰 스크린에서 애플리케이션들을 즐기는 데 열광하기 시작했으며, 터치스크린 방식의 키보드를 이용하는 데 빠르게 적응했다.

블랙베리는 자신들의 핵심 역량이자 사용자들의 자랑인 물리 쿼티 키보드를 포기하지 못했다. 스크린은 물리 쿼티 키보드를 유지하기 위해 경쟁 스마트폰 대비 절반 크기로 유지해야만 했다. 그리고 물리 쿼티 키보드 때문에 가격을 낮추거나 두께를 얇게 만드는 데도 한계가 있었다. 물론 OS 역시 블랙베리 독자적인 OS였기 때문에 호환성 측면에서도 한계가 있었다.

블랙베리도 풀 터치스크린 방식의 제품을 내놓았지만, 이미 시장에서 소수의 고정 고객만 남아 있는 브랜드가 됐다. 2013년 최대 8,500만 명의 사용자를 보유했던 블랙베리는 2020년 현재 스마트폰 시장에서 더 이상 찾아보기 힘들게 됐다.

물리 쿼티 키보드는 블랙베리가 처음 등장했을 당시 문자 및 이메일을 전송하기 위한 최선의 방식이었지만, 터치스크린 방식의 뉴노멀에서 물리 쿼티 키보드를 만드는 기술은 필요하지 않은 역량일 뿐이었다.

뉴노멀은 분명히 우리들이 새롭게 극복해야 하는 현실이다. 갑작스럽게 우리에게 다가온 뉴노멀을 얼마나 빨리 인정하고 이를 활용하느냐에 따라 비즈니스의 승패가 결정된다. 이미 여러 차례 언급한 바와 같이 현재의 뉴노멀은 비대면, 무경계의 경쟁, 센싱 등을 기반으로 움직일 것이다. 하지만 뉴노멀의 특성들은 우리들이 속한 비즈니스의 특성, 보유한 역량, 고객 프로필 등을 고려해 조심스럽게 다뤄야 한다. 뉴노멀의 어떤 특성을 활용해야 할 것인지, 어떻게 위기를 재빨리 피해야 할 것인지를 결정해야 한다.

하지만 뉴노멀은 과거와의 무조건적 단절이 아니다. 지동설을 믿는 시대를 한 번에 뒤집어 놓은 코페르니쿠스적인 변화는 아닌 것이다. 현명하고 트렌드를 읽을 줄 아는 사람과 기업이라면 미리 준비할 수 있고, 무엇보다 과거에 쌓아 놓았던 자산과 역량들을 적극 활용할 수도 있다. 그렇기 때문에 우리 앞에 다가온 뉴노멀의 특성을 명확하게 이해하고, 어떤 역량을 그대로 활용하고 어떤 역량을 보완하며 어떤 역량을 포기할 것인지를 결정해야 한다.

이제 뉴노멀의 개념과 뉴노멀이 우리에게 어떤 의미를 가지는지를 이해했다면, 최근 새롭게 다가온 뉴노멀의 특성을 하나씩 알아보자. 첫 번째 특성은 '비대면'이다.

2장

비대면, 시간과 공간을 새롭게 정의하다

비대면
직접적인 대면 접촉 또는 시간과 공간의 제약 없이
다른 사람들과 상시 연결된 상태

'비대면' 또는 '언택트(Untact)'라는 용어는 더 이상 새롭지 않다. 오히려 너무도 익숙해져서 마치 아무 곳에나 갖다 붙이는 흔한 단어처럼 느껴진다. 비대면 마케팅, 비대면 커뮤니케이션, 비대면 면접, 비대면 수업 등 우리가 흔히 사용하던 용어들과 이질감 없이 사용되고 있는 것이다. 우리들은 특정 단어 앞에 '비대면'이라는 표현이 붙으면 '얼굴을 직접 보지 않고' 뭔가를 한다는 의미라는 것을 알고 있다. 너무나 흔해졌기 때문에 '비대면'이라는 개념을 더 이상 중요하다고 생각하지 않는다.

하지만 '비대면'이라는 키워드는 앞으로 오랫동안 우리들의 일상과 비즈니스에 강력한 영향력을 행사할 것이다. 그럴 일은 없겠지만, 앞으로 6개월 내에 코로나19의 백신과 치료제가 상용화돼 전 세계 사람이 코로나19에 대한 항체를 지니더라도 비대면 트렌드는 사라지지 않을 것이다. 왜냐하면 비대면 트렌드는 단순히 얼굴을 마주보지 않는 것 이상의 의미를 지니고 있기 때문이다.

비대면에 대한 올바른 정의

여기저기서 비대면이라는 단어를 쓰는데, 과연 비대면은 무엇을 가리키는 것일까? 개념적 혼란을 조금이라도 줄이기 위해 비대면의 뜻과 의미를 간단히 정리해보자. 한국 사회에는 비대면이라는 단어보다 '언택트' 또는 '언컨택트'라는 표현이 먼저 등장했다. 언택트와 언컨택트는 모두 '접촉하다.'의 영어 표현인 컨택트(Contact)에 부정을 나타내는 접두사인 언(Un)을 조합해 만든 표현이다. 하지만 영어를 차용했을 뿐, 정확한 영어 단어는 아니다. '접촉하지 않는'을 나타내는 영어 표현은 '컨택트리스(Contactless)' 또는 '난컨택트(Noncontact)'이며, 좀 더 확장할 경우 '컨택트 프리(Contact free)' 등과 같은 표현도 가능하다.[23] 하지만 언컨택트와 언택트는 이미 한국에서 자리잡은 표현이기 때문에 비대면 상황의 일부분을 가리키는 데 사용하더라도 큰 문제는 없을 것이다.

그렇다면 비대면과 언택트는 어떤 차이가 있을까? 언택트는 기본적으로 '비접촉'의 의미를 지니고 있으며, 사람 또는 물건과의 물리적 접촉을 제거한다는 의미를 갖고 있다. 하지만 비대면은 글자 그대로 '얼굴을 마주

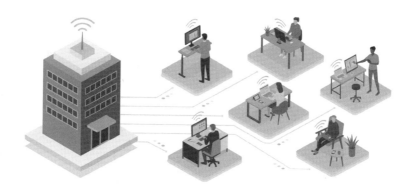

원격근무는 시공간에 상관없이 각자의 장소에서 일을 한다는 점에서 비대면 트렌드에 가장 잘 부합한다.

하지 않고'라는 의미를 지닌다. 얼굴을 마주하지 않는 방법은 간단하다. 같은 장소에 동시에 머물지 않으면 된다. 같은 장소에 동시에 있지 않지만, 얼굴을 보고 같이 있는 것과 같은 효과를 내는 것이 바로 비대면 트렌드의 핵심인 것이다.

비대면 트렌드는 코로나19 때문에 한순간에 그 중요성이 부각됐다. '사회적 거리두기'로 대변되는 비대면 활동은 바이러스 확산을 방지하기 위한 최선의 수단이다. 방역 차원에서 광범위하게 사용된 사회적 거리두기는 기업과 개인들에게 다양한 형태의 비대면 활동을 강요했다. 기업은 갑자기 원격근무 또는 재택근무를 시행해야 했고, 학교는 온라인 클래스 또는 사이버 강의를 급히 도입해야만 했다. 삼성전자는 최초로 공채 시험을 온라인으로 대체했고[24], 많은 공기업이 비대면 방식의 입사 면접을 도입했다. 하지만 기업과 학교들이 2020년 2/4분기에 도입한 비대면 활동들은 엄밀히 말하면 갑작스러운 위기를 모면하기 위해 선택한 임시방편이 많았다. 그만큼 우리들은 비대면이라는 특수한 상황에 대한 준비가 돼 있지 않았던 것이다. 그런데 이러한 비대면 상황이 어느 날 갑자기 나타난 현상일까?

비대면으로 진행되는 온라인 클래스와 사이버 강의의 원조는 20세기에 흔히 볼 수 있었던 라디오 강의나 방송통신대학이라 볼 수 있다. 온라인으로 양질의 교육 콘텐츠를 제공하는 코세라(Coursera)와 같은 무크(MOOC)[6]는 이미 21세기 초부터 많은 사람이 이용한 교육 플랫폼이다. 매장 내에서 직원들과의 직접적인 접촉을 피하려는 소비자들을 위한 다양한 활동 역시 몇 년 전부터 쉽게 볼 수 있었다.[7] 심지어 기업의 재택근무 필요성은 1979년 워싱턴포스트의 기사에서 찾아볼 수 있고, 미국 정부는 2010년 연방 정

6　대규모 온라인 공개 강좌(Massive Open Online Course)는 인터넷을 통해 원격으로 다양한 교육 콘텐츠를 제공하고 있다.
7　세포라, 이니스프리 등의 화장품 매장에서 '혼자 쇼핑하겠어요.'라고 적힌 쇼핑 바구니를 선택하면 직원들이 다가가지 않는다.

부 직원들을 위한 「재택근무증진법」을 통과시키기도 했다.[25]

우리나라에서는 1990년대에 시작된 천리안, 하이텔 등의 PC통신을 통해 공간에 상관없이 멀리 떨어진 사람들과 채팅하고 논쟁을 하는 문화가 오랫동안 축적돼왔다. 이러한 활동들은 어쩌면 2020년 급격히 전개된 비대면 활동의 원조라고 볼 수 있다. 우리 주변에서 이미 비대면 관련된 활동들이 오래전부터 조금씩 발전해왔다는 점을 고려할 때, 최근 겪었던 혼란과 준비 부족은 조금 이해하기 어려운 측면이 있는 것도 사실이다.

기업들이 비대면 활동을 도입하면서 겪었던 혼란과 준비 부족에는 여러 가지 이유가 있겠지만, 가장 큰 이유는 다음 세 가지를 들 수 있다.

첫째, 코로나19라는 전염병 때문에 아무런 예행 연습 없이 갑자기 비대면 활동을 시작했다는 점이다.

둘째, 갑자기 시행하게 된 비대면 활동의 규모가 전례 없이 거대했다는 점이다. 서울에 있는 4년제 종합 대학 기획처장의 이야기를 들어보자.

"처음 사이버 강의를 시작할 때는 어느 정도 규모의 IT 시설과 서버를 준비해야 할지 몰랐어요. 처음 한 달간 시행해보고 서버 용량을 증설했지만, 여전히 교수와 학생들의 불만이 터져나왔습니다. 하지만 다시 얼마나 예산을 집행해야 할지 감을 잡을 수 없었습니다. 결국 다시 한번 증설할 때는 기존 예산의 몇 배를 투자했죠. 그러나 여전히 불안하죠. 더 큰 불안은 만약 갑자기 예전처럼 대면 수업 체계로 돌아간다면, 올해 갑자기 도입한 모든 예산과 장비들이 과다 투자로 분류돼 대학에 부담이 될 수 있다는 것입니다."

본격적으로 도입한 비대면 활동을 위해 어느 선까지 투자해야 할 것인지, 앞으로 얼마나 더 투자해야 할 것인지는 아무도 모른다. 만약 당장 필요하다고 해서 적극적으로 투자했는데, 모든 상황이 갑자기 예전으로 회귀한다면 누군가는 과다 투자에 대한 책임을 져야 할지도 모른다.

셋째, 갑자기 시행한 비대면 활동은 기업에게 전혀 다른 역량과 경험을 요구하고 있다는 점이다. 국내 대형 식품업체의 사내 교육 프로그램을 예로 들어보자. 원래 계획했던 오프라인 또는 집합 교육은 코로나19 때문에 취소됐고, 몇 달 동안은 아무런 사내 교육 없이 진행되다가 여름 정도에나 간신히 동영상 교육 또는 화상 교육을 진행할 수 있었다. 다행히 직원 교육을 오랫동안 수행한 경험과 외부 네트워크가 있었기 때문에 짧은 시간 안에 일정 수준 이상의 화상 및 동영상 교육을 준비할 수 있었다. 하지만 준비 기간 동안 담당 임원과 부서원들은 단 하루도 긴장을 늦출 수 없었으며, 이 과정에서 가장 기억에 남는 일은 바로 직원들의 역할 변화였다고 한다.

> "교육 담당 직원들이 이제는 마치 방송국 프로듀서나 PD처럼 일하게 됐어요. 강사들과 화상 교육 시스템을 만들 때, 특정 내용을 전달할 때 이러이러한 음향 효과가 나와야 하고, 화면 전환은 이런 식으로 해야 한다고 매우 구체적으로 가이드를 주기 시작했죠. 예전에는 강사의 강의 자료만 보고 OK했다면, 이제는 동영상 또는 화상 회의의 장면 하나하나를 머릿속에 그리면서 교육 프로그램을 설계해야 해요. 전혀 다른 차원의 역량이 필요해진 거죠."[26]

대부분의 기업과 조직들이 이와 비슷한 경험을 했지만, 비대면 상황에서는 예전에 익숙했던 조직 및 개인의 역량과 기술들은 불필요하거나 효과적이지 않다. 대면 영업에 익숙한 영업 사원의 말투, 표정, 세일즈 기술들은 비대면 영업 활동에는 효과적이지 않을 수 있다. 강의실과 교실에서 학생들의 자연스러운 참여를 이끌어내는 선생님들의 오랜 노하우는 모니터로 진행되는 인강에서는 오히려 방해 요인이 될 수 있다. 아침 주간 회의 시간에는 엄격하고 까다로운 상사이지만, 회사 탕비실에서 커피를 마시면서 부하 직원의 마음을 달래는 고참 부장들은 화상 회의를 통해 서로 해야 할 말만 하고 모니터에서 사라지는 부하 직원들을 어떻게 관리해야 할지 몰라 답답해한다. 그리고 그런 부장을 바라보는 임원들은 조직 내 성과를 어떻게 관리해야 할지 걱정만 쌓여간다. 쿠팡, 마켓컬리처럼 이커머스에 특화된 기업들은 오프라인 매장 대비 비대면 상황에 쉽게 적응할 수 있지만, 잊을 만하면 발생하는 물류센터 확진자 때문에 조직 내 2,400명 규모의 '코로나19안전감시단'이라는 방역 전담 조직을 구축해야만 했다.[27] 한마디로 조직과 구성원 모두 전혀 새로운 역량과 기술 그리고 마음가짐을 갖출 것을 요구받고 있는 것이다.

뉴노멀 시대의 비대면 활동이 조직 및 구성원의 역량과 마음가짐만 바꾸는 것은 아니다. 비대면 활동은 산업 전반의 구성 역시 바꿀 수 있는 영향력을 지니고 있다. 무엇보다 비대면은 오프라인과 온라인 비즈니스 사이의 균형점을 흔들고 있다. 극명한 사례를 한 가지 들어보자.

2020년 12월 미국에서 온라인 광고 매출 비중이 드디어 오프라인 광고 매출을 뛰어넘었다.[28] 비록 지금은 51:49로 간신히 온라인 광고가 오프라인 광고 대비 높게 나타났지만, 향후 온라인 광고 비중은 더욱 빠르게 성장할 것이다. 자본주의가 등장한 이후 수백 년간 광고 시장을 장악했던 오프라인 광고가 드디어 온라인 광고에게 자리를 내준 것이다.

광고 시장의 변화는 다양한 의미를 지니고 있다. 어느 매체에 광고를 하는지는 결국 사람들이 어디에서 제품과 서비스의 정보를 얻을 것인지에 따라 달라진다. 온라인 광고비의 증대는 소비자들이 이제 인터넷, 스마트폰, 유튜브, 이커머스 등과 같은 온라인에서 더 많은 제품과 서비스 정보를 얻고, 이들 온라인에서 제품을 더 많이 구매한다는 것을 알려준다. 기업들은 제품 판매 채널, 거래 조건 그리고 광고 방식을 전통적인 방식에서 온라인으로 보다 빠르게 바꿔야 한다.

하지만 판매 방식과 광고 매체를 비대면 방식에 적합한 온라인으로 바꾼다고 해서 모든 일이 해결되지는 않는다. 제품 역시 비대면에 맞는 방식으로 바꿔야 한다. 제품들은 이제 오프라인 매장에서 판매 대신 온라인에서의 판매를 전제로 설계돼야 한다. 디자인, 제품 배치 방법, 포장, 핵심 차별화 요소 등을 처음부터 다시 생각해야 한다. 예를 들어보자. 흔히 'FMCG[8]'라 불리는 소비재 제품들의 포장을 디자인할 때는 기본적으로 매장 내 어떤 선반(Shelf)에 배치할지를 고려해야 하고 매장에서 경쟁 제품 대비 눈에 확 띌 수 있도록 디자인해야 한다. 따라서 경쟁 제품의 디자인뿐 아니라 매장 내 선반의 크기, 위치 등을 종합적으로 고려해야 한다. 하지만 오프라인이 아니라 온라인 중심으로 판매를 한다고 가정하면, 제품 디자인의 축 역시 바꿔야 한다. 매장 내 경쟁 우위를 선점하기 위한 디자인이 아니라 온라인 쇼핑몰에서 소비자들이 화면을 스크롤해서 위아래로 살펴볼 때 잘 보일 수 있어야 하며, 모니터 또는 스마트폰 화면에서 제품의 핵심 특징 및 혜택이 잘 나타날 수 있어야 한다. 그뿐 아니라 배송 시 파손이 발생하지 않도록 디자인돼야 한다. 만약 제품이 100% 온라인 전용 상품과 오프라인 전용 상품으로 나눠진다면 오히려 좋겠지만, 대부분의 소비재 상품들은 온라인과 오프라인에서 함께 판매된다. 따라서 비대면 상황이 가속화됨에 따라 제품을 책임지는 마케터와 디자이너들은 온라인 구매 고객과 오프라인 구매 고객을 동시에 만족시켜야만 한다.

비대면 환경은 제품뿐 아니라 서비스 영역에서 더 큰 영향력을 지닐 것이다. 이미 제품은 온라인 쇼핑과 배송을 통해 비대면 환경에서 빠르게 자리잡아가고 있다. 하지만 서비스는 좀 더 민감하다. 왜냐하면 서비스는 직

8 'Fast Moving Consumer Goods'의 준말로, 매장에서 회전율이 높은 소비재 제품들을 가리킨다.

원 또는 전문가가 고객 또는 이용자를 직접 만나 서로 상호 작용을 하기 때문이다. 식당에서 따뜻하고 맛있는 음식을 편하게 먹을 수 있으려면 음식을 서빙해주는 직원이 있어야 하고, 추운 겨울에 보일러가 고장 나면 방문 서비스를 제공하는 A/S 전문 기사에게 집으로 와 달라고 요청해야 한다. 따라서 서비스는 본질적으로 대면 접촉을 기본으로 한다.

얼핏 생각하면 서비스 영역은 비대면 활동에서 어느 정도 벗어난 것 같다. 코로나19 백신과 치료약만 나오면 줄어든 손님들이 다시 원상 복귀하게 될 것이라고 생각한다. 하지만 절대로 그렇지 않다. 단기적으로 서비스 산업에서 해고된 종사자들은 코로나19가 어느 정도 안정화되면 다시 재취업할 것이다. 하지만 서비스 종사자들이 취업할 수 있는 일자리의 수는 점점 줄어들 것이고, 일자리의 질 역시 예전 대비 좋지 않을 수도 있다. 서비스 산업 역시 뉴노멀이 창조한 비대면 환경에 빠르게 적응하고 있다. 서비스업의 가장 큰 변화는 음식 관련 배달 서비스에서 찾아볼 수 있다.

코로나19 때문에 레스토랑에 가는 대신 집에서 시켜 먹는 사람들이 크게 증가했다. 2010년 '배달의 민족'이 처음 등장한 이후 2020년을 기준으로 배달 앱의 결제액은 8조 원 규모라고 한다. 배달의 민족이 1위를 차지하고 있지만, 쿠팡 이츠는 출시 1년만에 3위로 올라왔다. 치킨집 사장님과 야식집 사장님들은 더 이상 전화기만 쳐다보지 않고 스마트폰과 노트북에 올라오는 주문 표시를 확인하는 시대가 됐다.[29] 비대면 시대에 맞게 고객의 얼굴뿐 아니라 목소리마저 들을 필요가 없어진 것이다.

배달 음식의 편리성과 다양성에 한번 길들여진 소비자들이 코로나19와 상관없이 배달의 편리함을 쉽게 떨쳐낼 수 있을까? 어쩌면 레스토랑에서 식사한다는 것은 정말 특별한 사회적 의미, 예를 들어 연인과의 데이트, 밸런타인데이, 결혼 기념일 축하, 거래처와의 중요한 회식 등과 같은 특별한 이벤트를 위한 행동이 될 수 있다.

외딴 산길에서 차가 고장 나면 예전에는 수리 기사가 올 때까지 기다려야만 했다. 하지만 조만간 스마트폰 또는 태블릿 PC만 있으면 증강현실 기술을 이용해 원격으로 전문가의 도움을 받아 차를 고칠 수 있게 된다.

하지만 뉴노멀 시대의 비대면 활동은 배달 앱 이외의 서비스 영역에도 많은 영향을 미칠 수 있다. 앞에서 말한 보일러 수리와 관련해 다시 한번 생각해보자. 보일러가 아니라 냉장고 또는 평면 텔레비전도 괜찮다. 제품에 문제가 있을 경우 회사에서 수리해줘야 하는 제품이라면 어떤 제품이라도 좋다. 대면 방식의 A/S 서비스는 앞으로도 계속 안전할까? 비대면 시대와 디지털 기술의 발전 때문에 생각만큼 안전하지는 않을 것이다.

현재 빠르게 발전하고 있는 디지털 기술은 비대면 상황 속에서도 얼마든지 대면 서비스와 비슷한 또는 더 편리한 혜택을 제공할 수 있다. 특히 증강현실(AR) 기술의 발전은 고장 난 제품을 수리할 경우 수리 기사가 직접 현장에 방문하지 않더라도 증강현실 기술을 활용해 고객과 소통하면서 고객이 직접 제품을 수리할 수 있게 한다. 물론 아직은 산업 현장에서 주로 많이 사용되는 방법이지만, 조만간 수리 기사 또는 설치 기사의 도움 없이도 고객들이 제품을 혼자 척척 문제를 해결할 수 있을 것이다.

© PTC

미국의 소프트웨어 회사인 PTC(2020년 매출 약 1조 6,000억 원)의 증강현실 프로그램 중 하나인 '뷰포리아 초크(Vuforia Chalk)'는 증강현실 기술을 이용해 전문 A/S 직원이 현장을 방문하지 않고도 기계 설비를 수리할 수 있도록 해주는 프로그램이다.

분필을 뜻하는 '초크(Chalk)'라는 이름 그대로 고장 또는 문제가 있는 설비의 이미지를 실시간으로 전문 기술사가 보면서 스마트폰 화면에 손가락으로 표시하면 설비 현장에 있는 직원의 스마트폰에도 동일하게 표시된다. 예를 들어, 보일러에 문제가 생겨 시스템을 처음부터 세팅해야 한다면, 보일러 전문 상담사는 현장 직원의 스마트폰 카메라로 찍어서 보내준 보일러 스위치들 위에 세팅해야 하는 순서를 표기한다. 그러면 현장 직원의 스마트폰에도 동일한 세팅 순서가 나타난다. 전문 상담사는 현장 직원이 제대로 하는지를 실시간으로 모니터링하면서 문제가 있으면 바로바로 지적해 해결할 수 있다.

이러한 솔루션을 이용하면 전문 상담사를 급히 파견할 필요도 없어지고, 현장에서는 비경력자도 바로 문제를 해결할 수 있다. 즉, 고객과 전문 상담사 모두 비용과 시간을 절약할 수 있는 것이다.

지금까지 살펴본 비대면 활동은 한 가지 특징이 있다. 그것은 바로 '비대면은 다른 활동들, 즉 디지털 기술과 밀접한 관련이 있다는 점'이다. 사람과 직접 마주하지 않지만, 마치 직접 대면하고 일을 처리할 수 있다는 점, 특히 시공간에 상관없이 비대면으로 일을 할 수 있는 이유는 디지털 기술이 혁신적으로 발전했기 때문이다. 그리고 디지털 기술의 발전은 기존에 생각할 수도 없었고, 생각할 필요도 없었던 새로운 차원의 경쟁을 초래했다. 바로 경계가 무너진 무경계의 경쟁을 강화시킨 것이다.

비대면이 이제부터 펼쳐질 뉴노멀에서 중요한 이유는 바로 비대면이 이 책에서 다룰 디지털 트랜스포메이션, 무경계의 경쟁, 고객 가치의 변화 등 거의 모든 트렌드와 밀접하게 연계돼 있기 때문이다. 어떤 면에서는 디지털 기술 때문에 비대면 트렌드가 더욱 심화됐고, 비대면 트렌드의 정착 때문에 고객 가치가 변화하기도 했다. 따라서 비대면 트렌드를 명확하게 파악하고 있어야만 앞으로의 뉴노멀 상황을 보다 쉽게 이해할 수 있고, 모든 상황을 다각적으로 바라볼 수 있게 된다.

초연결 사회의 대안, 비대면 연결

마지막으로 비대면 트렌드가 갖고 있는 가장 중요한 의미를 살펴보자. 비대면 트렌드의 핵심은 우리들이 시공간에 상관없이 항상 연결돼 있다는 점이다. 단지 직접적으로 접촉하거나 서로의 얼굴을 마주하지 않을 뿐이다. 이 책에서는 직접 마주하지는 않지만 상시 연결된 상태를 '비대면 연결 (Contactless Connectivity)'이라 정의하고자 한다.[30] 비대면 활동이라고 해서 절대로 상호간의 연결성을 약화시켜서는 안 된다. 오히려 더 강한 연결성을 만들어내야 한다. 이를 위해 필요한 것이 바로 '디지털 기술'이다. 그리고 기업문화와 프로세스 역시 비대면의 연결성을 강화할 수 있는 방향으로 개선돼야 한다.

하지만 절대 잊으면 안 되는 점은 비대면 연결은 강제적으로 진행돼서는 안 된다는 것이다. 얼마 전 유행했던 '카톡 지옥[9]'은 비대면 연결이라기보다 초연결 사회(Hyper Connected Society)의 그늘일 뿐이다. 비대면 연결하

---

9 '카톡 지옥' 또는 '카톡 감금'이라고도 한다. 카카오톡 단체방에 단체로 초대돼 계속 메시지를 보내고, 메시지를 확인하는 행위를 말한다.

에서는 조용히 사라질 권리와 이에 맞는 책임을 인정해야 한다. 따라서 비대면 연결은 초연결 사회 속에서 너무 많은 연결성 때문에 우리들이 받는 스트레스에서 벗어날 수 있는 일종의 대안일 수도 있다.

비대면 트렌드는 뉴노멀의 핵심이자 앞으로 이 책에서 말할 다른 키워드와 밀접하게 연결돼 있다. 각각의 키워드를 읽으면 비대면 연결이라는 키워드가 저절로 떠오를 것이다. 비대면과 다른 키워드들은 동전의 양면이자 상호 시너지를 불러일으키는 트렌드들이다. 이제부터 비대면 키워드를 염두에 두고 다른 키워드들을 하나씩 살펴보자.

3장

무경계의 경쟁, 언제 어디서 경쟁자가 나타날지 모른다

무경계의 경쟁
기존에 구축한 자신만의 경계선들이 허물어지면서
전혀 다른 영역에 있던 상대방과 경쟁하게 된 현상

와우(World of Warcraft, WoW)와 같은 판타지에 기반을 둔 MMORPG[10]를 즐기거나 중세 유럽 역사에 관심이 있는 사람이라면 '길드(Guild)'라 불리는 조직에 대해 들어봤을 것이다. 길드는 일종의 동일 업종, 예를 들어 빵을 만드는 사람들 또는 상업에 종사하는 사람들이 모여 자신들의 권익을 지키는 단체를 말한다. 어떤 면에서는 현대의 상공회의소나 노동조합과 같은 성격을 지녔다고 볼 수 있다.

상업 및 수공업 길드는 자신만의 직업적 전문성과 기술적 역량을 바탕으로 우수한 품질의 제품을 생산하고 상업적으로 높은 수익을 창출할 수 있었다. 하지만 동일 업종에서는 해당 길드만이 모든 것을 생산하고 판매할 수 있다는 폐쇄성은 결국 자유로운 경쟁을 막았고, 새로운 아이디어와 사람들 그리고 자본의 유입을 차단했다. 좋은 의미로 시작된 활동이 어느 순간 일종의 사회적 폐단으로 변질된 것이다. 결국 중세에서 근대로 사회

---

10 대규모 다중 온라인 롤플레잉 게임(Massively Multiplayers Online Role Playing Game)

중세 재봉사 길드의 표시이다. 재봉사 길드를 상징하는 가위와 단추 표시가 있는 재봉사만이 옷을 만들 수 있었다.

가 넘어가면서 길드는 그 명맥을 다했다. 무엇보다 수공업적 장인 정신을 강조한 길드는 대량 생산과 기술적 발전에 기반을 둔 산업화 시대에는 뒤처진 방식이었다. 한 시대를 주름잡았던 길드 역시 뉴노멀에 적응하지 못하고 사라진 것이다.

중세 유럽의 길드는 자신들의 업(業)의 정의와 경쟁의 범위가 명확했던 시대를 상징적으로 보여준다. "나는 빵을 만드는 제빵 길드의 장인이고, 내 경쟁자는 빵을 만드는 또 다른 제빵 길드야.", "나는 소금을 판매하는 길드 상인이고, 내 경쟁자는 이웃 도시의 소금 상인 길드야." 등과 같이 내가 현재 무엇을 하고 있으며 앞으로 무엇을 할지 명확하게 정의할 수 있었다. 또한 경쟁자가 누구인지도 알고 있고, 그가 어떤 전략과 전술로 자신과 경쟁할지도 예측할 수 있었다. 적어도 제빵 길드에 속한 장인은 비슷해 보이지만 영역이 다른 과자 길드와의 경쟁을 전혀 고려할 필요가 없었다. 하지만 지금은 모든 것이 변화하고 있다. 경쟁의 양상이 변화한 것이다.

만인에 대한 만인의 투쟁, 무경계의 경쟁

현재 우리들은 무한 경쟁이라는 말에 익숙하다. 하지만 지금은 이 말의 의미를 다시 고민해야 한다. 단순히 자신의 영역에서 끝도 없이 최선을 다해 경쟁하는 것만이 무한 경쟁은 아니다. 21세기의 무한 경쟁은 '무경계의 경쟁'을 의미한다. 자기가 속해 있는 사업 영역, 제품의 카테고리, 서비스 영역 내에서의 무한 경쟁은 이미 너무도 당연한 것이고, 어제까지는 경쟁이 될 것이라고 생각하지 않았던 업종과 경쟁해야 한다. 극단적으로 말하면 '만인에 대한 만인의 투쟁'[31]이 다시 시작된 것이다.

무경계(Borderless)는 이처럼 혼란스러운 경쟁 상황을 가장 극명하게 표현하는 단어다. 아주 오래전부터 누군가와의 경쟁은 우리들의 숙명이었다. 유한한 자원을 얻기 위해서는 항상 최선을 다해 누군가와 경쟁해야만 했다. 하지만 경쟁의 대상은 명확했다. 관광지에 있는 호텔은 가까운 곳에 위치한 또 다른 호텔과 경쟁했고, 택시 기사들은 또 다른 택시와 경쟁했다. 개인 택시 또는 회사 택시 정도의 차이만 있었다. 하지만 호텔은 에어비엔비, 택시는 디지털 모빌리티(Digital Mobility)[32]를 내세우는 플랫폼 기업들과 경쟁해야 한다. 앞으로 1~2년 후에는 누가 경쟁자가 될지 알 수 없다.

무경계의 경쟁이 나타나게 된 가장 근본적인 원인은 기술의 발전, 특히 디지털 및 IT 기술의 급격한 발전 때문이다. 디지털 세계에서는 기존의 경계가 무의미하다. 물리적 시간과 환경에 좌우되는 아날로그 세계에서는 경계선을 쉽게 구분할 수 있다. 출근 시간과 퇴근 시간이 있어야 하고, 매장 안에 진열할 수 있는 물건의 수와 판매 가능한 지역이 정해져 있다. 하지만 디지털 환경하에서는 시간과 공간이 큰 의미가 없다. 더 이상 눈 앞에 보이는 경쟁자만이 나의 경쟁자가 아닌 것이다.

디지털 및 IT 기술이 가져온 가장 큰 변화는 전통적인 진입 장벽을 혁신적으로 낮췄다는 점이다. 간단한 예를 들어보자. 프랑스의 유명 요리 학교인 '르 꼬르동 블루(Le Cordon Bleu)[11]'에서 정통 프랑스 요리를 배우고, 해외의 5성급 호텔에서 오랫동안 셰프로 일한 A 씨는 한국으로 돌아와 청담동에 멋진 정통 프랑스 레스토랑을 오픈했다. 셰프의 눈에는 어쩌면 자신의 경쟁자는 자신과 비슷한 경력을 갖고 가로수길에 레스토랑을 낸 또 다른 유명 셰프나 TV 프로그램에 나와 멋진 입담으로 대중을 사로잡는 셰프테이너[12]들일 것이다. 하지만 진정한 경쟁자는 어느 한적한 동네의 조그만 음식점일 수도 있다.

이들 경쟁자들은 원래 한식집에서 일을 시작했지만, 유튜브를 통해 프랑스 요리를 학습하고, 유명한 프랑스 레스토랑에 다녀온 사람들이 인스타그램(Instagram)에 올린 사진들을 보면서 음식을 어떻게 접시 위에 담을지, 즉 플레이팅(Plating)에 대한 아이디어를 얻는다. 그리고 주변의 공유 주방(Shared Kitchen 또는 Cloud Kitchen)을 계약해 매장 임대나 주방 설비 구매에 드는 비용 없이 바로 가게를 열 수 있다. 물론 번듯한 레스토랑이 아닐 수 있고 배달 중심 매장일 수 있다. 하지만 SNS를 적극적으로 활용해 배달 전문 프랑스 레스토랑을 홍보하고, 다양한 유튜브 인플루언서들을 이용해 자신만의 멋진 메뉴를 알릴 수 있다. 또한 공유 주방에서 제공하는 주문 및 배달 시스템 그리고 배달의 민족이나 요기요 등의 배달 애플리케이션을 통해 주문을 받자마자 신속하게 주문자의 집 앞으로 멋진 프랑스 요리를 전달할 수 있다. 청담동에 새로 문을 연 셰프는 자신이 목표한 저녁 매출 중 많은 부분을 유튜브를 통해 요리를 배운 한식 요리사가 뺏어가고 있다는 사실을 인정할 수 있을까? 이러한 모든 것들은 한식 요리사가 디지털

---

11 1895년 프랑스 파리에서 설립된 프랑스 최고의 요리 학교. 프랑스 요리, 제과·제빵, 와인 등을 가르친다.

12 방송에서 활약하는 요리사들을 말한다. 요리사를 뜻하는 '셰프(Chef)'와 '연예인'을 뜻하는 엔터테이너(Entertainer)를 결합한 단어다.

과 IT 기술을 적극적으로 활용함으로써 현실화될 수 있다.

경쟁 과정에서 경계가 없어진 배경이 디지털 때문이라면, 앞으로 경계가 없어진 세상은 어떤 식으로 변화해 나갈지 살펴보자. 경계가 없어진 세상의 모습은 우리가 쉽게 떠올리는 세상보다 훨씬 더 다양한 모습을 지니고 있다. 앞에서 언급한 프랑스 레스토랑의 사례는 경쟁과 관련된 극히 작은 영역일 뿐이다.

앞으로 더욱 활성화될 경계가 없어진 세상을 이해하기 위해『경계의 종말』[33]이라는 책을 잠깐 살펴보자. 이 책에서는 다음 세 가지의 핵심적인 경계 소실 현상이 더욱 커질 것이라 예측하고 있다.

첫 번째 현상은 인간과 기계의 경계가 무너진다는 점이다. 과거 기계가 하던 일과 사람이 하던 일은 쉽게 구분됐지만, 이제 많은 부분에서 기계 또는 인공지능이 사람을 대신하고 있다. 기사를 쓰거나 의료 행위를 하는 일, 개인과 조직의 자산 관리와 같은 일들을 기계가 대신하고 있는 것이다. 온라인 전문 상담 직원들이 언제 인공지능 기반의 챗봇(Chatbot)으로 대체될지 알 수 없는 일이다.

물론 현재 챗봇 기술은 완벽하지 않다. 실제로 11번가는 2017년에 도입했던 챗봇 서비스를 2018년 중단했고, SSG닷컴 역시 2019년 12월 카카오톡 채널을 통해 도입했던 챗봇 상담 서비스를 2020년 9월 종료했다. 11번가와 SSG닷컴이 챗봇 상담을 종료한 가장 큰 이유는 챗봇 서비스 이용률이 높지 않고, 원하는 만큼의 비용 절감이 크지 않아서였다.[34] 실제로 인공지능 기반의 챗봇 상담은 아직까지는 인간, 즉 전문 상담원만큼 자유자재로 고객의 불평을 이해하고 처리할 수 없다. 무엇보다 미묘한 뉘앙스의 차이를 이해할 수 있을 만큼 충분히 발전하지 못했다.[35]

하지만 챗봇이 갖고 있는 한계점은 현재 기술력의 한계일 뿐이다. 인공지능 및 자연어 학습 능력은 빠르게 진화하고 있다. 또한 챗봇을 단순 상담 및 민원 접수에 국한시켜 사용한다면 챗봇이 인간을 대체할 업무 영역은 다양하다. 심지어 회사 내의 인사과 및 총무과 직원들의 단순 민원 업무는 역시 챗봇이 수행할 수 있다. 이제 회사에서 단순 사무 업무만 보는 직원은 앞으로 어떤 일에 종사해야 할까? 또는 어떤 역량을 확보해야 생존할 수 있을까?

두 번째 현상은 생산자와 소비자의 경계가 무너지고 있다는 점이다. 여기서 생산자는 물건을 만드는 사람뿐 아니라 서비스를 제공하는 사람도 포함된다. 예전에는 생산자는 생산을 하고 소비자는 소비를 했다. 하지만 이제는 소비자가 생산에 직접적인 영향을 미친다. 이는 단순히 소비자가 생산과 개발에 아이디어를 제공하는 프로슈머(Prosumer)[13]가 아니라 아이디어를 상업화하는 생산자가 되는 것이다. 제품을 이용하다가 새로운 아이디어 또는 개선책이 있으면 언제든지 크라우드 펀딩(Crowd Funding)[14]을 통해 필요한 만큼의 자본을 모으고, 이를 최초 구매할 소비자들을 찾을 수 있다. 이제는 언제 고객이 경쟁자로 돌변할지 알 수 없어진 것이다.

크라우드 펀딩의 성공 사례, 스카이벨(Skybell)

SKYBELL® ©SKYBELL

마케팅 컨설턴트였던 앤드류 토마스가 2013년 창업한 스카이벨은 크라우드 펀딩 초창기의 대표적 사례다. 스카이벨은 2013년 크라우드 펀딩 사이트인 인디고고(Indiegogo)에서 30일 만에 60만 달러의 돈을 모을 수 있었다.[36]

---

13 프로슈머는 '생산자(Producer)'와 '소비자(Consumer)'의 합성어다. '생산 소비자'라고도 불린다.
14 자금이 필요한 수요자가 사업 아이디어 또는 신제품 기획안을 온라인 크라우드 펀딩 플랫폼에 올려 다수의 사람에게 자금을 확보하는 방식이다.

스카이벨의 아이디어는 간단하다. 문 옆에 달려 있는 초인종에 와이파이가 가능한 웹카메라를 설치해 누가 초인종을 누르면 자동으로 스마트폰과 연결돼 스마트폰으로 초인종을 누른 사람을 보면서 대화하면 편할 것 같다는 생각에서 시작한 것이다. 초인종이 울릴 때마다 현관에 가서 누군지도 모르는 사람을 만나야 하는 번거로움을 해결하고, 집에 아무도 없더라도 누가 왔는지를 외부에서 쉽게 파악할 수 있다는 점 때문에 크라우드 펀딩 사이트에서 큰 인기를 끌 수 있었다.

마지막 현상은 물리적 세계와 디지털 세계 간의 경계가 허물어지고 있다는 점이다. 최근 빠르게 발전한 가상현실 시스템과 설비들은 현실과 가공의 세계를 하나로 융합시키고 있다. 그리고 이러한 현상은 경쟁자를 새롭게 정의한다. 예를 들어보자.

앞으로 과천에 있는 국립현대미술관은 누구를 경쟁자로 삼아야 할까? 서울 덕수궁에 있는 국립현대미술관일까, 간송미술관일까? 조만간 뉴욕에 있는 메트로폴리탄미술관이 경쟁자가 될 수도 있다. 지금까지는 시공간의 제약 때문에 뉴욕 메트로폴리탄미술관은 벤치마킹의 대상은 될지언정 직접적 경쟁자는 아니었다. 하지만 현재 메트로폴리탄미술관이 운영하는 '메트 360도 프로젝트(The Met 360° Project)[37]'를 생각해보자. 이러한 프로젝트를 통해 우리는 메트로폴리탄미술관의 건축물과 작품을 가상현실을 이용해 즐길 수 있다. 조만간 우리들은 차를 타고 과천 국립현대미술관에 갈지, 집에서 가상현실 헤드셋을 머리에 쓰고 메트로폴리탄미술관에 갈지를 결정해야 할 것이다. 만약 국립현대미술관을 책임지는 입장이라면 메트로폴리탄미술관과 경쟁하기 위해 어떤 의사 결정을 해야 할까?

앞으로 무경계의 경쟁에서 살아남기 위한 방법은 무엇일까? 가장 중요하고 핵심적인 생존 방법은 자유롭게 생각하고 행동하는 것이다. 경계 또는 영역이라는 것은 물리적인 의미를 지닌다. 경계나 영역은 국경선, 업종별 노조, 판매 채널 등처럼 눈에 보이거나 오랫동안 지속돼온 관행에 의해 구성된다. 하지만 이러한 관행은 우리가 모르는 사이에 우리들의 행동과 생각에 영향을 미치고 있다. "지금까지 늘 이렇게 해왔어.", "우리가 해오는 방식만이 최선이야.", "이러한 업무 노하우는 우리만이 알고 있지.", "지금까지 우리가 쌓아온 자산들이 우리를 지켜줄 거야." 등과 같은 생각들이 무경계의 시대에 가장 위험한 생각이자 함정이다.

항상 언제 어디서 경쟁자가 나타날지 모른다는 생각을 하고 이에 맞게 전략을 짜고 실천 방안을 미리 준비해야 한다. 그리고 무엇보다 중요한 점은 관행에서 벗어난 자유로운 생각을 갖는 것이다. 하지만 자유로운 생각이라고 해서 아무런 근거 없이 생각의 영역을 확장하거나 현재 사업과 전혀 관련되지 않은 영역을 고려할 필요는 없을 것이다.

무경계의 경쟁에서 생존하기 위한 세 가지 질문

무경계의 경쟁에서 생존하기 위해 스스로에게 물어볼 핵심 질문 세 가지를 생각해보자.

첫 번째 질문은 현재 내가 어떤 일을 하는지를 포괄적으로 물어봐야 한다. 어떤 면에서 업(業)을 다시 정의한다고 볼 수 있다. 업의 정의는 정말 다양하다. 매우 포괄적으로 업을 정의할 수도 있고 아주 미세하게 정의할 수도 있다. 그리고 많은 경우 자신이 정의한 업의 특성에 따라 경쟁 대상 및 경쟁의 강도 역시 결정된다. 식당의 사례를 들어 간략하게 업의 정의를 살펴보자.

업의 범위에 따른 사업 영역 예시

아주 포괄적으로 정의한 경우 ←		보통	→ 아주 협소하게 정의한 경우	
나는 식당을 운영한다.	나는 매장에서 식당을 운영한다.	나는 한식당 매장을 운영한다.	나는 갈비탕 전문점을 운영한다.	나는 갈비탕 배달 전문점을 운영한다.

    당연한 말이지만 자신이 속한 업을 매우 포괄적으로 정의할 경우 사업의 확장성 및 경쟁의 영역은 무한대로 커질 수 있다. '식당을 한다.'라고 정의할 경우 밥을 먹고 사는 모든 사람이 나의 고객이지만, 밥을 파는 모든 사람 역시 나의 경쟁자들이다. 반면, '갈비탕 배달 전문점을 한다.'라고 아주 협소하게 정의하면 온라인으로 갈비탕을 주문하는 사람들만이 나의 고객이고, 비슷한 서비스를 제공하는 배달 전문 음식점이 경쟁자가 된다. 하지만 배달의 민족이나 요기요를 통해 곰탕이나 추어탕을 시켜 먹는 사람은 잠재 고객으로 봐야 할까? 이와 마찬가지로 배달의 민족을 통해 곰탕 또는 추어탕을 파는 배달 전문점은 경쟁업체로 봐야 할까?

    현재 자신이 일하고 있는 업의 영역은 다소 포괄적으로 정의하는 것이 바람직하다. 업의 정의가 협소할수록 구체적으로 무엇을 해야 하는지가 명확해지고 경쟁자를 파악하기도 쉽지만 협소한 업의 정의는 새로운 것을 찾고자 하는 눈과 마음을 가리는 단점이 있다. 특히 지금처럼 무경계의 상황에서는 업의 정의가 협소할수록 위험해진다.

    따라서 현재 내가 하는 일을 정의할 때는 한두 단계 더 확장된 개념을 생각하는 것이 좋다. 예를 들어, 컴퓨터 관련 사업을 하고 있다면, 업을 IT 및 커뮤니케이션 관련 사업이라고 좀 더 넓게 정의하는 것이 좋다. 이와 마찬가지로 자동차 부품을 제조 및 판매하는 사업이라면 단순한 차량 부품용 산업이 아니라 모빌리티(Mobility) 산업에 종사한다고 정의하는 것이 좋다. 이러한 몇 가지 예를 다음 표에서 확인해보자.

확장된 업의 정의

전통적인 관점에서의 업의 정의	확장된 관점에서의 업의 정의
자동차 부품 회사를 운영한다.	모빌리티(Mobility) 사업을 운영한다.
음식 배달 전용 애플리케이션 회사를 운영한다.	라이프스타일 중개 애플리케이션 회사를 운영한다.
고등학생을 대상으로 하는 수학 학원을 운영한다.	온라인 강의 플랫폼 사업을 운영한다.
동네에서 작은 편의점을 운영한다.	주민을 위한 24시간 지역 허브(Hub)를 운영한다.

무경계의 경쟁에서 살아남기 위한 두 번째 질문은 기회와 위기가 어디에 있는지를 물어보는 것이다. 앞에서 자신의 업의 범위와 정의를 확장시켰다면 새로운 기회 요소와 위기 요소를 파악해야 한다. 기존의 업무 범위가 넓어짐에 따라 자신이 상대방의 영역으로 공격해 들어갈 기회가 더 많아졌다. 이와 마찬가지로 스스로 공격받을 기회 역시 많아졌다.

경험하지 않은 영역에서 새로운 기회를 찾는다는 것은 매우 어렵다. 제일 좋은 방법은 사전에 기회 요인을 미리 발굴하고 남들보다 한걸음 먼저 움직이는 것이다. 하지만 현실적으로 대부분의 기업과 사람들이 그렇게 하기는 힘들다. 따라서 차선책으로 선택할 수 있는 방법은 시장 환경 및 변화에 빨리 반응하는 것이다.

만약 최근 매출 중 일정 부분이 기존에 없던 고객에게서 발생한다거나 기존 충성 고객들의 구매가 예전 같지 않다면 바로 확인해야 한다. 단순히 경기가 좋지 않아서 또는 경쟁자가 크게 할인을 해서 등과 같은 이유를 바탕으로 매출의 변화를 파악한다면 경영 환경의 미세한 변화를 놓칠 수 있다. 지금 당장은 작은 변화일 수 있지만, 작은 변화가 쌓이면 대세로 자리 잡기 때문이다. 이처럼 환경의 변화를 감지하는 활동을 '센싱(Sensing)'이라고 한다(센싱은 4장에서 자세히 다룬다).

작지만 반복되는 변화를 알 수 있는 가장 제일 손쉽고 확실한 방법은 고객에게 물어보는 것이다. 떠나간 고객에게 왜 떠났는지를 물어보고, 새로 찾아온 고객에게 왜 찾아왔는지를 물어보는 방법이 최선이다. 글로벌 경영 컨설팅 회사와 트렌드 전문가들 역시 이처럼 작은 변화를 찾아내 주변에 물어봄으로써 현재와 미래의 트렌드를 파악한다.

마지막은 내가 무엇을 할 수 있는지에 대한 솔직한 질문이다. 기존에 나의 방파제 역할을 해주던 경계가 무너졌다면, 이제부터는 스스로 살아남아야 한다. 전통적인 산업에 종사하다 어느 순간 IT 산업과 경쟁한다고 생각해보자.

앞에서 언급한 챗봇과 전문 상담원의 예를 다시 떠올려보자. 전화 상담 또는 인터넷을 통한 채팅 상담은 전통적 산업에 속한다. 하지만 어느 순간 챗봇을 이용한 무인 상담이 경쟁자로 등장했다. 상담원들이 모여 있는 콜센터를 운영하는 센터장은 무엇을 할 수 있을까? 무슨 수를 쓰더라도 상담원들의 업무 효율과 비용 경쟁력을 챗봇보다 좋게 만들 수는 없다. 여기서 챗봇을 처음 개발할 때의 비용은 고려하지 않기로 하자. 24시간 쉬지 않고 일할 수 있고, 데이터가 쌓일수록 더 정교해지는 인공지능 기반의 챗봇과 상담사가 경쟁하는 것은 어렵다. 만약 센터장이 콜센터의 업무 목표를 더 짧은 시간 안에 더 많은 상담을 받는 것으로 잡는다면 경쟁에서 절대 이길 수 없다. 차라리 상담원들의 역량을 강화해 불만을 제기하는 상대방에게 공감하는 역량을 키우거나 고객이 원하는 솔루션을 한 번에 찾을 수 있는 역량을 키우는 등의 방법을 찾아야 한다. 절대로 내가 갖고 있는 장점을 포기하고 처음 보는 상대방의 역량을 아무 근거 없이 따라해서는 안 된다.

경계가 없어진 경쟁은 험난하다. 지금까지 공정했던 게임의 룰이 한순간에 사라진다. 전혀 다른 경쟁자가 처음 보는 경쟁력을 갖고 시장에 진입한 것이다. 오래된 서부 영화에나 나올 법한 표현이 한 가지 있다. 미국 서부 개척 시대에 유행했던 "포커판에서 스트레이트 플러시를 이길 수 있는 것은 권총이다.[38] "라는 표현이 있다. 포커판에서 마주앉아 포커 규칙에 따라 게임을 할 때는 스트레이트 플러시가 거의 무적이다. 하지만 아무리 낮은 패를 갖고 있더라도 갑자기 권총을 꺼내들고 위협하면 권총을 쥔 사람이 모든 돈을 가져갈 수 있다. 불합리해 보이지만, 어느 순간 포커 게임과 총 싸움의 경계가 무너진 것이고, 미리 총을 준비하지 않은 자는 순순히 돈을 포기할 수밖에 없다.

현실은 이보다는 덜 극적이지만, 어떤 면에서는 크게 다르지 않을 수도 있다. 경계가 무너진 시대에서 살아남기 위해 항상 긴장하고, 준비하고, 날카롭게 주변을 관찰하고, 고민해야만 한다.

4장

센싱, 기회를 감지하다

센싱
앞으로 가야할 방향을 계획하는 대신
현실의 기회를 포착하는 능력

미국에서 출간되는 경영 잡지인 「하버드 비즈니스 리뷰(Harvard Business Review)」에 '비선형 세계에서 선형적 사고를 할 때'라는 논문이 연재됐다.[39] 이 논문을 간단히 정리하면, '세상은 더 이상 투입량과 산출량이 일정한 선형적(Linear) 형태로 움직이지 않기 때문에 비선형적인(Nonlinear) 세상에 부합하는 사고방식을 가져야 한다.'는 것이다. 다음 그림에서 볼 수 있듯이 선형적 세상은 직선으로 움직이지만, 비선형적 세상은 위아래로 자유롭게 움직인다. 다만 비선형적인 세상이라도 움직임의 방향성은 감지할 수 있다.

선형적 세계관이 지배했던 시대에는 투입과 산출, 계획과 결과 등이 매우 명확했고, 실제로 목표와 결과가 비슷하게 맞아떨어졌다. 하지만 세상은 점차 복잡해졌고, 우리들의 예측을 벗어나는 일들이 많이 벌어지고 있다. 코로나19는 너무도 예외적인 상황이라 거론할 필요도 없다.

논문에서는 비선형적 세상, 즉 인과 관계가 명확하지 않고 투입과 결과가 뚜렷하지 않은 상황에서 살아남기 위해서는 우리들이 선형적 세계관에

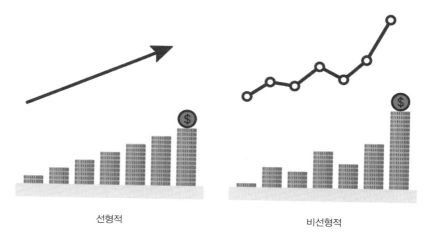

| 선형적 | 비선형적 |

뉴노멀 시대에서는 예전처럼 모든 인과 관계 또는 투입과 산출의 결과가 명확하지 않다. 즉, 선형적인 세계에서 비선형의 세계로 진입한 것이다.

매몰돼 있다는 점을 인정해야 하고, 그다음으로 지표 대신 성과에 집중하라고 조언한다. 즉, 100을 투입하면 110, 110을 투입하면 120을 기대하는 대신, 투입량이 증가함에 따라 산출량 역시 증가하는지에 더 큰 관심을 가지라고 말한다. 그리고 비선형적으로 나오는 결과의 유형을 파악하라고 한다. 결과가 천천히 나오다가 갑자기 위로 치고 올라가는지 또는 급격히 증가하다 어느 순간부터 성장이 완만해지는지 등을 감지하고 이에 따라 적절히 대처해야 한다는 것이다.

'계획-실행-평가'가 지배하던 시대의 종언

경영적인 관점에서 본다면 선형적 세계는 '계획(Plan)-실행(Do)-평가(See)'가 적절히 맞아떨어지는 세계다. 불과 얼마 전까지 경영 계획을 짜거나 비즈니스를 준비할 때는 계획, 실행, 평가의 삼박자가 잘 어우러질 수 있어야 했다. 먼저 과거 자료들을 명료하게 분석한 후 현재 상황과 경쟁 현황 등을 고려해 앞으로 어떻게 해야 할 것인지에 대한 명확한 계획을 수립한 후 이를 한치의 오차도 없이 현장에서 실행하고, 도출된 결과가 얼마나 잘 나왔는지 성과를 평가하는 것이다. 실무에서 흔히 '계획-실행-평가'라고 불리는 이러한 프로세스는 오랫동안 경영학 그리고 현장에서 가장 기본적인 프로세스로 자리잡아왔다. 앞으로도 '계획-실행-평가'라는 프로세스는 사라지지 않겠지만, 지금과 같은 뉴노멀하에서는 예전처럼 절대적인 힘을 발휘하기는 어려울 것이다.

'계획-실행-평가'의 세 가지 단계가 예전처럼 힘을 발휘하기 어려운 이유는 첫 번째 단계인 '계획'을 세우는 것이 점점 더 어려워지기 때문이다. 계획은 두 가지 요소로 구분해서 생각해야 한다. 첫 번째 요소는 계획을 세우는 활동(Planning)이다. 계획을 세우기 위해서는 과거의 자료를 면밀히 검토해야 한다. 최근 몇 년간의 판매 및 영업 자료, 손익 자료, 경쟁사들의 활동 등을 검토하고, 현재의 시장 환경을 분석하고 미래 방향성을 추정하게 된다. 나름 과거-현재-미래를 다각적으로 검토해 계획을 세우는 것이다. 하지만 지금 우리는 뉴노멀 시대에 살고 있다. 1장에서 이미 말한 것처럼 뉴노멀의 특성은 오늘의 현실은 어제와 직접적으로 연결되지 않으며, 내일의 미래는 오늘의 현실과 확연히 다르다는 점이다. 과거, 현재, 미래의 연결성이 예전보다 확연히 약화된 뉴노멀 상황에서 합리적인 계획 수립이 얼마나 가능할 수 있을까?

두 번째 문제는 계획(Plan)이 갖고 있는 획일성이다. 대부분의 기업 활동들은 성과 지표로 관리된다. 우리가 흔히 말하는 핵심 성과 지표(Key Performance Index, KPI)는 플래닝 과정의 최종 산출물이자, 실행과 평가의 기준점이 된다. 한 번 설정된 지표는 비록 반년에 한 번 조정하는 과정이 있지만[15], 대부분 그대로 지속되는 경향이 높다. 숫자는 마력을 지니고 있기 때문에 한 번 설정된 숫자는 모든 사람의 의사 결정과 행동을 결정 짓는다. 환경 변화에 상관없이 숫자화된 KPI는 모든 사람이 지켜야 하는 절대 명령이 된다. 그리고 KPI를 지키기 위한 실행과 평가가 뒤따른다.

우리들은 종종 계획을 수립하는 과정에서 수없이 토의했던 현실적인 어려움과 한계 그리고 계획을 통해 궁극적으로 달성하려는 목적을 망각하고, 오직 계획에만 집착하는 경영진과 실무진들을 본다. 제2차 세계대전을 승리로 이끈 미국의 아이젠하워(Eisenhower)[16] 장군의 말을 떠올린다면 과도한 계획 중심적 관행을 조금이라도 막을 수 있지 않을까?

"계획은 아무것도 아니다. 계획을 수립하는 것만이 모든 것이다."

뉴노멀 상황에서 과거와 미래에 근거한 합리적 계획 수립은 결코 쉽지 않다. 100% 불가능하지는 않지만, 매우 많은 가설과 분석 그리고 예측이 필요하기 때문이다. 그렇기 때문에 시나리오 플래닝(Scenario Planning)처럼 몇 가지 시나리오를 미리 준비하고 상황 변화에 따라 최적의 시나리오를 선택해 비즈니스를 운영하기도 한다.

---

15 연말에 수립한 연간 경영 계획 성과 지표를 반기에 한 번 정도 경영 환경 변화를 고려해 재조정하는 기업들도 있다. 하지만 성과 지표를 바꾸기 위해서는 무수히 많은 근거를 만들고 사내 유관 부서와 소통해야 하기 때문에 결코 쉬운 일이 아니다.

16 드와이트 아이젠하워(Dwight Eisenhower, 1890~1969)는 미국 군인이자 정치인이다. 제2차 세계대전 중 연합군 총사령관과 미국 34대 대통령을 역임했다(1953~1961).

스위스에 위치한 경영대학원인 IMD는 코로나19 이후의 세계를 위한 네 가지 시나리오를 제시하고 있다.[40] 참고로 IMD의 시나리오 플래닝의 부제는 '당신의 뉴노멀을 제대로 준비하라.'이다.

IMD는 향후 뉴노멀 시대를 결정 짓는 주요 요인으로 코로나 바이러스가 얼마나 오랫동안 지속될지, 사람들이 글로벌 시장에 대한 개방성 또는 폐쇄성 중 어느 것을 선택할지 그리고 디지털 도구와 기술을 얼마나 잘 받아들일지 등의 세 가지 요인을 선정했다.

이들 세 가지 요인을 조합해(예: 바이러스가 오랫동안 지속되고, 사람들은 글로벌 시장에 대해 여전히 높은 개방성을 갖고 있고, 디지털 기술을 적극적으로 받아들임) 다음과 같은 네 가지 시나리오를 도출했다.

- 시나리오 1. 글로벌 시장(Global Marketplace)
- 시나리오 2. 기본으로 돌아가기(Back to Basic)
- 시나리오 3. 디지털 리셋(Digital Reset)
- 시나리오 4. 벽으로 둘러싸인 정원(Walled Gardens)

기업은 앞에서 말한 세 가지 주요 요인을 지속적으로 관찰하면서 궁극적으로 어떤 요인들이 대세를 이루는지를 판단하고, 그에 맞게 사전에 설정한 시나리오를 선택해 비즈니스를 운영하게 된다. 시나리오를 구성할 때는 각각의 시나리오에 따라 경영 환경에 어떻게 대처할 것인지를 예측한다. IMD는 시나리오별 다섯 가지 환경 변화를 예측하고 있는데, 글로벌 환경, 비즈니스 전망, 시장 규제, 기술적 트렌드의 변화 그리고 소비자와의 관계 등이 시나리오에 따라 영향을 받게 되는 요인들이다.

만약 '벽으로 둘러싸인 정원' 시나리오가 가장 현실적인 방안이라고 판명된다면, '벽에 둘러싸인 정원'에 맞는 시장 대응 전략과 운영 활동을 집행한다. 예를 들어, '벽에 둘러싸인 정원' 시나리오의 구성 요소인 '글로벌 폐쇄성 강화' 및 '디지털 기술 수용도 증대'에 따라 기존 수출 계획은 대규모 축소하고, 모든 자원을 국내 또는 권역 내의 국가들에 집중하고, 디지털 마케팅을 대규모로 활용해 판촉 활동을 강화한다는 것이다.

시나리오, 시나리오별 전략, 운영 계획이 사전에 계획돼 있기 때문에 어떤 시나리오가 최선인지 결정된다면 경영 전략을 일사분란하게 전개할 수 있게 된다.

시나리오 플래닝은 현시대에 적합한 방법론이지만, 모든 기업이 쉽게 사용할 수 있는 방법론은 아니다. 왜냐하면 시나리오 플래닝을 제대로 하기 위해서는 엄밀한 사전 준비와 분석 그리고 오랜 시간 동안의 토의 및 예측 과정이 있어야 하기 때문이다. 경험과 감각에 의존해서 몇 가지 주요 요인을 생각해 시나리오를 몇 개 구성할 수는 있지만, 불확실한 가정과 정보 없이 만들어진 시나리오에 따른 전략 수립은 오히려 위험할 수 있다. 실제로 경영 컨설팅 회사인 맥킨지의 연구에 따라 시나리오 플래닝을 적용한 기업의 40%는 아무런 효과를 보지 못했다고 한다.[41]

뉴노멀 시대에 가장 현실적인 방법은 '감지-반응(Sensing-Response)' 프로세스라고 볼 수 있다. 무엇보다 현상과 인과 관계 그리고 변화를 감지하는 능력인 센싱 능력은 뉴노멀 상황에 가장 필요한 역량이다. 센싱 능력은 일종의 '레이더'와 같다. 넓은 하늘을 육안으로 모두 지켜볼 수 없을 경우 우리들은 레이더를 사용해 하늘에서 어떤 일이 있는지, 즉 어디서 비행기 또는 새들이 날아오는지를 파악한다. 센싱 능력은 이처럼 앞으로 어떤 일이 일어날지 모를 경우 세상을 폭넓게 지켜보면서 어떤 일이 발생하고, 그

센싱은 레이더와 같은 기능을 한다. 넓은 창공을 꾸준히 관측하다가 뭔가 특이점이 나타나면 무엇인지 파악해 어떻게 활용할 것인지를 계획하게 된다.

일이 우리 회사에 어떤 영향을 미칠지 감지하는 것이다.

센싱 능력이 뉴노멀 상황에서 필요한 이유는 명확하다. 그 누구도 앞으로 어떤 일이 벌어질지를 예측하기 어렵기 때문이다. 코로나19 이후 비대면 트렌드가 강화됐다는 사실은 누구나 알고 있다. 그리고 비대면 트렌드는 디지털 기술과 결합해 기존 오프라인 중심의 대면 사회를 온라인 중심으로 이동시킬 것이라는 사실도 알고 있다. 하지만 기업 또는 개인들은 거시적 변화보다는 당장 몇 달 후에 일어날 일과 시장에서 벌어지는 변화에 더 큰 관심을 갖고 있다. 이러한 변화를 빨리 잡아낼수록 더 빠른 대응책을 내놓을 수 있고 경쟁에서 살아남을 수 있기 때문이다.

뉴노멀은 과거와의 단절과 불확실한 미래의 등장을 의미한다. 따라서 현재와 미래를 추론할 수 있었던 과거 자료는 예전처럼 큰 힘을 갖고 있지 않다. 즉, '계획-실행-평가'가 선형적으로 연계된다는 가정은 예전처럼 쉽게 받아들일 수 없다.

논어(論語)에는 '온고지신(溫故知新)'[42]이라는 표현이 나온다. '옛 것을 배우고 익혀 새로운 것을 알 수 있다.'는 의미다. 변화가 느릿느릿하게 나타나고 어제와 오늘이 선형적으로 이어진 세상에서는 과거의 이벤트와 사실들을 잘 알고 있어야만 오늘과 내일을 합리적으로 계획할 수 있었다. 그 시대에는 온고지신은 늘 명심해야 하는 경구였을 것이다. 하지만 지금은 과거의 지식과 경험 그리고 과거의 데이터가 현재와 미래를 붙잡는 장애 요인이 되기도 한다.

센싱 능력에 못지않게 중요한 것은 '반응(Response) 역량'이다. 센싱이 현재 일어나고 있는 일을 감각적으로 감지하는 능력이라면, 반응은 감지된 현상에 대해 적시에 적절히 대응하는 역량이다. '계획-실행-평가'의 실행(Do)과 비슷해 보이지만 확연히 다른 역량이다. 실행이 정해진 목표와 절차에 따라 정확하게 뭔가를 행하는 역량이라면, 반응은 감지된 현상에 반응해 순간적으로 튀어나오거나 오랫동안 연습해왔던 방식이 무의식적으로 튀어나와 뭔가를 행하는 역량이다. 정확하게 실행하기 위해서는 사전에 명확하게 설정된 계획이 있어야 한다. 하지만 적시에 반응한다는 것은 어쩔 수 없이 상황에 따라, 소위 케이스 바이 케이스(Case by Case)에 따라 행동할 수밖에 없다는 것을 의미하기도 한다. 오히려 지나치게 복합하거나 꽉 짜인 계획하에서는 상황에 맞게 적절히 반응하는 것이 오히려 어려울 수 있다.

센싱과 반응 역량이 적절히 조화를 이룰 경우에 나타나는 최선의 결과는 '신속한 적응(Fast Adaption)'이다. '신속한 적응'과 관련해 컨설팅 회사인 베인 앤 컴퍼니(Bain & Company)의 파트너인 제임스 앨런(James Allen)의 글을 잠시 살펴보자.[43]

30여년 동안 전략 컨설팅업계에 종사했던 제임스 앨런은 과거 대비 최근에 두드러지게 나타난 특징으로 전략의 관점이 '완벽한 예측'에서 '신속한 적응'으로 변화했다는 점을 지적한다. 20세기에는 정확한 자료를 확보하고 산업 내 트렌드를 명확히 예측한다면 기업의 10년 후 전략도 정확히 수립할 수 있다는 믿음이 있었다. 모든 사람은 완벽한 전략과 예측은 서로 밀접하게 관련돼 있다고 생각했다. 하지만 지금의 전략은 혼란과 시나리오, 행동과 반응 등과 연관돼 있다. 따라서 최고의 전략은 '신속하게 상황에 적응'하는 것이라고 말한다. 그리고 현재의 전략은 '우리가 줄을 서서 따라가야 하는 지도(Map)가 아니라 우리가 어디로 가야 할 것인지를 알려주는 나침반의 역할'이라고 강조한다.

뉴노멀 상황에서 중요한 의미를 지닌 센싱 역량은 어떻게 확보할 수 있을까? 모든 기업이 조직 내에 시장과 환경을 센싱할 수 있는 조직이나 시스템을 갖추고 있지는 않다. 회사에 따라 시장 조사를 담당하는 부서가 있지만, 이들의 업무는 리서치 활동을 잘하는 것이다. 시장 조사 부서를 좀더 확장해 마켓 인텔리전스(Market Intelligence, MI) 부서를 구축하는 조직도 있다. MI 부서는 시장과 환경의 변화를 보다 능동적으로 파악하고 거시적인 흐름에서 비즈니스에 영향을 미칠 수 있는 요인들을 파악한다. 하지만 MI 부서를 잘 운영하기는 어렵다. 시장과 환경을 너무 크게 보면 당장 필요도 없어 보이는 막연한 트렌드 정보만 양산하고, 너무 작게 보면 시장 조사 부서와 별반 차이가 없기 때문이다. 대기업들은 자체적으로 연구소나 리서치센터를 운영하기도 한다. 이들은 손익에 상관없이 대기업 또는 그룹사가 필요한 거시적 연구 자료를 생산하고, 그룹 전체의 아이디어 뱅크 역할을 수행한다. 하지만 자체 연구소를 운영할 만한 기업들이 얼마나 될까?

비즈니스와 경쟁 그리고 환경을 센싱하기 위해 제일 좋은 방법은 기업의 임직원들이 비슷한 프레임워크를 갖고 환경을 센싱할 수 있는 역량을 키우는 것이다. 비슷한 프레임워크를 익힌다면 회사에서 서로 동일한 용어와 맥락을 갖고 토의를 할 수 있고, 보다 효과적으로 센싱된 결과를 공유하고 이를 실천할 수 있기 때문이다. 이 책에서는 환경과 시장을 센싱하기 위해 필요한 검증된 프레임워크를 소개하려고 한다. 프레임워크의 이름은 '커네빈 프레임워크(Cynefin[17] Framework)'이다.

센싱을 위한 효과적인 모델, 커네빈 프레임워크

커네빈 프레임워크는 불확실성 속에서 어떻게 환경과 상황을 감지하고 문제를 해결하는지를 알려주는 의사 결정 모델 중 하나다. 커네빈 프레임워크는 데이브 스노우던(Dave Snowden)이 IBM에서 근무하던 1999년에 처음 창안했다. 그는 커네빈 프레임워크를 일종의 '센스메이킹 장치'라고 묘사했다. 1999년에 창안한 이후 IBM을 중심으로 불확실성하에서 의사 결정을 하기 위한 모형으로 활용되다가 2007년 하버드 비즈니스 리뷰에 논문[44]으로 게재되고, 경영학회에서 우수상을 받으면서 유명해졌다.

커네빈 프레임워크는 낯선 이름만큼 쉬운 내용은 아니다. 그럼에도 불구하고 책에서 소개하는 이유는 불확실성하에서 우리가 어떤 행동을 취해야 하는지를 4개의 영역으로 나눠 명확하게 보여주고 있기 때문이다. 특히 코로나19로 인해 갑자기 펼쳐진 뉴노멀 상황에서는 여러 가지 측면에서 활용하기 좋은 모델이다. 커네빈 프레임워크는 다음 그림에서 볼 수 있듯이 4개의 영역과 가운데 있는 검은색 영역의 총 5개 영역으로 구성된다. 가운데의 영역은 '무질서(Disorder)' 상태, 즉 혼란 상태다. 이 책에서는 무질서를 둘러싼 4개 영역에 대해서만 논의한다.

17　커네빈(Cynefin)은 '서식지'를 뜻하는 영국 웨일즈 지역의 방언이다.

커네빈 프레임워크

단순성 영역 감지-범주화-반응	난해성 영역 감지-분석-반응
복잡성 영역 탐지-감지-반응	**혼란성 영역** 행동-감지-반응

무질서

첫 번째는 '단순성 영역(Clear[18])'이다. 단순성 영역의 특징은 '내가 무엇을 알고 있는지를 알고 있다는 점이다(Known Knowns).' 무엇을 해야 하는지에 대한 규칙이 명확하고, 상황은 안정적이고, 무엇보다 원인과 결과 간의 인과 관계가 명확하다. 단순성 영역에서의 의사 결정 방식은 우선 상황을 감지하고(Sense), 상황을 몇 개의 영역으로 범주화하고(Categorize), 상황에 맞게 반응하면(Response) 된다. 단순성 영역에서는 항상 일종의 모범 답안인 베스트 프랙티스(Best Practice)가 있기 때문에 무엇을 어떻게 해야 할 것인지를 쉽게 알 수 있다. 단순성 영역에 해당하는 사례로는 우리가 은행에 대출을 갚는 활동을 들 수 있다. 정해진 날짜에 정해진 액수의 금액을 갚으면 된다. 정해진 대출 상환일이 휴일일 경우 미리 대출금을 낼지 또는 휴일

---

18 단순성 영역의 영어 표기는 처음에는 'Simple'이었지만, 2014년에 'Obvious'로 바뀌었고, 최근에는 'Clear'로 바뀌었다. 영어 표현은 조금씩 변화됐지만 큰 틀은 변화하지 않았다.

다음날 넣지 등의 간단한 의사 결정만 하면 된다.

두 번째는 '난해성 영역(Complicated)'이다. 난해성 영역의 특징은 '내가 무엇을 모르는지 알고 있다.'는 점이다(Known Unknowns). 인과 관계는 분명히 존재하지만 이를 파악하기 위해서는 전문가의 분석이 필요할 수 있다. 합리적인 정답을 찾을 수는 있지만, 이 과정에서 판단과 전문성 등이 개입된다. 난해성 영역에서의 의사 결정 방식은 '감지(Sense)-분석(Analyze)-반응(Response)'이다. 우선 상황을 파악한 후 객관적으로(또는 전문성을 갖고) 적절한 행동을 하는 것이다. 난해성 영역에 속하는 예로는 보잉787 등과 같은 초대형 항공기를 운항하는 일을 들 수 있다. 계기판과 수치들이 무수히 많은 보잉787을 운항하는 것은 결코 쉽지 않다. 운항 중 마주치는 다양한 기상 상황과 항공기 상태를 수시로 체크하고, 시의적절하게 계기판을 조작하는 활동이 일종의 '감지-분석-대응' 과정에 해당한다. 난해성 영역에서는 베스트 프랙티스가 아니라 상황에 맞는 적절한 활동(Good Practice)만이 존재한다.

세 번째는 '복잡성 영역(Complex)'이다. 복잡성 영역의 특성은 '내가 무엇을 모르는지를 모른다(Unknown Unknowns)'라는 점이다. 원인과 결과 간의 인과 관계는 일이 벌어진 후에나 알 수 있고, 정답은 존재하지 않는 상태다. 예를 들면 마치 전쟁터의 한복판에 있는 상황과 같다고 볼 수 있다. 분명 교전 수칙은 알고 있지만, 막상 총알이 날아오는 전쟁터에서는 무엇을 어떻게 해야 할지를 파악하기 어렵다. 복잡성 영역에서의 의사 결정 방식은 '탐지(Probe)-감지(Sense)-반응(Response)'이다. 마치 여러 개의 안테나를 요소요소에 설치해 정보를 수집하고, 이를 바탕으로 상황을 감지해 행동을 취하는 것이다. 모든 상황이 불확실하기 때문에 갑작스럽게 발생하는, 즉 창발적 활동(Emergent Practice)을 자주 볼 수 있다.

마지막은 '혼란성 영역(Chaotic)'이다. 글자 그대로 원인과 결과가 불명확하고, 모든 것이 너무 모호해서 지식에 기반을 둔 활동을 하기 어렵다. 이때 필요한 의사 결정 방식은 '행동(Act)-감지(Sense)-반응(Response)'이다. 무엇보다 중요한 것은 먼저 행동하는 것이다. 상황이 어떤지를 세밀하게 파악하려고 하거나 특정 패턴을 찾을 시간이 없다. 스노우던은 '혼란 영역에서는 추가 정보를 위해 기다릴 시간이 없다.'라고 강조한다. 혼란 영역에 접어들었다면 우선 행동을 해서 상황을 조금이라도 안정시킬 수 있도록 해야 한다. 그리고 어떤 행동이 제대로 작동했고 어떤 행동은 무의미한지를 감지해 적절히 대응해야 한다. 그리고 이런 활동을 반복적으로 지속해 혼란에서 조금씩 안정된 방향으로 나아가야 한다.

혼란성 영역에 가장 적합한 사례는 대규모 테러 사태다. 2001년 미국 뉴욕에서의 911 테러 사태가 가장 좋은 사례라고 할 수 있다. 대규모 테러 사태가 발생하면 현장 요원들은 우선 사람들을 대피시켜 피해를 줄이는 활동을 우선 시행하고 시간이 지남에 따라 무슨 일이 발생했는지를 파악한다.

커네빈 프레임워크는 영역별로 역동적으로 움직인다. 복잡성 영역에서 벌어진 사건이라도 인과 관계가 시간이 지나면서 파악되고, 데이터가 누적되면 인과 관계의 추론이 어느 정도 가능해질 수 있다. 이 경우 동일한 사건이 복잡성 영역에서 난해성 영역으로 이동하게 된다. 단순성 영역의 사건이 어느 순간 혼란성 영역으로 바뀔 수도 있다.

2008년 금융 위기 전에는 사람들이 낮은 금리로 집을 구매한 후 대출금을 정기적으로 갚았다. 아주 간단한 일이다. 하지만 갑자기 금융 위기가 터지면서 모든 것이 뒤바뀌었고, 금리가 한없이 치솟았다. 거래하던 은행들이 여기저기 파산하기 시작했다. 정기적으로 대출금을 상환하는 일조차 불가능해졌다. 한마디로 혼돈에 빠진 것이다. 이처럼 환경과 상황이 바뀜에 따라 동일 사건이라도 대처해야 하는 방법이 달라진다. 만약 안정적인 상태에 익숙한 조직과 개인이라면 자신과 회사를 단순성 영역으로 빠르게 이동할 수 있도록 해야 한다.

코로나19가 초래한 뉴노멀은 과연 어떤 상황일까? 기업과 개인마다 직면하는 상황이 서로 다르기 때문에 특정 영역만을 말할 수는 없다. 하지만 전반적으로 복잡성 영역에 해당한다고 볼 수 있다.

우선 코로나19가 우리들의 건강과 안위에 얼마나 심각한 영향을 미칠지 명확히 알 수 없다. 백신의 예를 들어보자. 백신을 맞는다고 해서 코로나19를 얼마나 효과적으로 차단할 수 있는지는 알 수 없다. 충분한 시간이 지나야 백신과 코로나19 간의 역학 관계를 알 수 있다.

두 번째로 코로나19가 우리들의 경제 활동에 어떤 영향을 미칠지를 예측하기 어렵다. 막연히 '어려울 것 같다.', '정상적인 생활을 하기가 힘들 것이다.'와 같은 생각을 하지만 항상 유동적인 확진자 수와 정부의 상황 판단에 따라 많은 것이 바뀐다. 따라서 한 달 앞의 사업 계획을 세우기가 어려운 상황이다. 이런 경우, 기업에서는 커네빈 프레임워크가 제시하는 것처럼 다양한 채널에서 환경 변화를 탐지하고, 몇 가지 중요 사안이 감지되면 바로 행동에 옮겨야 한다. 천천히 현상을 주시하기에는 변화가 너무 유동적이다. 다행히 현재의 상황은 2019년 대구에서 확진자들이 우후죽순 생겨나던, 즉 혼돈의 영역은 아니다. 따라서 무조건 행동할 필요는 없다. 뉴노멀도 노멀, 즉 정상의 상황을 내포하고 있기 때문에 지금은 새로운 상황에 대한 탐지와 점점 익숙해지는 상황을 센싱하는 활동들에 힘을 실어야 한다.

뉴노멀 상황에서 비즈니스와 자신에게 일어나는 일들을 센싱한다는 것은 쉽지 않은 일이다. 전통적인 계획 수립 활동은 앞에서 말한 것처럼 선형적인 활동이다. 인과 관계가 명확하거나 적어도 몇 가지 가설을 세운 후 가설을 검증할 수 있다. 우리가 특정 상황에 대해 일정 수준 이상의 지식과 전문성을 갖고 있어야만 제대로 된 가설을 세울 수 있다. 가설을 검증한다는 것은 가설이 맞는지, 틀렸는지를 판단하는 과정이다. 첫 번째 단계의 가설이 맞으면 다음 단계로 넘어갈 수 있지만, 그렇지 않은 경우 다시 가설을 세우고 검증 과정을 거쳐야 한다. 잘못된 가설은 검증할 수도 없고, 설령 채택되더라도 아무런 의미가 없다. 따라서 어설픈 가설이나 비현실적인 가설은 오히려 독이 된다.

센싱이 어려운 이유는 사전에 환경 분석을 위한 가설을 세우기가 어렵고 새롭게 경험하는 뉴노멀에 적합한 경험과 지식 그리고 정보를 충분히 갖고 있지 않기 때문이다. 따라서 센싱을 할 경우 섣부른 가설 대신 흰 종이에 새로 그림을 그린다는 마음을 먹는 것이 좋다. 그렇다고 해서 무조건 머리를 비우고 공허한 눈빛으로 상황을 쳐다보라는 것은 아니다. 오히려 센싱을 할 때는 새롭게 나타나는 어떤 현상이라도 놓치지 않겠다는 적극적인 자세와 탐구욕이 필요하다. 앞에서 레이더의 예를 들었지만, 화면상에 뭔가가 갑자기 나타났다면 호기심과 열의를 갖고 확인해야 한다.

센싱을 하는 데는 호기심과 열의도 중요하지만 커네빈 프레임워크에서 볼 수 있듯이 지금이 어떤 상황인지를 파악하는 것도 중요하다. 뉴노멀이라고 해서 모든 것이 혼돈 속에 있는 것은 아니다. 일정한 패턴과 인과 관계의 흐름은 당장 찾기 어렵지만, 대략적인 상황은 추정할 수 있다. 따라서 바로 센싱을 하기보다는 무엇이 뉴노멀을 불러일으켰는지, 가장 많은 변화를 보이는 곳이 어디인지 등을 생각해야 한다. 그리고 자신이 생각하기에 가장 큰 변화를 가져온 영역을 중심으로 센싱을 해야 한다. 어디서부터 시작할 것인지를 우선 설정한 후 센싱을 해보고, 다시 좀 더 방향을 정교화한 후 다시 센싱을 하는 일련의 과정을 지속하면서 정확도를 높여야 한다. 물론 정확도를 높인다고 해서 예전과 같은 선형적 세상을 기대해서는 안 된다. 다만 좀 더 예측 가능한 세계로 나아갈 뿐이다.

지금의 뉴노멀이 언제까지 지속될지는 모른다. 아마 몇 년 동안은 지금과 같은 혼란과 불확실성이 지속될 것이다. 혼란과 불확실성에 익숙해지는 순간, 즉 비즈니스에 대한 우리 나름의 정답과 솔루션을 갖게 된 순간이 오면 센싱보다는 안정적인 계획과 실행을 선호하게 될 것이다. 하지만 바로 그 순간 또 다른 뉴노멀이 올 수 있다. 이제 블랙 스완은 우리가 찾지 않아도 정기적으로 나타나는 철새가 됐기 때문이다. 그러면 똑같은 혼란을 다시 한번 겪으면서 새로운 환경을 센싱해야 한다. 앞으로는 이런 일련의 과정이 계속 반복될 것이다.

꾸준히 자신을 둘러싼 환경과 비즈니스를 센싱하는 습관을 들여야 하고, 센싱에서 도출된 이상 현상과 반복적 상황에 대해 관심을 갖고 좀 더 고민할 수 있어야 한다. 반복적으로 센싱하다 보면 우리들이 파악할 수 있는 범위와 수준은 계속 향상되고, 이를 통해 우리의 생존 가능성을 좀 더 높일 수 있을 것이다.

수익 창출의 기회는
어디에 있는가?

02부

우리들이 비록 '뉴노멀'이라 불리는 새로운 환경 속에서 살고 있지만, 코로나19를 제외한 우리들의 건강 상황은 크게 달라지지 않았다. 물론 정신적으로 코로나19와 뉴노멀 때문에 스트레스는 받고 있지만 말이다. 하지만 우리들의 경제적 생존 가능성은 어떠할까? 단순히 1년 전과 비교해도 우리들은 현재 경제 사정과 경영 여건이 빠르게 변화하고 있다는 것을 쉽게 느낄 수 있다. 아침마다 경제 신문을 정독하거나 CNN, 월스트리트 저널(Wall Street Journal) 등과 같은 외국의 유명 언론 매체를 접해야만 이런 변화를 느끼는 것은 아니다. 작년 동기 대비 매출과 손익의 변화, 고객들의 변화, 제품이 판매되는 유통망의 변화 등은 우리들이 조금만 신경 써서 관찰하면 쉽게 느낄 수 있는 사실들이다.

어떤 변화들은 현재 또는 앞으로 하려는 사업에 긍정적 신호를 보내고 있지만, 또 다른 변화들은 내가 지금까지 해왔던 모든 노력을 한순간에 무너뜨릴 수도 있다. 하지만 중요한 것은 변화 속에서 자신에게 유리한 기회를 찾고, 새로운 비즈니스 가능성과 수익 창출의 가능성을 발굴하는 것이다. 1부에서 설명한 네 가지 키워드들인 뉴노멀, 비대면, 무경계의 경쟁 그리고 센싱은 새로운 기회를 발견하기 위해 우리들이 나아가야 할 방향을 제시해준다. 하지만 비즈니스를 통해 생존하고, 매출을 일으키고, 수익을 창출하기 위해서는 거시적 방향성보다는 한 단계 더 정교한 활동 지침이 필요하다. 그리고 이러한 활동 지침 역시 새롭게 등장한 뉴노멀의 특성을 잘 반영하고 있어야 한다.

2부를 구성하는 네 가지 키워드

2부에서는 우리들이 새로운 사업 기회를 발굴하기 위해 반드시 이해해야 하는 네 가지 키워드를 소개한다. 이들 네 가지 키워드는 전혀 새로운 것이 아니다. 오히려 너무나 익숙하고 친숙한 단어들이다. 너무도 친숙하기 때문에 우리들의 현명한 판단을 저해하고, 이미 모든 것을 다 잘 알고 있다는 착각을 불러일으킨다. 하지만 환경이 극적으로 변화하는 순간, 우리들이 알고 있던 개념과 관행 역시 극적으로 변화한다. 2부에서는 뉴노멀 상황 속에서 네 가지 키워드가 어떻게 변화했으며, 그러한 변화를 통해 우리들이 어떻게 새로운 사업 기회를 찾을 수 있는지를 파악하고자 한다. 지금부터 살펴볼 키워드는 다음과 같다.

· 고객 가치
· 개인화
· 커뮤니케이션
· 이커머스

첫 번째 키워드는 '고객 가치'이다. 소비자는 절대적이다. 만들어 놓은 제품과 준비한 서비스를 구입하는 소비자가 없다면 아무리 좋은 제품과 서비스도 의미가 없다. 우리의 제품을 더 좋은 가격에 구입해줄 소비자를 찾는 것은 기업이 가장 먼저 해결해야 할 과제다. 따라서 소비자를 발굴하고 유지하는 일이 중요하다. 소비자의 중요성을 누구보다 잘 알고 있었던 월마트의 창업자인 샘 월튼(Sam Walton)은 "기업의 목표는 최고의 고객 서비스를 제공하는 것이 아니라 전설적인 서비스를 제공하는 것"이라고 강조하기도 했다.

하지만 이 책에서는 누구나 알고 있는, 적어도 알고 있다고 생각하는 소비자의 중요성을 설명하지는 않을 것이다. 책에서 강조하고자 하는 것은 뉴노멀 상황에서 변화된 소비자들의 가치를 설명하고, 이를 통해 우리들이 '어떤 전략을 수립해야 할 것인지', '어떻게 마케팅을 해야 할 것인지'이다. 예를 들어 현재 가장 눈에 띄는 소비자 특성은 비대면 서비스에 대한 높은 개방성이다. 5장에서 좀 더 자세히 다루겠지만, 소비자들의 비대면 서비스에 대한 긍정적 반응은 제품 및 서비스 개발에도 영향을 미칠 수 있다.

두 번째 키워드는 '개인화(Personalization)'이다. 6장에서 자세히 살펴볼 개인화는 제품과 서비스를 기획하고 만들어낼 때 고객 개개인의 특성을 적극 반영하는 것을 의미한다.

개인화라고 해서 중세 시대 장인들이 했던 것처럼 고객 하나하나의 특성과 요구 사항을 고려해 제품을 수작업으로 만들자는 것은 아니다. 장인 정신에 기반을 둔 제작 방식은 20세기 이후 등장한 공장식 대량 생산 방식에 의해 오래전에 밀려났다. 하지만 지금은 공장에서 대량으로 찍어내 개인의 취향을 보여줄 수 없는 제품들보다 자신만의 감각과 취향을 보여줄 수 있는 제품들에 대한 수요가 증가하고 있다. 물론 과거 장인들만큼 섬세한 수준은 아니지만, 첨단 디지털 기술을 활용해 대량 생산 체계하에서도 개인별 맞춤 생산이 가능해지고 있다.

개인화된 제품과 서비스를 제공하는 것은 당연히 대량 생산보다는 비효율적이다. 원가는 올라가고 생산 공정 역시 어렵다. 하지만 개인화된 제품과 서비스는 뉴노멀하의 개인적인 공간에서 자신만의 시간을 더 많이 보내는 고객들에게 보다 적합한 방식이다. 무엇보다 개인화된 제품과 서비스는 일종의 프리미엄 이미지를 전달할 수 있고, 더 비싼 가격에도 기분 좋게 지갑을 열 수 있는 고객들을 끌어들일 수 있다.

여기서 한 가지 오해하면 안 되는 점은 개인화된 제품과 서비스라고 해서 1,000명의 고객들에게 1,000가지 제품을 제공하지 않는다는 것이다. 이런 일은 과거 장인들 역시 쉽게 할 수 없는 일이다. 과거 대량 생산 시대에는 1,000명의 고객에게 딱 한 가지 또는 두세 가지 정도의 제품을 제공했다면, 개인화된 제품과 서비스는 1,000명의 고객들을 20가지 이상의 고객군, 즉 동일한 세그먼트(Segment)로 나눈 후 각각의 세그먼트에 가장 부합하는 제품들을 생산하는 것을 말한다. 각각의 세그먼트들은 서로 다른 취향과 선호도를 지니고 있기 때문에 자신에게 부합하는 제품과 서비스를 보면 바로 반응하게 된다. 이러한 개인화가 가능해진 이유는 디지털 기술에 의해 생산 과정이 쉽게 조정될 수 있기 때문이다.

세 번째 키워드는 '커뮤니케이션'이다. 마케팅에서 '커뮤니케이션' 또는 '광고(Advertising)'라고 불리는 활동은 매우 중요하다. 아무리 좋은 제품과 서비스를 갖고 있더라도 소비자들이 알지 못한다면 아무 의미가 없다. 그뿐 아니라 제품이 있다는 것을 인지하더라도 제품의 가치를 제대로 파악하지 못하는 경우도 많다.

하지만 뉴노멀 시대에 적합한 커뮤니케이션은 단순히 제품과 서비스를 알려주는 것 이상을 요구한다. 소비자들이 개인화된 제품과 서비스를 요구하는 만큼, 소비자들은 기업으로부터 자신들에게 특화된 메시지를 전달받길 원한다. 단순히 좋은 제품을 좋은 가격에 판매한다는 메시지가 아니라 기업이 개인의 욕구와 필요성 그리고 구매 동기를 충분히 이해하고 있다는 것을 보여줘야 한다. 디지털 기술의 발전은 기업과 개인들이 보다 개인화된 메시지를 주고받는 것을 가능하게 해준다.

마지막 키워드는 '이커머스'이다. 판매 채널을 극단적으로 구분한다면 우리가 매장에 직접 가서 제품을 구매하는 오프라인 판매 채널과 인터넷 또는 스마트폰으로 제품을 주문해서 택배로 물건을 받는 온라인 판매 채널로 나눌 수 있다. 얼마 전까지 오프라인 채널과 온라인 채널은 서로 적대적으로 경쟁했다. 그리고 오프라인 채널은 언제나 온라인 채널 대비 불리하다는 인식을 갖고 있다. 하지만 뉴노멀 시대에 온라인과 오프라인 채널을 예전처럼 명쾌하게 구분하는 것은 의미가 없다. 비즈니스를 위해 상호 보완적인 관계를 더 구축해야 하기 때문이다. 다만 온라인, 즉 이커머스가 뉴노멀 상황에서는 대세라는 점을 부인할 수는 없다.

특히 최근 비대면 쇼핑이 급증함에 따라 이커머스는 더욱 중요한 판매 채널로 인식되고 있다. 채소와 고기 등의 신선 식품에서부터 세탁기, 냉장고처럼 비싸고 큰 가전 제품, 패션 및 화장품 등 거의 모든 종류의 제품들을 온라인에서 구매할 수 있다. 또한 우리가 저녁에 야식을 먹기 위해 주문하는 배달 음식 역시 이커머스의 일종이다. 배달의 민족과 같은 배달 앱에서 배송 가능한 식당과 메뉴를 확인하고 앱에 저장된 결제 정보를 활용해 돈을 지불하는 모든 활동이 이커머스이기 때문이다.

이제는 제품과 서비스를 계획할 때부터 이커머스 판매를 무조건 고려해야 한다. 소수의 명품 브랜드 또는 매장 내 체험이 꼭 필요한 제품이 아니라면 이커머스에 적합한 가격과 디자인 그리고 마케팅 방식을 고려해야한다. 이제 이커머스는 선택이 아니라 필수가 됐다.

뉴노멀 시대에도 생존하고, 돈을 벌고, 사업을 더 키우는 방법은 예전과 동일하다. 최적의 타깃 소비자를 선정한 후 이들이 원하는 제품을 개발하고, 타깃 소비자들이 지갑을 열게 만드는 매혹적인 메시지를 전달하고, 그들이 제품을 쉽게 구매할 수 있도록 해주는 것이다.

먼저 뉴노멀 시대에 뚜렷이 나타나는 소비자의 가치에 대해 알아보자.

5장

고객 가치, 변화한 소비자들의 가치관을 이해하라

고객 가치
고객들이 제일 중요하게 생각하는 것으로,
제품과 서비스의 구매 및 사용 그리고 추천 등에 영향을 미치는 생각

경영학의 위대한 구루(Guru)인 피터 드러커(Peter Drucker)[45]는 경영 전략, 기업 운영, 조직 관리 등 다양한 영역에서 통찰력을 발휘했고, 마케팅과 고객에 대해서도 간결하지만 핵심적인 아이디어를 제시했다. 고객과 관련된 몇 가지 중요한 아이디어를 살펴보자.

"비즈니스가 갖고 있는 두 가지 기능은 마케팅과 혁신이다."
"마케팅의 목표는 고객을 잘 알고 이해하는 것이며, 이를 통해 제품 또는 서비스가 고객에게 잘 맞춰져 제품이 스스로를 판매하는 것이다.[46]"
"고객을 만족시키는 것은 모든 비즈니스의 미션이자 목적이다."

피터 드러커의 고객에 대한 관점을 한 줄로 정리하면 다음과 같다. 비즈니스의 핵심은 마케팅이고, 마케팅을 잘하기 위해서는 고객을 잘 이해해야

고객을 잘 이해하고 이들을 만족시키는 제품과 서비스는 마치 자석처럼 고객들을 끌어 들일 수 있다.

하며, 고객을 만족시키는 제품과 서비스를 제공한다면 비즈니스의 목적을 달성할 수 있다는 것이다. 결론적으로 비즈니스의 성공과 실패는 결국 고객을 잘 이해하는 것에서부터 시작된다.

고객을 이해한다는 것은 무엇을 의미하는가?

하지만 여기서 한 가지 궁금한 것이 생긴다. 고객을 이해한다는 것은 무엇인가? 고객의 나이, 취향, 성격, 주변 사람들을 모두 이해하는 것일까? 제한된 자원과 인력을 지닌 기업들이 수행하기에는 고객들에 대해 알아야 할 것이 너무 많은 것 같다. 고객의 성별, 연령, 가족 관계 등의 인구 통계학적 요인(Demographic Factors)은 고객에 대한 객관적인 정보를 제공하며, 성격과 취향 등은 그들이 어떤 감성을 지녔는지를 알려준다. 또한 고객들의 주변인, 즉 개인의 네트워크는 그들이 누구와 서로 영향력을 주고받는지를 알려준다. 이러한 정보들은 모두 기업이 마케팅 전략을 수립하고 이를 통해 매출을 올리는 데 꼭 필요한 자원이다. 하지만 모든 것이 단기간에 급변한 뉴노멀 상황에서 일일이 챙길 수는 없다.

비즈니스와 마케팅을 위해 기업이 고객에 대해 우선적으로 알아야 하는 한 가지는 '고객 가치(Customer Value)'이다. 고객 가치는 고객이 제품과 서비스를 구입하거나 사용할 때 그리고 주변 사람들에게 추천하는 일련의 과정(Customer Journey[19])에 중요한 영향을 미친다. 다음은 고객 가치가 구매 활동에 어떤 영향을 미치는지 잘 보여준다.

소비를 바라보는 두 가지 시선, YOLO vs. FIRE

불과 몇 년 전에 가장 인기 있는 유행어는 욜로(YOLO)였다. 'You Only Live Once'의 약자인 욜로는 인생은 오직 한 번 뿐이니 미래를 위해 현재를 희생하지 말고 현재를 즐기면서 살자는 의미다. 욜로의 개념은 욜로족이라는 말이 생길 만큼 20~30대를 중심으로 매우 큰 인기를 얻었다. 욜로족의 일반적인 특성은 불확실한 미래를 위해 지나치게 아끼거나 힘들게 살지 말고, 지금 당장 내가 즐거운 것, 내가 행복한 것에 더욱 집중한다는 것이다. 이들은 부모 세대처럼 월급을 악착같이 모아 적금이나 보험을 드는 대신, 매달 월급의 적지 않은 금액을 맛집 탐방, 여행, 취미 생활 등에 쓰면서 현재적인 즐거움을 추구했다. 몇 달치 월급을 모아 비싼 명품 가방을 사거나 몇 달에 한 번씩 해외 여행을 가는 것도 욜로족의 특징이다. 현재 생활에 대한 지출이 증가한 만큼 미래 생활을 위한 투자 및 저축은 상대적으로 적을 수밖에 없다. 욜로족은 2010년대 중반 이후 한국에서 급격히 유행했다. 경제적 환경이 계속 어

---

19 '고객 여정 관리(Customer Journey)'라고도 하며, 일반적으로 고객이 제품과 서비스 탐색에서부터 구매, 사용, 재구매, 추천 등의 일련의 과정들을 분석하고 관리하는 활동을 말한다.

려워짐에 따라 젊은층의 가치관이 '어차피 돈을 모으는 것이 힘든데, 차라리 현재라도 즐기자.'라는 방식으로 변했기 때문이다. 욜로족과 욜로를 추종하는 가치가 증가함에 따라 많은 기업이 욜로 마케팅을 진행했다. 명품, 비싼 레스토랑, 해외 관광 등의 매출이 욜로라는 명칭하에서 증가했다.

반면 최근에는 욜로족과 정반대되는 성향의 파이어(FIRE)족이 등장했다. 파이어족은 'Financial Independence Retire Early(FIRE)'의 약자로, 경제적으로 빨리 독립해 현재 하고 있는 일에서 일찍 은퇴하자는 생각을 가진 사람들을 말한다. 미국 등에서 2010년대부터 본격화된 파이어족은 젊은 고소득 계층을 중심으로 확산되고 있다. 이들은 월급 또는 소득의 60% 정도를 저축하거나 재테크에 다시 투자하면서 악착같이 돈을 모으고 있다. 불필요한 낭비는 전혀 없고, 오히려 기본적 소비 지출마저 최소화하면서, 30대 또는 40대 초에 은퇴할 돈을 모으고 있다. 최근 한국에서 젊은층을 중심으로 적극적인 주식 투자 또는 재테크 등을 통해 돈을 모으는 경향도 파이어족의 행태라고 볼 수 있다. 당연히 이들 파이어족은 소비재 또는 명품을 판매하는 브랜드들에게는 달갑지 않은 고객군이지만, 금융 회사의 입장에서는 최고의 고객 가치를 갖고 있는 고객층이다.

욜로와 파이어 모두 소비자들의 구매 패턴과 구매 금액을 결정하는 하나의 고객 가치다. 고객 가치가 욜로로 흘러갈 때는 기업들은 욜로라는 흐름에 올라타 소비를 진작할 수 있는 마케팅과 상품을 개발해야 한다. 하지만 최근처럼 젊은 소비자들이 욜로보다는 파이어족의 고객 가치를 추구한다면 비싼 제품보다는 가성비 높은 제품을 시장에 출시하고, 그런 제품을 소비하는 것이 '미래를 위해 준비하는 현명한 소비자'라는 인식을 줄 수 있는 마케팅이 바람직하다.

고객들이 갖고 있는 가치관은 기본적으로 고객 개개인의 특성에 기반을 두고 있다. 고객이 태어나고 성장한 사회 계층과 준거 집단, 태어난 연도에 따른 세대 구분, 즉 베이비부머, X세대, Z세대 등의 구분, 소득 및 교육 수준 등 다양한 요인이 서로 씨줄과 날줄처럼 정교하고 복잡하게 연결돼 한 명 한 명의 고객 가치를 형성한다. 하지만 고객 가치는 사회 전체적 환경 및 분위기 그리고 사회적 변화에 커다란 영향을 받게 된다. 결국 사회적 영향력이라는 토대 위에 개개인의 환경과 성향에 따른 고객 가치가 형성된다.

고객 가치는 개인에게 내재화돼 있고, 거시적이고 환경적 요인에 영향을 받기 때문에 쉽게 바뀌지 않는다. 그런 면에서 고객 가치에 근거한 소비 행위는 유행과 트렌드에 따라 자주 변화하는 소비자의 구매 성향과는 분리해서 바라볼 필요가 있다.

패션의 예를 들어보자. 패션 잡지인 「보그(Vogue)」는 2021년 봄여름 시즌 패션 트렌드로 1990년대 느낌, 미니멀리즘, 마스크, 로맨틱 드레스 등을 선정했다.[47] 패션에 민감한 사람들은 패션 트렌드에 맞게 옷을 살 것이다. 패션 트렌드에 맞춘 의류 쇼핑은 소위 패션 피플에게는 당연한 일이다. 이와 마찬가지로 2020년 코로나19로 인한 비자발적인 재택근무 시간이 길어진 사람들의 의류 구매 패턴이 바뀐 것 역시 현실적인 상황에 맞춘 구매 패턴의 변화로 볼 수 있다. 예를 들어 전년 동기 대비 셔츠와 블라우스처럼 사무실에 입을 수 있는 옷의 판매량은 158% 증가했지만, 하의는 잠옷이나 홈웨어(Home wear)처럼 편한 옷들이 130% 증가했다.[48] 이러한 판매량 추이는 화상 회의할 때 보여지는 옷과 그렇지 않은 옷의 차이점 때문에 나타난 것이다.

마케팅을 하는 기업은 당연히 앞에서 설명한 패션 트렌드 변화 또는 소비자 구매 패턴 변화에 기민하게 대처해야 한다. 패션 트렌드가 1990년 스타일과 미니멀리즘으로 가고 있는데 혼자서만 오버핏의 디자인으로 가서는 성공하기 어렵다. 또한 재택근무가 가속화됨에 따라 편한 홈웨어 수요 증가가 예상된다면 당장 홈웨어 제품 생산 비중을 늘리고 자사의 홈웨어를 적극적으로 홍보할 수 있는 기회를 찾아야 한다. 다만 이런 수요는 재택근무가 줄어들면 언제든지 없어질 수 있는 수요이기 때문에 기업의 모든 자산과 역량을 홈웨어 생산에 투입하는 것은 현명하지 않다. 순발력 있는 기업가와 마케터는 항상 소비자들의 변화에 촉을 세우고 바로바로 대응해야 한다.

하지만 비즈니스를 좀 더 장기적으로 운영하고 더 큰 수익과 매출을 목표로 한다면, 고객의 구매 활동의 근간에 자리잡은 고객 가치를 이해해야 한다. 고객 가치는 패션 트렌드처럼 자주 바뀌지는 않지만, 고객들이 한 번 고객 가치의 방향성을 바꾼 경우 상대적으로 오랫동안 지속된다. 따라서 기업들이 고객 가치를 이해한다는 것은 결국 소비자들이 향후 지속적으로 무엇을 할 것인지, 즉 어떤 제품과 서비스를 구매할 것인지를 예측할 수 있게 된다. 그리고 고객의 장기적인 구매 활동을 예측할 수 있다면, 그에 맞게 기업의 중·장기적인 투자 방향을 결정할 수 있다는 것이다. 다만, 최근처럼 불확실성이 높은 뉴노멀 상황에서의 중·장기적 투자 방향은 예전처럼 몇 십년을 내다보는 것이어서는 안 된다. 3~4년이라도 안정적으로 마케팅 활동을 집행하고 투자할 수 있다면 성공했다고 봐야 한다.

현재 뉴노멀 상황에서 고객 가치는 어떻게 변화하고 있을까? 뉴노멀은 과거 익숙한 상황에서 많은 것이 급격히 변화했고, 새롭게 변화한 상황이 일정 기간 동안 지속된다. 고객 가치 역시 뉴노멀에서 이와 동일한 변화를 겪게 된다. 얼마 전까지 일반적으로 받아들여졌던 고객 가치가 변화하면서 더 이상 예전만큼의 영향력을 행사하지 못한다. 새롭게 등장해서 자리잡은 고객 가치는 앞으로 몇 년 동안 비즈니스와 마케팅의 핵심 테마로 받아들여질 것이다. 당연히 이제부터 등장할 고객 가치를 미리 파악하고 적절한 제품과 서비스를 제공하는 기업은 성공적인 수익을 누릴 것이다. 어쩌면 항상 2, 3위로 있다가 한 번에 시장에서 1위로 발돋움할지도 모른다.

뉴노멀 시대의 핵심적 고객 가치들

이번에는 현재 뉴노멀 상황에서 우리들이 주목해야 하는 세 가지 고객 가치들을 하나씩 살펴보자. 이들 고객 가치들은 원래부터 우리 사회에서 중요한 가치로 인식됐지만, 최근 그 중요성이 크게 증가됐고, 제품과 서비스 구매에 보다 큰 영향력을 미치기 시작했다. 세 가지 고객 가치는 다음과 같다.

- 안전과 건강에 대한 관심
- 비대면 문화에 대한 개방성
- 디지털 도구에 대한 친밀성

먼저 안전과 건강에 대해 알아보자. 사실 안전과 건강은 인류의 영원한 관심사다. 너무 많이 인용돼 이제는 거의 상식이라고 생각되는 매슬로우(A. Maslow)의 욕구 단계론(Hierarchy of Needs)[49]은 5단계인 생리적 욕구가 충족된 후 인간이 추구하는 욕구는 '안전에 대한 욕구'라고 설명하고 있다. 신체에 대한 위협에서 벗어나고 건강을 추구하려는 것은 인간의 가장 기본적 욕구다. 20세기 이후 의학의 놀라운 발전과 생활 수준의 향상으로 적어도 중진국 이상에서 살고 있는 시민들은 안전과 건강 관련된 두려움을 많이 떨쳐낼 수 있었다. 하지만 2020년에 발생한 코로나19는 우리들이 힘들게 쌓아올렸던 건강과 안전에 대한 믿음을 한순간에 무너뜨렸다. 유럽과 북미 대륙의 선진국이든, 동북아에 위치한 한국, 일본이든, 동남아에 위치한 개발도상국이든 전 세계의 모든 국가와 시민들은 우리들의 건강과 안전이 얼마나 취약한 상태인지 알게 된 것이다.

건강과 안전에 대한 관심은 소비자들이 제품과 서비스를 선택하는 의사 결정 과정에도 영향을 미친다. 하지만 현재 나타나는 건강과 안전에 대한 관심을 지나치게 단순하게 생각하면 안 된다.

> "당연하지. 코로나19 때문에 누구나 건강과 안전에 신경 쓰잖아. 그
> 러니까 제품을 광고할 때 '안심', '안전한 원료' 등의 문구를 강조하거
> 나 제품 성분을 조금 바꾸면 바로 매출이 크게 증가할 거야!"

만약 이렇게 생각하고 단순히 제품 포장을 조금 바꾸고 꼭 필요하지도 않은 성분 한두 개를 추가할 생각이라면 당장 그만두는 것이 좋을 수도 있다. 물론 안 하는 것보다는 좋겠지만, 장기적으로 유리한 포지션을 확보할 수 있는 방법은 아니다. 다른 경쟁자들도 이와 비슷한 생각을 할 수 있기 때문이다.

뉴노멀 상황에서 안전과 건강에 대한 관심은 제품 선택뿐 아니라 어떤 브랜드, 어떤 회사의 제품을 선택할지에도 영향을 미친다. 또한 이러한 관심은 최근 몇 년간 지속돼온 환경적 지속성(Sustainability)에도 영향을 미칠 수 있다. 특히 소비재 브랜드들은 건강과 안전에 대해 더 많은 관심을 가져야 한다.

컨설팅 회사인 베인 앤 컴퍼니(Bain & Company)가 최근 소비자들의 동향을 조사한 자료[50]에는 소비재 브랜드들이 안전, 건강과 관련해 앞으로 주목해야 할 세 가지 특이점들이 나온다. 이들 세 가지 특이점을 자세히 살펴보자.

• 첫 번째는 지역에 기반을 둔 브랜드와 대형 브랜드들 간의 경쟁 관계의 변화이다. 유럽에도 한국과 마찬가지로 다양한 지역 브랜드들이 있다. 이들은 유니레버, P&G와 같은 글로벌 대형 브랜드가 제공하지 못하는 혁신적인 지역 밀착형 제품들을 지역 사회에 소규모로 공급해왔고, 오

랫동안 높은 성장세를 유지해왔다. 하지만 코로나19가 확산됨에 따라 상황이 급변했다. 지역 브랜드들은 코로나 팬데믹이 시작되자 성장률이 기존 35%에서 5% 수준으로 급격히 하락했는데, 물론 원자재 수급 문제도 영향을 미쳤지만 더 큰 이유는 소비자들이 안전과 신뢰성을 고려해 작은 지역 브랜드 대신 대형 브랜드로 전향했기 때문이다.

- 두 번째는 환경적 지속성과 안전성에 대한 갈등이다. 유럽에서 진행한 조사에 참여한 응답자 중 35%는 여전히 팬데믹과 상관없이 환경을 고려한다고 말한다. 하지만 시간이 지남에 따라 소수의 사람만이 구매 시 환경이 핵심 구매 요인이라고 말하는 것을 볼 수 있다. 특히 국가에 상관없이 '친환경적 성분 사용'보다는 '내 가족을 박테리아로부터 보호하는 것'을 우선시하고 있으며, 친환경에서 안전으로 사람들의 관심이 이동하는 여러 가지 징후가 등장하고 있다.
- 세 번째는 과학에 대한 믿음이다. 당연히 바이러스와의 전쟁에서는 의학과 과학의 힘이 절대적이다. 오랫동안 소비자들의 관심을 끌어왔던 자연주의 또는 대체의학에 대한 관심보다 최근 점점 많은 소비자가 과학적으로 검증된 화장품, 의약품, 어린이 용품과 반려동물 용품에 관심을 갖게 됐다.

안전과 건강과 관련된 세 가지 특이점들은 기업들이 향후 어떻게 마케팅 전략을 수립할 것인지에 대한 명확한 가이드를 제공한다. 소비자들의 감성을 자극하는 제품 개발과 광고 문구 대신 과학적이고 믿을 수 있는 제품과 광고를 만들어야 한다는 점이다. 무엇보다 고객과 신뢰를 구축할 수 있는 객관적인 증거와 투자가 필요하다. 어떤 면에서는 좋은 아이디어로 방금 막 사업을 시작한 스타트업보다는 기존에 널리 알려진 대형 브랜드에 유리한 형태로 시장이 움직이고 있는 것이다. 특히 대형 연구소와 검증받은 연구원들을 많이 가진 회사들은 소비자들을 끌어당길 수 있는 무기를 더 많이 갖고 있다고 볼 수 있다. 지역 협동 조합에서 지역 특산품으로 만든 세제류 또는 식품들은 오히려 예전 대비 시장에서 경쟁하기 어려워질 수 있다.

하지만 팬데믹 이후 전 세계적으로 유기농 농산물(Organic Foods)에 대한 수요가 급증한 것을 볼 때 여전히 소규모 지역 브랜드들 역시 새로운 기회를 잡을 수 있을 것이다. 영국의 가장 큰 슈퍼마켓 체인인 테스코(Tesco)는 유기농 농산물의 매출이 전면적 봉쇄 이후 전년 대비 12% 증가했고, 또 다른 대형 체인인 웨이트로즈(Waitrose)는 전년 대비 평균 13% 증가했는데, 이중 닭과 같은 가금류는 42%, 채소는 23% 증가했다고 발표했다.[51] 중간 생산 과정에서 어떤 일이 있었는지 알기 어려운 소비재 제품들 대비 농산물은 원료 그 자체로 승부를 걸어야 한다. 그리고 농산물은 태생적으로 지역 기반의 제품이다. 생산지와 소비지의 거리가 더 가까울수록 신선하기 때문이다. 따라서 지역 중심의 소규모 브랜드들은 완제품 형태의 제품보다는 원산지와 생산 방식을 증명할 수 있는 원재료를 강조하는 것이 유리할 것이다.

최근 두드러지게 나타나고 있는 고객 가치는 비대면 문화에 대한 개방성이다. 직장에서는 화상 회의를 하고, 강의는 온라인 클래스로 듣고, 제품은 무인 매장에서 카카오페이로 결제하는 모습이 빠르게 자리잡고 있다. 더 이상 사람들을 직접 만나야 뭔가를 해결할 수 있다고 생각하지 않으며, 오히려 꼭 만나야만 하느냐고 반문하는 사람들도 있다.

하지만 불과 얼마 전까지 우리 사회는 대면 접촉을 기반으로 구성돼 있었다. 제품을 탐색하거나 구매할 때는 무조건 매장에 가야 했고, 제품 배달과 설치는 누군가가 와서 해주는 것이 상식이었다. 고객들은 대면 서비스를 잘 해주는 매장과 브랜드를 더 좋은 곳이라고 생각하고 살았다. 따라서 기업들은 제품을 만들거나 판매할 때 기본적으로 대면 접촉을 기반으로 모든 것을 설계해왔다. 특히 제품을 판매하는 경우에는 모든 것이 대면 접촉을 전제로 매뉴얼을 작성했다. 예를 들어, 고객이 매장에 들어오면 특정 영업 멘트를 해야 하고, 제품에 대해 문의하면 어떤 방식으로 제품을 시연할지를 마치 연극 대본을 쓰는 것처럼 아주 섬세하게 사전에 설정해 놓는다. 또한 조금만 부피가 큰 물건들은 당연히 전문 설치 기사가 배달해야 한다고 생각하고 설치 관련 매뉴얼을 상대적으로 부실하게 작성했다. 하지만 비대면 방식에 대한 고객 가치가 긍정적으로 변화함에 따라 기존에 많은 노력을 기울였던 대면 방식의 마케팅 및 영업 기법들이 점점 가치를 잃게 됐다.

기업들은 비대면 판매를 전제로 제품과 서비스를 기획하고 판매해야 한다. 비대면 제품 탐색을 당연하게 여기는 고객의 특성을 고려해 증강현실과 가상현실을 이용한 제품 소개 자료를 구성하거나 제품 설치 방식을 혁신적으로 쉽게 만들어 고객이 배달받은 제품을 손쉽게 설치할 수 있도록 해야 한다.

예를 들어보자. 이케아(IKEA) 가구를 집에서 직접 조립을 하다 보면 조립 과정에서 어려움을 겪는다. 분명 종이 매뉴얼에는 상판에 있는 나사를 먼저 연결하라고 쓰여 있는데, 막상 조립 과정에서는 측면 다리에 있는 나사를 연결해야만 할 것 같다. 이케아 사이트에서 비대면으로 주문했기 때문에 조립 때문에 매장에 가고 싶지는 않다. 예전에 가구들을 주문하면 설치 기사가 직접 조립해주던 기억이 아련히 떠오른다. 하지만 조만간 설치 기사보다 더 편한 시스템이 나타날 것이다. 바로 증강현실을 활용한 매뉴얼이다. 2018년 개발된 증강현실 기반의 조립 매뉴얼은 배송된 이케아 가구의 포장 박스에 있는 바코드를 스마트폰의 애플리케이션을 이용해 스캔하면 스마트폰을 통해 제품 조립 과정을 손쉽게 볼 수 있는 시스템이다.[52] 아직 충분히 상용화되지는 않았지만, 증강현실을 활용한 다양한 아이디어가 계속 나오고 있으며, 조만간 종이 매뉴얼을 대체할 수 있을 것이다.

마지막으로 중요한 변화는 디지털 도구에 대한 친밀성 증가다. '디지털 네이티브(Digital Native)'라고도 불리는 밀레니얼 세대는 기본적으로 디지털 기기에 익숙하다. 이들은 아날로그 방식의 삶보다 디지털적인 방식을 더 선호한다. 종이책을 가로 방식으로 넘기면서 읽는 것보다 모니터에서 화면을 위아래로 스크롤링하면서 읽는 것이 더 편하다. 최근에는 이들 밀레니얼 세대뿐 아니라 다양한 세대 계층이 디지털 기기를 자발적 또는 강제적으로 더 많이 그리고 더 친근하게 사용하고 있다. 집에서 스마트폰의 협업 프로그램을 활용해 재택근무하는 40대 후반 부장님들과 시장에서 제로페이 결제를 위해 스마트폰으로 QR코드를 스캔하는 어르신들 등 불과 얼마 전까지 스마트폰을 단순히 비싼 전화기로만 사용하던 사람들이 스마트폰과 다양한 디지털 기기들을 자유롭게 사용하기 시작했다.

소비자들이 디지털 도구를 더 친밀하게 여기기 시작했다는 것은 마케팅적으로 많은 의미를 함축하고 있다. 기업의 입장에서는 디지털 기기를 이용해 더 많은 소비자에게 접근할 수 있는 기회를 찾을 수 있게 된 것이다. 불과 얼마 전까지 디지털 기기를 이용한 마케팅 캠페인, 예를 들어 모바일 앱을 이용한 쿠폰 전달 또는 위치 기반 정보에 입각한 쿠폰 발송 등은 모바일 사용에 익숙한 20~30대만을 대상으로 했다. 하지만 40대 이상도 이제 스마트폰을 적극 활용함에 따라 디지털 기반의 마케팅 캠페인을 40~50대까지 확장할 수 있게 됐다. 그뿐 아니라 가상현실, 증강현실 등과 결합된 애플리케이션을 활용해 제품과 서비스를 더 쉽고 편하게 그리고 무엇보다 더 사고 싶게 만들 수 있게 됐다.

지금까지 살펴본 세 가지 고객 가치의 변화들, 안전과 건강에 대한 관심, 비대면에 대한 개방성 그리고 디지털 기기에 대한 친밀성 증대 등은 뉴노멀이 가져온 변화의 극히 일부분일지도 모른다. 하지만 세 가지 고객 가치들이 각각 또는 서로 융합돼 시장에서 영향력을 행사하기 시작했고, 기업들은 이들 고객 가치를 순발력 있게 파악해 자신들의 비즈니스에 맞게 적용할 수 있게 됐다.

예를 들어보자. 과일 및 채소 관련 세계 최대 식품 유통 회사 중 하나인 미국의 돌(Dole) 사는 2025년까지 블록체인 기술을 활용해 자사가 유통하는 모든 식품의 이력을 관리하겠다고 발표했다.[53] 소비자들은 모바일 애플리케이션을 이용해 돌에서 유통하는 바나나, 파인애플들이 언제 어디서 만들어졌고 어떻게 내 식탁까지 오게 됐는지를 쉽게 알 수 있게 됨으로써 식품 안전에 대해 한시름 놓을 수 있게 됐다. 안전과 건강에 대한 관심과 디지털 기기에 대한 친밀성이라는 두 가지 고객 가치를 결합해 자사의 브랜드 신뢰도를 높이려는 시도로 보인다.

에어비앤비가 2020년 선보인 온라인 체험 프로그램 역시 고객 가치의 변화를 잘 반영한 사례라고 할 수 있다. 코로나19 때문에 해외 여행은 불가능하고, 가능하더라도 감염 위험에 노출될 것을 걱정하면서 일부러 여행을 갈 이유도 없다. 그럼에도 불구하고 새로운 장소에 대한 호기심만은 어쩔 수 없다. 그렇다면 잠재적 여행객들을 비대면 기술, 즉 화상 회의 시스템과 디지털 기기들을 이용해 현지 호스트들과 연결할 수 있지 않을까? 잠재 여행객들은 집안에 앉아 체코 프라하의 밤거리 풍경을 즐길 수 있다. 프라하 출신의 체코 사람이 중세 시대 복장을 입고 첨단 디지털 방송 장비를 활용해 프라하의 주요 관광지를 한시간 동안 안내하면서 여행객들과 실시간으로 대화를 주고받는다.[54] 체코의 호스트는 새로운 수익을 얻을 수 있어서 좋고, 잠재 여행객은 안전하고 편리하게 그리고 저렴하게 프라하를 느낄 수 있어서 좋다. 고객이 무엇을 원하는지를 알고, 디지털 기기들을 이용해 무엇을 할 수 있을지를 조금만 상상한다면 과거에는 생각하지도 못했던 새로운 비즈니스 기회를 찾을 수 있을 것이다.

고객 가치를 파악하는 최선의 방법

마지막으로 고객 가치를 파악하는 최선의 방법에 대해 생각해보자. 시장에는 여러 가지 트렌드 관련 책이 있다. 연말연시에는 항상 새해의 트렌드를 소개하는 책들이 서점을 장식한다. 이런 트렌드 책들은 분명 장점이 있다. 누군가가 정리해준 트렌드를 읽고 연구함으로써 자신이 속한 사업에서 새로운 아이디어를 얻을 수도 있다. 그리고 전혀 생각하지 못했던 영역에서 사업 기회를 찾을 수도 있다. 하지만 종종 이런 트렌드들은 너무 일반적인 내용을 다뤄서 자신이 속한 사업과 소비자들과는 괴리감을 느낄 수 있다.

변화하는 고객 가치를 제일 잘 파악하는 방법은 소비자 조사를 적절히 활용하는 것이다. 물론 기업을 운영하는 기업가 또는 마케터가 시장과 소비자에 대한 인사이트가 풍부하고 미래에 대한 식견이 뛰어나다면 소비자 조사가 필요 없을 수도 있다. 미국 포드 자동차를 창업한 헨리 포드가 그런 사람이었다. 헨리 포드는 소비자 조사를 별로 신뢰하지 않았다. 그는 소비자 조사와 관련해 다음과 같은 말을 남겼다.

"소비자에게 '무엇이 필요한가요?'라고 물어본다면, 소비자들은 '더 빠른 말이요.'라고 대답할 것이다."

만약 헨리 포드가 소비자 조사에만 의존했다면 헨리 포드는 포드 자동차를 창업하는 대신 종마장을 운영했을지도 모른다. 하지만 다행스럽게도 자동차 산업과 고객에 대한 인사이트와 비전을 갖고 있던 헨리 포드는 '더 빠른 말' 대신 '대량 생산 가능한 자동차'를 만들었다.

하지만 대다수의 사람은 헨리 포드처럼 통찰력이 풍부하지 않기 때문에

뉴노멀 시대를 위한 **비즈니스 생존 키워드**

소비자 조사를 통해 변화하는 고객 가치를 적시에 받아들일 필요가 있다. 글로벌 소비자 조사 회사인 칸타(Kantar)는 코로나19의 시대일수록 소비자 조사가 더욱 필요하다고 말한다.[55] 팬데믹 시대에 소비자 조사가 더욱 중요하다는 이유는 명확하다. 시장 환경이 불확실하고 변화의 속도가 빠를수록 더 신속하게 소비자들의 가치 변화 및 의견을 수집하고 분석해 경영 계획에 반영해야 하기 때문이다. 소비자들이 환경 변화에 어떻게 대응하고 있고, 어떻게 자신들의 생각과 행동을 변화시키고 있는지를 알아야 하고, 기업이 진행하고 있는 활동들과 제품들이 이러한 소비자의 변화를 잘 반영하고 있는지를 바로바로 알아야 한다. 또한 예상치 못한 곳에서 등장하는 새로운 경쟁자들에 대해 바로 반응하기 위해서도 소비자들의 의견에 항상 촉을 세우고 있어야 한다.

소비자 조사를 어떤 방식으로 수행할 것인지는 크게 중요하지 않다. 대규모 소비자 조사를 진행할 여건이 안 된다면 중요한 고객이나 직원들을 자주 만나 그들의 의견을 청취해야 한다. 다만 이때 생각나는 것을 아무거나 질문하는 것이 아니라 어느 정도 구조화된 질문을 정기적으로 물어봐야 한다. 예를 들어, 고객의 변화, 주목하고 있는 경쟁자의 등장, 제품의 대한 만족도 등 몇 가지 항목을 체계적으로 물어봄으로써 시장과 소비자에 대한 정보를 축적해야 고객의 변화를 신속하게 감지할 수 있다.

하지만 제일 좋은 것은 역시 소비자들의 의견을 정량적으로 물어보고 분석하는 것이다. 이미 오래전부터 온라인을 활용한 소비자 조사는 마케팅에서 보편적으로 활용돼왔다. 20여 년 전에 온라인 조사가 등장했을 때만 하더라도 조사의 신뢰성에 대해 많은 의구심이 있었지만, 지금은 통계적, 시스템적으로 많은 개선이 이뤄졌다. 무엇보다 비대면 시대에는 온라인을 활용한 소비자 조사가 가장 적합하다. 최근에는 온라인 시스템을 활용해 정성적인 조사, 예를 들어 그룹 토의(Focus Group Discussion)도 온라인에서 진행할 수 있다. 전문적인 소비자 조사 회사를 이용하기 부담스럽다면, 구글 설문지(Google Forms)나 서베이몽키(SurveyMonkey)와 같은 무료 설문 사이트를 이용해 고객이나 직원들의 의견을 직접 조사할 수도 있다. 다만, 물어보고자 하는 질문이 얼마나 목적에 적합하고 원하는 결과를 도출하게 설계됐는지가 중요하다. 다시 헨리 포드가 지적한 '빠른 말'에 대해 생각 해보자. 만약 잠재 소비자들, 즉 현재 말(Horse)을 이용하고 있는 사람들에게 단순히 "무엇을 원하는가?"라고 물어보는 대신 "현재 말을 갖고 무엇을 하고 있으며, 무엇을 더 하고 싶은가?"라고 구체적으로 물어본다면 새로운 의견을 들었을지도 모른다. 따라서 소비자 조사의 수준은 물어보는 사람이 고객들을 얼마나 이해하고 있으며, 비즈니스를 어느 정도 알고 있는지에 따라 달라진다.

뉴노멀 시대에 변화하는 고객 가치를 신속하게 잡아내 비즈니스에 적용하는 것은 무엇보다 중요하다. 이는 단순히 돈을 얼마나 더 많이 버는지의 문제가 아닐 수 있다. 어쩌면 생존의 문제일 수도 있다. 안전과 건강, 비대면에 대한 개방성, 디지털 기기에 대한 친밀성 등은 현재 뚜렷하게 나타나는 고객 가치들이다. 하지만 내가 하고 있는 비즈니스, 내가 속한 산업군에 따라 또 다른 고객 가치가 부각될 수도 있다. 나의 비즈니스에 가장 큰 영향을 미치는 고객 가치의 변화를 파악하기 위해서는 항상 소비자들과 경쟁자 그리고 시장 환경 전체를 면밀하게 관찰하고 의견을 청취하려는 노력이 필요하다. 그리고 이런 노력은 반드시 노력 이상의 성과로 보답할 것이다.

6장

개인화, 고객별 맞춤 서비스를 강화하라

개인화
세분화된 고객별 특성과 욕구를 고려한
맞춤 서비스를 제공해 고객 만족도를 향상시키는 활동

얼마 전 개인화된 서비스를 제공해서 뜻하지 않은 성공을 거둔 상품이 한 가지 있다. 바로 카카오페이에서 2020년 8월 출시한 선불식 충전 카드다. 선불식 충전 카드이므로 주 사용층은 10~20대다. 카카오에서 출시된 카드이므로 당연히 카카오 프렌즈에 있는 라이언 등 캐릭터 디자인이 있는 카드를 선택할 수 있다. 어떻게 보면 귀여운 캐릭터를 제외하고는 별로 차별화되지 않은 충전 카드일 뿐이다.

하지만 2021년, 1월 하루 카드 발행량이 평소 대비 10~13배 증가하기 시작했다. 카카오페이에서 특별한 마케팅 활동도 하지 않았는데도 말이다. 갑자기 발행량이 크게 증가한 원인은 간단했다. 선불식 충전 카드를 발행할 때, 카드 번호 대신 자신이 원하는 문구를 새길 수 있도록 했는데, 자신만의 문구를 카드에 삽입한 사람들이 페이스북에 자신의 카드 문구를 찍어 올리는 것이 큰 인기를 얻은 것이다. 예를 들어 "○○년에 서울에서 태어난 ○○.", "오늘도 즐겁게.", "카드 좀 그만 긁어!", "내가 누구게?" 등 자신을 표현할 수 있거나 재미있는 문구를 카드에 새겨 넣은 것이다.[56] 한마디로 지구상에 오직 한 장밖에 카드가 만들어진 것이다. 그것도 오직 나 자신만을 위해서 말이다.

카카오페이가 출시한 카드는 개인화된 제품이 가질 수 있는 잠재력을 보여준다. 사람은 누구나 자신만의 물건을 갖고 싶어하고, 이를 자랑하고 싶어한다. 개인화된 제품들은 사람들의 이러한 욕망을 충족시켜줄 수 있고, 기업 매출 증대로 이어진다.

6장의 주제는 '개인화'이다. 개인화된 제품과 서비스가 기업에게 어떤 의미가 있고, 어떤 성과를 줄 수 있는지를 살펴본다.

개인화된 제품과 서비스가 무엇인지 알아보기 전에, 먼저 유튜브에 대해 잠깐 얘기하고자 한다. 유튜브와 유튜버(Youtuber)의 성공 배경에는 개인화와 관련된 비밀이 있기 때문이다.

유튜브는 개인화 시대를 어떻게 앞당겼는가?

최근 몇 년 동안 유튜브(Youtube)만큼 사람들의 입에 많이 오르내리는 미디어는 없었을 것이다. 심지어 사람들이 모여 대화할 때, 유튜브로 시작해서 유튜브로 끝나는 경우도 종종 볼 수 있다. 유튜브의 인기를 가장 극단적으로 알 수 있는 지표는 아마 초등학교 학생들의 미래 직업 순위일 것이다. 교육부와 한국직업능력개발원이 매년 시행하는 초·중등 진로 교육 조사에서 유튜버를 희망하는 초등생들이 의사를 희망하는 학생들 보다 많아 화제가 된 적도 있다.[57]

유튜브는 단순히 재미있는 온라인 매체가 아니다. 마케팅의 관점, 좀 더 나아가 비즈니스의 관점에서 본다면 유튜브의 등장과 발전은 '개인화' 또

개인화된 제품의 목표는 마치 숙련된 재단사가 고객에게 딱 맞는 양복을 맞춰주는 것과 같은 서비스의 제공이다.

는 '맞춤화(Customization)' 서비스의 관점에서 혁신적인 영향력을 미쳤기 때문이다. 아프리카TV, 트위치TV, 더 나아가 숏폼(Short form)[20] 형식의 영상 제작 및 공유 플랫폼인 중국의 틱톡(Tik Tok, 중국명 抖音) 모두 유튜브와 마찬가지로 개인화 및 맞춤형 서비스가 전달할 수 있는 파급력을 보여주고 있다.

　유튜브를 개인화된 제품과 서비스의 상징이라고 다소 과장되게 소개하는 이유는 전통적 마케팅에서 중요하게 생각했던 개념인 STP, 즉 세그먼테이션-타깃팅-포지셔닝을 새롭게 정의하고 있기 때문이다. 특히 기존 세그먼테이션에 대한 기본 전제를 다시 한번 생각하게 해줬다.

20　15초에서 1분 미만의 짧은 동영상 콘텐츠를 선보이는 플랫폼이다.

세그먼테이션(Segmentation)

타깃팅(Targeting)

포지셔닝(Positioning)

피터 드러커는 고객이 비즈니스에서 가장 중요하다고 단언했다. '세그먼테이션-타깃팅-포지셔닝(STP)'은 중요한 고객을 선정하고 고객에 부합되는 제품 특성을 정의하는 일련의 과정이다. 음질을 혁신적으로 개선하고 디자인 역시 최신 트렌드를 따르는 블루투스 이어폰이 있다고 가정해보자. 가격대는 대략 5만 원 정도이고, 30대 직장인들을 잠재 고객으로 생각하고 있다. 이 신제품의 최적 고객은 어떻게 찾을 수 있을까?

먼저 블루투스 이어폰 관련 전체 시장을 구분하고, 전체 시장을 몇 개의 특성으로 구분할 수 있다. 우선 안드로이드 시장과 아이폰 시장으로 구분하거나 고가, 중가, 저가 등으로 나눌 수도 있다. 또는 음질 중시형, 디자인 중시형, 브랜드 중시형 같은 구분도 나쁘지 않다. 일차적으로 시장을 구분하고, 다시 시장을 성별, 연령, 지역 등으로 쪼갤 수 있다. 최종적으로 전체 시장을 7개의 차별적 시장으로 세분화했다고 가정해보자. 여기까지가 세그먼테이션 과정이다. 물론 실제 세그먼테이션을 할 때 군집 분석, 요인 분석 등 다양한 통계적 기법을 사용한다.

타깃팅에서는 7개의 세부 시장에서 시장의 규모, 접근성, 차별성 등을 기준으로 신제품에 가장 적합한 시장을 고르게 된다. 7개 시장들을 1차 공략 시장과 2차 공략 시장으로 다시 구분하는 것도 가능하다. 최종 선정된 타깃은, 예를 들어 아이폰을 사용하고 음질을 중시하지만 가성비를 따지는 30대 초반 남성이라고 가정하자.

마지막 포지셔닝 단계에서는 최종 타깃 시장에서 아이폰 에어팟을 비롯한 기존 경쟁 브랜드들과 어떻게 차별화할지를 고민하게 된다. 에어팟 대비 가격은 1/5 수준이지만 시장에서 검증받은 블루투스 코덱을 쓴다고 강조할 것인지, 가격은 논하지 않고 활동적인 30대 남성들의 라이프스타일을 고려해 생활 밀착형 이어폰으로 제품을 알릴 것인지를 검토할 수도 있다.

STP는 최적 고객 시장을 선정해 경쟁자와 차별화된 소구 포인트를 전달하려는 과정으로, STP의 모든 과정은 체계적이고 서로 유기적으로 연계되어야만 한다.

마케팅의 대가인 필립 코틀러(Philip Kotler) 교수는 세그먼테이션과 관련해 다음과 같은 네 가지 전제 조건을 규명했다.

"시장을 몇 개의 하위 영역으로 나누고 관리하기 위해서는 몇 가지 요구 사항이 필요하다. 개별 시장들(Segments)은 측정 가능하고, 충분히 시장 규모가 커야 하며, 접근 가능해야 하고, 서로 차별적이어야 한다."

코틀러 교수의 세그먼테이션 전제 조건들은 세그먼테이션 작업 시 제일 많이 고려하는 조건들이며, 학계 및 실무 마케팅에서 많이 활용하고 있다. 세그먼테이션을 하기 전에 가장 먼저 해야 할 일은 전체 시장 규모를 산정한 후 다양한 통계적 분석 기법들을 사용하거나 몇 가지 시장에 대한 가정들을 바탕으로 전체 시장을 나누는 것이다. 만약 전체 시장을 10개의 세부 시장으로 나눴다면, 이들 각각의 시장은 충분히 시장성을 갖고 있고, 기업이 들어가 일정 수준의 매출과 영업 이익을 확보할 수 있으며, 기업이 마케팅 활동을 집행하거나 통제할 수 있어야 하고, 시장들은 각각 서로 다른 특성을 지녀야 한다. 이러한 STP의 원칙은 전통적 마케팅과 디지털 마케팅에 모두 동일하게 적용되는 방식이다.

하지만 6장의 주제인 개인화된 제품과 서비스가 중요해진 가장 큰 이유는 STP에 대한 네 가지 전제 조건 중 한 가지가 변화했기 때문이다. 바로 '시장 규모가 충분히 커야 한다.'는 전제 조건이 변화한 것이다.

시장 규모가 충분히 커야 하는 이유는 무엇일까? 두 가지 극단적 경우를 생각해보자. 큰 시장에서 작은 점유율을 가져갈 것인지, 작은 시장에서 일정 수준 이상의 점유율을 확보할 것인지 말이다. 큰 시장은 그만큼 경쟁이 치열하겠지만, 시장 규모, 소위 시장의 파이가 크기 때문에 신규로 진입해 작은 영역만 차지해도 일정 수준 이상의 수익이 날 수도 있다. 하지만 규모가 너무 작은 시장은 내가 아무리 노력해도 일정 수준 이상의 수익을 얻기 힘들다. 특히 제조업처럼 생산과 연구 개발(R&D), 마케팅과 유통망 확보 등을 해야 하는 경우 대규모 투자는 불가피하며, 이러한 투자를 정당화하기 위해 일정 규모 이상의 수익을 보장하는 시장을 찾아야 한다. 이런 이유로 시장 규모가 충분히 커야 한다는 전제 조건이 나온 것이다.

더 작아진 세분 시장의 크기

하지만 뉴노멀하에서는 '충분히 큰 시장'의 개념이 달라지고 있다. 시장이 아무리 작아도 일정 수준 이상의 매출 또는 수익이 나올 수 있다면 하나의 독립적 시장이라고 판단하고 제품과 서비스를 특화할 수 있게 된 것이다.

다시 유튜브의 사례로 돌아가보자. 기존 MBC, KBS와 같은 공중파 방송 채널과 비교되는 유튜브의 가장 큰 특징은 무수히 많은 1인 방송이 존재한다는 점이다. 구독자 100명 미만의 아주 작은 유튜브 채널은 제외하자. 수백만 명의 구독자를 지닌 유명 유튜버들은 이제 연예인 이상의 인기와 영향력 그리고 수익을 올리고 있다. 하지만 이들 이외에도 최소 몇 만

명 단위의 구독자와 조회수를 지닌 유튜버들 역시 일정 수준 이상의 수익을 올리고 있다.

비록 초대형 유튜버는 아니지만, 중소 규모의 유튜버들이 살아남을 수 있는 방법은 아무리 구독 계층이 적더라도 이들을 위한 세분 시장이 존재하고, 이들을 공략하면 일정 수준의 매출을 올릴 수 있기 때문이다. 예를 들어, 비인기 스포츠 종목만을 선정해 유튜브를 운영하는 유튜버도 있고 육상, 역도, 수영 등 올림픽 또는 국가 대항전이 있을 때만 반짝하고 나머지 시즌에는 아무도 관심이 없는 종목들도 있다. 하지만 이런 비인기 종목만 모아 유튜브 방송을 했더니 시작한 지 3년만에 구독자 10만 명을 넘었고, 조회수 100만 회 이상의 영상도 거의 20개 정도 된다고 한다.[58] 이처럼 현실에서는 비인기 종목이라 관심 갖는 사람들을 찾기 어렵지만, 유튜브와 같은 1인 미디어에서는 적합한 종목을 발굴하고 재미있는 콘텐츠를 만든다면 흩어져 있는 구독자들을 모아 수익을 낼 수 있다. 공중파 방송이나 대형 케이블 방송에서는 수익성 때문에 엄두도 못낼 작은 프로그램들을 유튜브에서는 척척 만들어내는 것이다.

유튜브의 예를 통해 알 수 있듯이 예전에는 생각도 못했던 작은 시장을 타깃으로 제품과 서비스를 제공하는 것이 점점 더 현실화되고 있다. 과거의 대량 생산 시스템에서는 오직 한두 개의 시장만을 정해 놓고 대량으로 제품을 생산해 생산 단가와 물류 비용을 최대한 낮춰 가격 경쟁력을 확보하고 내부 수익을 극대화하는 것이 최고의 전략이었다. 그리고 대량 생산을 가능하게 해주는 거대한 시장과 동질적인 세부 시장을 찾아내는 것이 무엇보다 중요했다. 불과 얼마 전까지만 해도 대량 생산, 동질화, 규격화, 단일 시장 등은 비즈니스에서 흔히 볼 수 있는 용어들이었다.

하지만 최근 십여 년간 마케팅과 생산 운영 방식은 더 작은 시장 그리고 좀 더 극단적으로 본다면 고객 개개인의 특성과 욕구를 충족시킬 수 있도록 발전해왔다. 하지만 여기서 개인의 특성을 맞춘다는 개인화를 명확히 정의할 필요는 있다. 개인화된 제품과 서비스(Personalized Product and Service)는 절대로 고객 한 명 한 명의 특성에 모두 맞춰 제품과 서비스를 만든다는 것이 아니다. 이런 일은 고급 맞춤 양복점에서나 가능하다. 대규모 설비와 조직을 갖추고 비즈니스를 운영하는 현대의 기업들에게 100% 완벽한 개인화는 불가능하다. 다만, 이 책에서 말하는 개인화는 제일 작은 규모의 세분 시장을 만족시킬 만큼 시장을 정교하게 쪼개고 이들 세분 시장에 맞는 제품과 서비스를 출시해 수익을 얻는 것을 말한다. 과거에는 기술적 한계와 비용적 한계 때문에 어쩔 수 없이 무시해야 했던 세분 시장도 하나의 수익성 있는 시장으로 고려해 수익을 얻을 수 있다는 것이 핵심이다.

시장이 예전과 달리 개인화된 시장으로 변화한 이유에 대해 다시 알아보자. 시장이 변화한 이유는 크게 두 가지로 구분해 생각할 수 있다. 첫 번째는 사회가 빠르게 분화하고 있다는 점이고, 두 번째는 다품종 소량 생산 시스템이 디지털 기술에 힘입어 더욱 발전한 것이다. 이들에 대해 하나씩 알아보자.

첫 번째 이유인 사회적 분화에 대해 생각해보자. 1970년대에 태어난 X세대이든, 1980년대 태어난 밀레니얼 세대이든 항상 새로운 세대들은 개방성과 개성을 중시하면서 자신만의 목소리를 높이고자 했다. 최근 뉴노멀과 비대면 상황이 결합함에 따라 개인들은 예전보다 더욱 큰 목소리를 내기 시작했다. 다른 사람과 직접 얼굴을 마주보면서 말하는 대신 다양한 온라인 미디어 채널을 활용해 자신만의 주장을 펼칠 수 있기 때문이다.

특히 비대면 환경은 고객들이 자신만의 제품을 찾는 경향을 더욱 강하게 만들었다. 만약 우리가 이마트 또는 집 앞에 있는 재래시장에 간다고 생각해보자. 우리들이 구입할 수 있는 제품은 이마트 또는 상점에 비치된 물건들이 전부다. 추가로 주문할 수는 있겠지만 번거롭다. 내 주변 사람들과 친구들이 사용하는 물건들이므로 어느 정도 믿고 살 수는 있겠지만, 100% 마음에 들지는 않는다. 하지만 매장 내에서 다른 것을 찾을 수는 없다. 공장에서 만들어진 공산품이야 어쩔 수 없지만, 패션 의류나 신발 등과 같은 카테고리는 좀 더 민감해진다. 좀 더 개성 있고 나만의 색깔이 있는 옷과 신발을 찾고 싶지만, 매장 내에서는 찾기 어렵다. 그렇다고 동대문에서부터 백화점까지 다양한 매장을 다닐 만큼 시간과 에너지도 없다. 하지만 온라인 쇼핑은 또 다른 세상이다. 훨씬 다양한 제품을 만날 수 있고, 배송과 반품 역시 편리하다. 이제 내가 고를 수 있는 제품의 한계는 매장의 사이즈가 결정해주는 것이 아니라 내가 온라인 쇼핑몰 검색에 쓸 수 있는 시간이 결정해준다. 특히 뉴노멀에서는 연령과 세대에 상관없이 많은 사람이 온라인 쇼핑을 하기 때문에 제품의 개인화 트렌드는 더욱 강화될 것이다.

하지만 이런 특성은 개인화된 제품을 찾는 소비자들의 특성이 좀 더 강화됐다는 사실을 설명해줄 뿐이다. 개인화된 제품이 보편적으로 확산된 가장 큰 이유는 바로 두 번째 이유, 즉 디지털 기술의 발전에 따른 다품종 소량 생산이 점차 상용화되고 있기 때문이다.

다품종 소량 생산[21]은 전혀 새로운 내용이 아니다. 수십 년 전의 생산관리 교과서에서도 이미 다품종 소량 생산에 대한 언급이 있었고, 다품종 소량 생산의 잠재력을 논하고 있었다. 다만, 교과서에 있는 다품종 소량 생산은 전통적인 대량 생산 체제의 대안은 아니었다. 고객 니즈에 부합하기 위해 생산 라인과 재고 관리 등을 보다 탄력적으로 운영해 다소 번거롭지만 다양한 제품을 생산하는 방식이었다. 지금 우리가 논의하는 개인화된 제품 생산의 관점에서 본다면 기존의 다품종 소량 생산 역시 조금 개선된 대량 생산 시스템으로 보일 것 같다.

---

21 다품종 소량 생산은 'Small Quantity Batch Production' 또는 'Flexible Manufacturing(유연 생산)' 등으로 불리며, 여러 가지 제품 라인을 조금씩 생산하는 방식을 말한다. 대량 생산 시스템에 비해 생산 공정을 자주 바꿔야 하므로 생산 효율성은 떨어지고 단위당 생산 단가는 올라가는 특성이 있다.

대량 생산의 핵심은 동질적인 고객군에게 동일한 제품을 저렴한 비용으로 공급하는 것이다. 대량 생산 시스템을 창안해낸 포드 자동차의 창업자인 헨리 포드가 포드 자동차에서 만든 자동차의 색상에 대해 언급한 내용은 대량 생산의 특성을 명확하게 말해준다.

"어떤 고객들도 자신이 원하는 색상의 차를 가질 수 있다. 다만 그 색상이 검은색일 경우에 말이다."

즉, 포드에서는 검은색 차량 딱 한 가지만 제조하겠다는 것이다.

물론 개인의 개성이라고는 찾아볼 수 없는 자동차였지만, 고객들은 저렴한 가격으로 자기 차를 살 수 있게 됐다. 본격적인 대량 생산을 통해 시장에 출시된 포드 자동차의 모델 T는 1909년 1만 666대가 제조됐고, 차량 단가는 825달러였지만, 1916년 생산량이 50만 대를 넘으면서 가격이 345달러로(42% 수준) 크게 하락했다. 포드 자동차가 보여준 대량 생산의 놀라운 혁신은 미국 및 전 세계 비즈니스의 하나의 표준으로 자리잡았고, 대량 생산은 전 세계로 퍼져나갔다.

대량 생산 시대의 최후의 승자, 포드 자동차와 GM

© Ford Motor Company

© General Motors

포드 자동차와 더불어 미국의 대표적 자동차 회사는 GM(General Motors)이다. GM은 포드 자동차에 비해 후발주자였지만, 1923년 알프레드 슬로언(Alfred P. Sloan)이라는 천재 경영자를 회장으로 받아들여 상황을 역전시켰다. 슬로언은 포드 자동차

뉴노멀 시대를 위한 **비즈니스 생존 키워드**

의 한계점과 변화하는 소비자들의 욕구를 정확히 파악했다. 즉, 자동차가 보편화되고 사람들의 욕구가 점차 다양해지면서 오직 검은색 한 가지 모델만 내놓은 포드 자동차에 더 이상 만족하지 못하고 있다는 점이었다. GM은 비록 생산 원가 및 판매 효율성 측면에서는 상대적으로 손해를 봤지만, 다양한 브랜드들을 출시하거나 인수해 세분화된 시장에 맞는 자동차들을 출시하기 시작했다. 교통 수단의 기능만 원하는 소비자에게는 쉐보레(Chevrolet) 브랜드, 좀 더 세련되거나 특화된 차를 원하는 고객에게는 폰티악(Pontiac)이나 뷰익(Buick), 그리고 최고의 프리미엄 자동차를 원하는 고객에게는 캐딜락(Cadillac) 브랜드를 제공하는 일종의 브랜드 포트폴리오[59]를 구축했다. 그 결과 1920년대 후반 GM의 판매량이 포드 자동차를 역전했다. GM이 포드를 이긴 이유는 여러 가지가 있겠지만, 한 가지 확실한 것은 고객 특성에 맞는 제품 개발은 무개성적인 대량 생산보다 확실한 강점을 갖고 있다는 점이다.

디지털 기술의 발전은 개인화된 제품 및 서비스를 가능하게 한다. 디지털 기술은 크게 두 가지 영역에서 힘을 발휘한다.

첫 번째는 고객 데이터를 활용한 보다 세분화된 세그먼테이션이 가능해졌다는 것이다. 고객 데이터는 현재 정부 및 여러 기관에 의해 엄격하게 관리되고 있고, 데이터 활용 규제는 지속적으로 강화되고 있다.[60] 따라서 고객 데이터의 활용은 일반적으로 개개인의 이름이나 성별이 아니라 전체적으로 누적된 정보들을 통계적으로 분석해 활용한다. 하지만 이러한 누적 정보들만 활용하더라도 예전 시장 조사에서는 얻을 수 없는 정교한 고객 정보를 얻을 수 있다. 고객들의 실제 구매 패턴, 구매 전 탐색했던 경쟁 제품, 구매한 결제 수단, 구매 후 반품 여부, 구매 시 함께 쇼핑한 제품 등의 정보를 활용해 고객들을 보다 정교하게 세분화한다. 물론 이런 데이터들은 대부분 온라인 쇼핑을 이용하거나 온라인상에서 개인 정보를 남긴 고객들에 한정된다는 제약이 있지만, 전반적인 고객 동향을 파악하는 데는 부족하지 않다. 특히 비대면 상황이 지속됨에 따라 온라인에 의존하는 경향이 더욱 강화돼 기업들이 활용 가능한 데이터의 양과 질은 계속 좋아지고 있다.

기업들이 데이터를 정교하게 분석하면 훨씬 작은 세분 시장을 찾아낼수 있다. 스마트폰 시장을 생각해보자. 예전에는 아이폰과 안드로이드폰으로 크게 시장을 나누고, 안드로이드폰은 다시 가격을 기준으로 나눈 후 주사용 브랜드로 다시 고객을 나누고, 마지막 구매 시점을 고려해 교체 주기를 나눌 수 있다. 이런 식으로 스마트폰 세그먼테이션을 진행하면 프리미엄 삼성 스마트폰을 이용하는 고객 중 향후 일 년 내에 기종 변경이 가능한 고객군을 뽑아낼 수 있다. 하지만 더 이상 시장을 미세하게 나누는 것은 어려웠다. 성별, 가구 소득, 성격 특성, 과거 구매 이력 외에는 더 이상 활용할 만한 정보가 없었기 때문이다.

지금은 실제 구매 및 정보 탐색 데이터를 활용함에 따라 좀 더 정교하게 세분 시장을 나눌 수 있게 됐다. 또한 실구매 및 정보 탐색 데이터를 활용해 개인화된 제품과 서비스를 개발하거나 개인에 특화된 광고 메시지를 전달할 수 있게 됐다.

앞에서 말한 세분 시장을 다시 한번 세분화해보자. 스마트폰의 마케팅을 담당하는 마케터는 고객들의 정보 탐색 데이터를 활용해 프리미엄 스마트폰을 보유하고 있는 고객들을 온라인 쇼핑몰에서 아이폰 탐색 고객과 삼성폰 탐색 고객으로 다시 분류할 수 있고, 삼성폰을 계속 탐색하는 경우, 상위 기종을 탐색하는지 또는 스마트폰 액세서리를 탐색하는지 등의 정보를 찾아 다시 한번 고객을 분류할 수 있다. 그리고 신제품 출시 정보를 지속적으로 확인하는지 또는 구형 모델의 할인 프로모션을 더 많이 확인하는지 등의 데이터를 모을 수 있다. 최종적으로 삼성폰 이용자 중에서 신상품으로 업그레이드하려는 집단과 구형 제품을 할인해 구매하려는 고객군으로 다시 나눌 수 있다. 물론 「정보보호법」에 따라 개개인의 정보는 활용할 수 없지만, 온라인 쇼핑몰에 가입된 고객 중 특정 활동을 하는 사람들의 규모 및 대략적인 특성 등은 파악할 수 있다. 얼핏 생각하면 이런 식으로 고객을 세분화하는 것은 사전에 얼마든지 경우의 수를 고민해 나눌 수 있을 것이다. 하지만 데이터를 활용할 경우 미세하게 쪼갠 세분 시장의 전반적인 규모, 즉 방문객 수와 이들의 대략적인 구매 수준 등까지 추정함으로써 어떤 시장을 공략할지를 객관적으로 파악할 수 있다.

세분 시장을 찾았다면 다음에는 세분 시장별 특성이 가장 잘 반영된 제품이나 서비스를 만들어야 한다. 삼성폰을 다시 구매하려는 고객 중에서 신제품을 구매하려는 고객에게 구형 모델의 할인 판매를 약속하는 것은 광고 메시지의 낭비일 뿐이다. 신제품을 구매하려는 고객에게는 신제품 예약 구매 시 제공할 수 있는 혜택을 알려줘야 한다. 만약 특정 세분 시장이 블루투스 이어폰 같은 스마트폰 액세서리를 탐색했다면 신제품 구매 시 블루투스 이어폰을 할인해준다는 혜택을 별도로 개발하는 것도 좋은 방법이다. 특히 이들 세분 시장을 위한 신규 스마트폰과 블루투스 이어폰 한정판을 개발한다면 더 좋은 반응을 이끌어낼 것이다.

개인화의 핵심 요소, 스마트 팩토리

하지만 개인화된 제품의 진정한 핵심은 스마트 팩토리(Smart Factory)에 있다. 스마트 팩토리는 다양한 네트워크와 데이터를 활용해 스스로 공정 및 운영을 최적화할 수 있고 실시간으로 새로운 생산 조건을 수용해 자율적으로 전체 생산 프로세스를 관리하는 유연 생산 시스템이라고 볼 수 있다. 스마트 팩토리가 제대로 작동하기 위해서는 다음과 같은 특성이 구현돼야 한다.

- 데이터와 시스템, 생산 라인들이 모두 연계돼야 하고(Connected),
- 생산 및 운영 활동이 최적화돼야 하며(Optimized),
- 생산 관련 모든 활동이 투명하게 처리돼야 하고(Transparent),
- 모든 과정이 사전에 예측되고 관리돼야 하며(Proactive),
- 모든 활동이 신속하게 실시간으로 이뤄져야 한다(Agile).[61]

디지털 정보를 통해 타깃 고객층을 아무리 미세하게 선정하더라도 선정된 타깃 고객들에게 동일한 제품만을 전달한다면 힘들게 세그먼테이션을 한 의미가 없어진다. 궁극적으로 미세하게 세분화된 고객들이 잘 받아들일 수 있는 개인화된 제품이 준비돼야 한다. 스마트 팩토리는 이러한 개인화된 제품 생산을 위한 첫 번째 단계다. 두 번째 단계는 기업이 취합한 데이터를 인공지능 플랫폼을 통해 스마트 팩토리와 연계시키는 것이다. 또한 방대한 데이터를 바탕으로 전체 생산 공정을 관리하고 프로세스를 설정하기 위해서는 인공지능 플랫폼에 대한 투자도 중요하지만 실제 생산이 이뤄지는 공장에 대한 연구와 투자 역시 중요하다.[62] 이외에도 산업용 3D 프린팅과 같은 최신 기술을 이용하면 다양한 제품과 부품들을 효율적으로 생산하고 활용할 수 있다.

스마트 팩토리와 관련된 가장 유명한 사례는 아디다스가 2017년 독일과 미국에서 각각 설립한 '전면 자동화 공장'이다. 스피드 팩토리(Speedfactory)라고 이름 붙인 이들 공장들의 목표는 연간 100만 족의 신발을 자동으로 생산하는 것이었다. 아디다스 공장은 중국, 동남아 등으로 이전했던 신발 공장들이 최첨단 기술을 활용해 다시 서구 국가로 돌아왔다는 사실 때문에 큰 주목을 받았고, 최초로 이뤄진 전문 자동화 공장이라는 사실 역시 크게 부각됐다. 아디다스는 2017년, 두 곳의 자동화 공장을 이용해 더 빨리 그리고 더 다양한 신발을 생산해 고객들의 개인화된 수요에

적극 대응하겠다고 밝히기도 했다.[63]

하지만 2019년 11월 아디다스는 미국과 독일 두 곳의 스피드 팩토리를 2020년에 폐쇄할 예정이라고 발표했다. 연간 4억 족의 신발을 만드는 아디다스 입장에서 연간 100만 족의 신발을 만드는 두 곳의 공장은 큰 공장은 아니며, 대부분의 생산 및 물류 기지가 중국과 동남아에 있으므로 운영 효율성을 위해 동남아 지역에 보다 집중하겠다는 것이 그 이유였다. 또한 두 곳의 전면 자동화 공장을 통해 목적했던 목표들 역시 충분히 달성했다는 사실도 밝혔다.[64]

아디다스의 스마트 팩토리 사례만으로 현재까지 개인화된 제품 생산을 위한 시도가 성공했다 또는 실패했다고 말하기는 아직 이르다. 하지만 한 가지 명확한 것은 소수의 세분 시장을 위한 제품 개발 및 생산이 점점 확산되고 있다는 점이다.

고객들의 특성에 맞는 개인화된 제품과 서비스를 제공한다는 것은 제조업이 오랫동안 꿈꿔왔던 미래이자 악몽이다. 고객이 원하는 것을 제대로 전달하기만 한다면, 정말 별도의 마케팅과 영업 없이도 제품 판매가 이뤄질 수도 있다. 하지만 다품종 소량 생산도 아닌 개별화된 수억 개의 제품을 생산한다는 것은 전통적 생산 관리에 익숙한 사람들에게는 불가능한 도전으로 생각될 것이다.

그럼에도 불구하고 세분 시장별 개인화된 제품을 전달하려는 노력을 멈춰서는 안 된다. 스마트 팩토리를 먼저 구축하는 것이 아니라 우선 고객들이 무엇을 원하는지를 정밀하게 파악하고, 이들을 좀 더 작은 단위로 분류해 각각의 세분 고객들을 만족시킬 수 있는 방법을 찾아야 한다. 기술보다는 우선 고객에 집중해 개인화된 제품 개발 및 생산을 검토해야만 한다. 쉽지 않은 일이지만, 성공한다면 몇 배 높은 수익과 매출 기회를 확보할 수 있기 때문이다.

7장

커뮤니케이션,
말해야 팔린다

커뮤니케이션
소비자들에게 제품과 서비스의 장점과 필요성을
다양한 미디어를 활용해 전달하는 활동

미국 방송 프로그램과 관련된 시상식 중 가장 저명한 에미상(Emmy)[65]의 최우수 드라마상을 4회[66] 연속으로 수상한 '매드맨(Mad Men)'이라는 미국 드라마가 있다. 매드맨이라는 단어는 1960년대 뉴욕 매디슨 가(Madison Avenue)에 있는 광고 대행사에서 근무하던 광고인들(AD Men)이 스스로를 부르는 단어였다. 매디슨(Madison)과 애드맨(Ad Men)을 결합한 매드맨을 직역하면 '미친 사람들', 즉 광고에 미친 사람들을 의미한다. 1960년대 호황을 누리던 미국은 풍부한 자금과 아이디어를 갖고 새로운 제품과 광고를 끊임없이 시장에 쏟아냈다. 그 당시 미국의 주요한 광고 대행사들이 즐비했던 매디슨 가는 미국 광고 산업의 핵심이었고, 스스로를 매드맨이라고 불렀던 광고인들은 넘치는 아이디어와 열정 그리고 스스로에 대한 자부심을 미친듯이 불태웠다.

드라마 '매드맨'이 뉴노멀을 만난다면?

미드 '매드맨'은 1960년대의 광고 시장을 생생하게 보여준다. 1960년대를 배경으로 하는 드라마답게 엄청나게 많은 흡연 장면이 인상깊지만, 광고인들의 광고에 대한 열정과 아이디어는 1960년대와 21세기 모두 똑같다는 느낌을 받는다. 하지만 '매드맨'을 보고 있으면 왠지 모르는 답답함이 느껴진다. "왜 저 좋은 아이디어들을 단지 TV, 잡지, 신문 등에만 사용하려고 하지?", "좀 더 다양한 매체를 사용할 수 없을까?" 등과 같은 생각이 들기 때문이다. 하지만 그런 질문과 답답함은 바로 해결된다. 왜냐하면 1960년대에 사용 가능한 매체(Media)는 결국 신문, 잡지, 라디오, TV, 극장 그리고 거리에 있는 대형 안내판(빌보드)이 대부분이었기 때문이다. 좀 과장되게 표현한다면, 지금 현재의 광고 매체 상황과 비교했을 때, 매드맨의 상황은 마치 수백 년 전의 광고 시장을 보는 것 같다.

수십 년 전과 비교해서 광고, 좀 더 포괄적으로 기업이 소비자들에게 전달하는 커뮤니케이션(Communication)[22]에서 가장 많이 변화한 부분은 매체

얼마 전까지 모든 가족들이 집에 딱 하나 있는 텔레비전 앞에 모여 같은 TV 프로그램 또는 뉴스를 봤지만, 지금은 가족 모두 자신만의 스마트폰, 태블릿 등을 통해 자신이 원하는 프로그램을 선택해서 보고 있다. 미디어 환경이 다변화되고 있는 것이다.

22 제품과 서비스를 소비자들에게 알리는 활동을 일반적으로 '광고(Advertisement)'라고 하지만 이 책에서는 단순히 제품과 서비스만 알리는 활동뿐 아니라 기업의 메시지 전달 활동까지 포함한다는 의미로 '커뮤니케이션'이라는 단어를 주로 사용한다.

(Media)의 다양성이다. 커뮤니케이션에서 말하는 매체 또는 미디어는 기업이 고객 또는 잠재 고객들에게 들려주고 싶은 메시지를 담아내는 장소를 의미한다. 매체는 실체가 있는 장소, 예를 들어 고속도로에서 볼 수 있는 커다란 전광판이 될 수도 있고, 9시 뉴스 전후의 광고일 수도 있다. 소비자들이 특정 제품을 자발적으로 주변 사람에게 추천한다면 소비자 스스로가 하나의 매체가 되는 것이다.[67] 기업의 입장에서는 막대한 비용이 드는 매체 광고보다는 소비자 한 사람, 한 사람이 스스로 기업을 홍보하고 추천하는 모습이 가장 이상적일 것이다.

최근 우리들이 즐겨 이용하는 유튜브와 디지털 매체 역시 강력한 커뮤니케이션 매체다. 디지털 매체의 효과성에 대한 검증은 여전히 필요하지만 네이버, 구글과 같은 포털 서비스와 페이스북, 인스타그램과 같은 SNS 역시 강력한 매체다. 심지어 우리들이 매일 사용하는 카톡을 이용할 때마다 광고를 보게 된다. 소비자들은 카톡을 일상 메신저로 생각하지만 기업과 광고 대행사가 보기에는 카톡은 강력한 매체인 것이다.

매체의 다양화는 우리들에게 어떤 의미가 있을까? 특히 제품과 서비스에 대한 정보를 소비자에게 전달하려는 기업의 입장에서는 어떤 의미가 있을지 잠시 생각해보자. 가장 전통적인 광고 매체인 공중파 TV에 광고하기 위해서는 많은 예산이 필요하다. 소위 프라임 시간대라고 불리는 가장 핫한 시간대에 30초 광고를 하기 위해서는 광고 한 편에 1,000만 원가량의 광고비를 집행해야 한다.[68] 한 달 아니 한 주 간의 광고가 아니라 광고 한 회당 1,000만 원의 비용을 지불해야 하는 것이다. 물론 부가가치세(VAT)는 별도다. 반면 네이버 초기 화면 상단에 노출되는 배너 광고의 일종인 타임보드 형태로 평일에 가장 핫한 시간대 중 하나인 오후 1시에서 2시까지

1시간 동안 광고를 할 경우 3,000만 원의 광고비[69]가 필요하다.[23] 단가만 비교하면 네이버 광고가 더 비싼 듯 보이지만, 네이버는 한 시간 동안 광고가 노출되고, 공중파 광고는 약 30초 정도, 그것도 1회만 노출된다는 점을 생각해봐야 한다. 따라서 공중파 TV에서 동일 조건으로 한 시간 동안 광고한다면 약 12억 원의 비용을 집행해야 한다. 비용 효율성만 고려한다면, 당연히 네이버와 같은 디지털 광고가 더 좋아 보인다.

뉴노멀 시대의 매체 변화

커뮤니케이션을 위한 매체 선정은 광고 예산, 메시지의 내용, 타깃 소비자의 특성 등을 복합적으로 고려해 결정한다. 하지만 시대적 흐름과 기술적 발전 역시 커뮤니케이션 매체 선정에 큰 영향력을 행사한다. 인터넷 및 디지털 기술의 발전, 페이스북과 인스타그램 등의 SNS와 같은 새로운 매체들은 매체로서의 가능성과 성과를 보여줘야 한다.

이러한 기술적 발전 이외에 시대적 그리고 환경적 트렌드 역시 커뮤니케이션 매체 선정에 큰 영향을 미친다. 코로나19가 촉발한 뉴노멀 역시 특정 매체에는 축복, 또 다른 매체에는 사형 선고를 내렸다. 상대적으로 안정적인 방역 환경을 구축한 한국과 달리 코로나19 때문에 극심한 사회적 혼란과 봉쇄를 겪어야 했던 미국과 영국 등은 2020년에 좀 더 극적인 매체 변화를 경험했다.[70]

첫 번째 변화는 디지털 미디어의 급격한 부상이다. 영국 런던의 킹스칼리지(King's College)의 비즈니스 스쿨의 교수인 마테오 몬테치(Matteo Montecchi)는 코로나 때문에 디지털과 SNS 매체가 영국에서 더욱 빠르게 비중을 넓히고 있다고 강조한다. 이러한 디지털과 SNS 매체는 젊은 세대를 중심으로 이미 트렌드가 됐지만, 더 중요한

---

23 예시로 제시된 광고비는 모두 MBC, 네이버 홈페이지에서 제시된 견적(2020년 12월 기준)이며, 실제 집행되는 광고 비용은 광고 물량, 광고 집행 기간, 대행사 수수료 등에 따라 달라질 수 있다.

점은 기존 디지털과 SNS의 타깃이 아니었던 기성 세대, 즉 고연령층들 역시 팬데믹 기간 동안 이들 매체 의존도가 급격히 높아졌다고 인식한다는 것이다.

기업의 입장에서는 더 이상 "SNS는 젊은층만 보는 것이므로 우리의 기존 고객인 40대 이상 충성 고객을 위한 매체가 아니야."라고 말하면 안 된다. 고객이 이용하는 매체가 바뀌었다면 기업 역시 적절히 변화해야 한다.

두 번째 변화는 길거리 전광판 광고가 급격히 줄었다는 점이다. 길거리 또는 고속도로 등에서 쉽게 볼 수 있는 전광판은 늘 논쟁의 여지를 갖고 있었다. 광고비를 집행한 만큼 효과가 있는지가 명확하지 않았기 때문이다. 하지만 특정 장소, 예를 들어 트래픽이 많은 공항과 유명 관광지 등의 기업 광고는 기업의 존재감을 보여준다는 측면에서 매력적이다. 하지만 코로나19 때문에 도시가 봉쇄되고 사람들의 이동이 급격히 줄어든 상황에 처하자 영국의 기업들은 대부분 전광판 광고를 철회했다. 만약 2021년 이후 코로나19 백신이 효과를 발휘해 우리의 일상이 예전으로 돌아온다면, 기업들은 다시 길거리 전광판 광고에 비용을 지불할까? 아마 몇몇 기업은 예전 관성에 따라 그렇게 할 것이다. 하지만 팬데믹 기간 동안 전광판 광고에 쓰던 예산을 다른 디지털 매체에 사용해 효과를 본 기업들은 다시 예전으로 돌아가지 않을 것이다. 그렇다면 길거리를 가득 채웠던 전광판 광고 담당 대행사들과 전광판을 통해 수익을

공항에 걸려 있는 빈 광고판. 공항 이용객이 없는 상황에서 공항에 광고를 할 필요가 있을까?

얻었던 건물 소유주들은 어떻게 될까?

영국에서 경험한 매체 변화들, 특히 전광판 광고의 대대적 축소는 어쩌면 극단적인 사례처럼 보일 수도 있다. 하지만 한국에서도 언제든 비슷한 경우가 나타날 수 있다. 따라서 기업과 대행사는 항상 트렌드와 사회 현상을 유심히 관찰하고 변화에 주목해야만 한다.

....

기업이 커뮤니케이션을 할 때는 광고비의 많고 적음만 따지지는 않는다. 기업은 원하는 메시지를 정확하게 원하는 타깃 소비자들에게 전달해야만 한다. 똑같은 1억 원의 광고비를 쓰더라도 원하는 타깃에게 광고가 전달되면 1억 원이 아깝지 않지만, 원하는 타깃의 절반에게만 광고가 전달되거나 타깃이 아닌 사람들에게 광고가 전달될 경우 사용된 1억 원의 광고비는 낭비한 셈이 된다. 따라서 커뮤니케이션 계획을 세울 때 가장 중요한 점은 누구에게 어떤 메시지를 전달할 것인지를 정하는 것이다. 특히 누구에게 커뮤니케이션을 할 것인지를 명확하게 정하는 것, 즉 타깃을 정확하게 정립하는 것은 커뮤니케이션의 핵심이자 시작점이다.

커뮤니케이션의 대상을 정확히 찾기 위해서는 뉴노멀의 특성에 대해 다시 한번 생각해봐야 한다. 5, 6장에서 우리들은 뉴노멀 시대의 주요 특징으로 소비자들의 가치관이 빠르게 변화하고 있고, 무엇보다 개인화되고 있다는 점에 주목했다. 기업들 역시 제품과 서비스를 최대한 개인들의 특성에 맞추려고 노력하고 있다. 고객들과 커뮤니케이션을 할 때는 뉴노멀의 이러한 특성을 명확하게 이해하고 있어야 한다. 즉, 우리 회사가 만든 제품과 서비스를 이용할 고객들은 이전과 비교할 수 없을 만큼 아주 세밀하게 쪼개져 있다는 점을 항상 기억해야 한다.

고객들이 몇 개의 큰 고객 집단이 아니라 아주 작게 쪼개진 소그룹으로 나뉘어 있다는 사실은 예전처럼 대규모 광고 캠페인이 큰 힘을 발휘하기 어렵다는 것을 의미한다. 대한민국 국민을 대상으로 하는 국가 이미지 캠페인 또는 서울 시민들을 대상으로 하는 홍보 활동이 아니거나 2000년대 중반까지 유행했던 대기업들의 그룹 이미지 개선 캠페인이 아니라면 일반 대중을 대상으로 하는 커뮤니케이션은 지금 시대에는 아무런 의미가 없다. 지금은 잘게 쪼개진 고객의 특성을 잘 이해하고 이에 맞는 커뮤니케이션을 하는 것이 최선이다.

다행히 최근 급속히 발달한 디지털 매체와 분석 기술들은 기업들이 보다 정교하게 타깃 고객들을 선정할 수 있도록 도와준다. 물론 개인 정보 보호를 위해 기업들이 사용할 수 있는 고객 정보와 빅데이터는 제한적이다. '홍길동'이라는 개인의 정보를 직접적으로 사용할 수는 없지만, '홍길동'이라는 사람과 비슷한 특성을 지닌 사람들을 분류해 이들의 집단적 특성을 세밀하게 뽑아낼 수는 있다. 특히 인공지능 기술은 여전히 불완전함에도 불구하고 마케팅 측면에서 높은 잠재력을 보여주고 있다. 이제는 단순히 막연하게 대도시에 거주하는 30대 미혼 여성이라는 무미건조한 인구 통계학적 데이터와 일에 대한 자신감과 성취감을 추구하는 세련된 외모를 가진 여성과 같은 상상에 근거한 고객의 퍼스널리티(Personality)에 기반을 둔 커뮤니케이션 타깃 선정 대신 고객을 보다 구체적으로 파악하고 선정하는 기법을 찾을 수 있다.

간단한 예를 들어보자. 예전에는 설문 조사를 통해 최근 6개월 동안 남성용 조깅화와 운동복을 온라인 쇼핑몰에서 검색하거나 구매한 이력이 있는 남성들을 파악한 후 몇 가지 통계적 기법들, 예를 들어 요인 분석, 군집 분석 등을 통해 이들을 거주 지역, 구매 동기, 소득 수준 등으로 구분해 5~6개 정도의 그룹으로 분류하고 최적의 고객군을 선정해 광고 타깃으로 정했다. 하지만 지금은 6개월이 아니라 최근 1개월 안에 온라인 쇼핑몰에서 남성용 런닝화와 운동복을 구매한 고객들의 파악한 후 이들이 어떤 건강 기능식을 선호하는지, 즉 보양을 위한 건강식을 먹는지, 근육량을 늘리기 위한 단백질 파우더를 먹는지를 파악해 자동으로 그룹핑할 수 있다. 그리고 배송지를 바탕으로 서울, 부산처럼 큰 지역이 아니라 서울 강북, 강동처럼 보다 세분해 위치를 파악할 수도 있다.[24] 그리고 이들이 함께 구매하는 다른 제품을 동시에 파악해 보다 세분화된 타깃 고객을 정의할 수 있다. 오직 객관적인 수치와 구매 데이터만으로 고객을 아주 세밀하게 분류하게 되며, 이 과정에서 마케터의 상상력은 오직 고객 구분에 필요한 항목을 정할 때만 사용된다. 물론 결과로 나온 데이터들을 보고 판단하는 과정에는 마케터의 인문학적 상상력과 경험이 절대적으로 필요하다. 하지만 예전처럼 막연한 예측과 주관성은 점점 더 힘을 잃고 있다.

기업이 커뮤니케이션할 타깃이 어느 정도 구체화됐다면 그다음으로 중요한 점은 어떤 메시지를 전달할 것인지를 정하는 것이다. 고객과의 커뮤니케이션은 기업이 일방적으로 외치는 연설이 아니라 고객과 주고받는 대화가 돼야 한다. 예전에는 매체가 제한적이고 소비자들이 관심을 끌 만한 내용이 상대적으로 적었기 때문에 특정 광고가 엄청난 인기를 끌기도 했다. 물론 이런 광고들은 종종 막대한 광고비를 지불하기도 했다. 하지만 최근에는 일방적인 광고 집행보다 트렌드와 고객 특성을 철저하게 고려해 고객과의 적절한 대화를 이끌어내는 커뮤니케이션이 필요하다.

커뮤니케이션을 할 때는 기업이 전달하려는 내용도 중요하지만 소비자들이 듣고 싶어하는 메시지를 우선적으로 고려해야 한다. 하지만 일반 대중 그리고 소비자들은 어떤 메시지를 어떤 톤 앤 매너(Tone & Manner)로 듣고 싶은지를 말하지 않는다. 따라서 기업과 커뮤니케이션 담당자들은 시대적 특성과 트렌드를 이해하고, 방향성에 맞는 메시지를 개발해야 한다. 그

---

24 강화된 「개인정보보호법」에 의해 기업들이 사용할 수 있는 정보는 정보 활용의 목적, 개인들의 정보 사용 동의 여부, 개인정보 취합 및 제공 기관 등에 따라 다르다.

리고 뉴노멀 시대에 살고 있는 소비자들이 무엇을 원하는지를 파악해야만
한다.

팬데믹 기간 중 소비자들이 듣기 원하는 메시지

팬데믹 기간 동안 미국에서 조사한 자료를 살펴보면 사람들의 관심이
최근 어떻게 변화하고 있는지를 엿볼 수 있다. 가장 중요하다고 생각하는
가치(Value)는 당연히 '안전', '보안' 그리고 '의무'이다. 모두 코로나19가 초
래한 팬데믹에서 살아남는 데 필요한 가치관이다. 하지만 커뮤니케이션의
입장에서 더 큰 의미를 지니는 것은 사람들의 인식에서 중요도가 하락한
가치다. 중요도가 가장 크게 줄어든 가치는 '즐거움(Pleasure)'이다. 코로나
19 때문에 즐길 수 있는 즐거움이 줄어든 것도 사실이지만, 무엇보다 건강
과 안전을 위해 개인적 즐거움을 희생할 수도 있다는 의미다. 중요도가 줄
어든 또 다른 가치는 '독립성(Independence)'이다. 개인적 가치와 자립을 무
엇보다 중시하는 미국에서도 팬데믹을 극복하기 위해 개인 가치의 주장보
다는 타인과의 관계를 좀 더 중시하겠다는 의미다.[71]

뉴노멀 시대를 살아가는 소비자들이 듣고자 하는 메시지는 명확하다.
당신과 가족과 친구들의 안전과 생명이 무엇보다 중요하므로 조금만 참고
기다려야 한다는 것이다. 메시지의 방향이 정해졌다면 이제 남은 것은 표
현 방식을 결정하는 것이다.

'소비자들이 즐거움을 느끼지 못하고 심리적으로 우울하니 즐거움을
강조하는 광고를 만들어볼까? 아니야. 소비자들의 이런 분위기에 찬물을
끼얹을 필요는 없어. 이들을 차분하게 격려하는 커뮤니케이션 메시지를 담
은 광고를 만들어보자. 어떤 방향이 더 좋을까?'

많은 기업은 두 번째 방향, 즉 뉴노멀 시대를 참고 견디는 사람들을 격려하고 이들과 공감하는 광고를 만들었다.

차량 공유 서비스를 제공하는 '우버(Uber)'는 사람들이 이동을 해야만 돈을 버는 회사다. 많은 나라에서 시행한 도시 봉쇄는 사람들의 이동을 원천적으로 차단한다. 봉쇄가 없더라도 팬데믹 기간 동안 사람들의 이동이 줄어들었다. 우버는 "사람들이 많이 이용하는 버스와 택시 같은 대중교통 대신 우버가 안전을 보증하는 우버 차량을 이용하세요."와 같은 광고를 하고 싶었을 것이다. 하지만 우버는 오히려 다음과 같은 광고를 만들었다.

"사람들의 이동을 가능하게 해주는 회사가 당신에게 이동하지 말라고 요청드립니다."

수익을 최우선으로 하는 사기업인 우버 입장에서 얼마만큼의 진심이 담겨 있는지는 알 수 없다. 하지만 한 가지 확실한 것은 적어도 뉴노멀이 원하는 커뮤니케이션 트렌드는 확실히 파악하고 트렌드를 적극 활용했다는 점이다.

또 다른 예를 들어보자. 코카콜라라고 하면 어떤 이미지가 떠오르는가? 붉은 옷을 입은 뚱뚱한 산타, 북극곰, 행복, 즐거움이 연상되지 않을까? 실제로 코카콜라는 오랫동안 자사의 브랜드 아이덴티티(Brand Identity)를 행복과 연결하기 위해 오랫동안 공을 들여왔다. 코카콜라의 광고들을 보면 항상 즐겁고 기분이 좋아지는 느낌이 드는 이유는 코카콜라의 광고들이 항상 행복과 즐거움을 연상시킬 수 있도록 치밀하게 연구되고 설계됐기 때문이다.

이러한 코카콜라 역시 팬데믹 기간 동안 기존의 즐거움을 전달하는 광고 대신 훨씬 차분하고 안정적인 메시지를 전달하려고 노력했다. 2020년

5월 미국 뉴욕의 타임스 스퀘어에 있는 커다란 전광판에 실린 코카콜라의 메시지를 살펴보자.

"떨어져 있는 것이 단결해서 있을 수 있는 최선의 방법입니다.[72]"

코카콜라에서 이런 메시지를 전달하자고 했을 때 내부 분위기는 어땠을까? 광고를 준비한 대행사와 코카콜라 마케팅팀이 모여 있는 회의실을 상상해보자. 어쩌면 줌을 이용한 원격 화상 회의를 했을지도 모른다. 회의에 참여한 그 누구도 이런 메시지의 필요성을 의심하지는 않았을 것이다. 하지만 한쪽에서는 이런 반론도 있지 않았을까? "차라리 코카콜라의 브랜드 자산인 즐거움을 좀 약하게 표현하면 어떨까요? 팬데믹 기간 동안 집에서라도 코카콜라를 마시면서 즐거움과 위안을 찾는 모습을 위트 있게 표현하는 게 더 좋지 않을까요? 우리의 브랜드 자산을 좀 더 활용하고 싶어요."

회의가 어떻게 진행됐을지는 알 수 없지만, 우리들은 최종 결과물을 알고 있다. 그리고 타임스 스퀘어에 올린 커뮤니케이션 메시지는 일회성으로 끝나지는 않고, 또 다른 캠페인으로 연결된다.

코카콜라는 2020년 8월 '오픈 라이크 네버 비포(Open Like Never Before)'라는 커뮤니케이션 캠페인을 새로 시작했다. 영국 태생의 래퍼이자 시인인 '조지 더 포앳(George The Poet)'이 광고에 등장해 메시지를 전달한다. 2분이 조금 넘는 광고에 등장하는 메시지는 놀랍게도 이 책에서 전달하는 뉴노멀의 내용을 정확하게 담고 있다. 광고에 등장하는 대사를 조금만 살펴보자.[73]

"기다려. 멈춰봐. 누가 우리들은 예전의 평범한 일상으로 돌아가야 한다고 말했지? 만약 뉴노멀[25]이 우리가 알고 있던 일상과 다르다면 어쩌지? 그리고 만약 우리들이 예전에 공식적으로 하던 것들을 할 수 없다면?(후략…)"

광고에서는 코로나19 때문에 어려움에 처한 많은 사람, 호텔이나 레스토랑에서 일하는 사람들, 선생님, 음악가 등 다양한 사람이 나와 새로운 상황, 즉 뉴노멀에 대처하는 모습을 담담하게 보여주고 있다. 물론 분위기는 차분하고 인상적이지만, 결코 어둡지는 않다. 광고의 전반적 느낌은 잔잔하다. 중간중간 붉은색의 코카콜라 광고판도 보이고, 코카콜라 유리병으로 건배하는 장면들 역시 빠지지 않는다. 하지만 눈썰미가 아주 좋지 않다면, 코카콜라 광고라고 생각하기 어려울 수도 있다. 그럼에도 불구하고 '오픈 라이크 네버 비포'라는 커뮤니케이션 캠페인이 힘을 갖는 것은 뉴노멀 시대에 우리들이 듣고자 하는 메시지가 담겨 있기 때문이다. 그리고 코카콜라는 팬데믹 시대에 우리들이 듣고 싶은 메시지들을 단순히 나열하는 것보다 한 단계 더 나아가 '공감'이라는 주제로 더 많은 사람의 관심을 받는 쪽을 선택했다. 이처럼 커뮤니케이션 메시지에 트렌드를 잘 반영하면 더 큰 울림을 가져올 수도 있다.

하지만 커뮤니케이션 메시지들이 트렌드를 따라가다 보면 한 가지 딜레마에 빠질 수 있다. 트렌드를 추종하다 보면 브랜드가 지금까지 힘들게 쌓아왔던 브랜드 이미지 또는 브랜드 아이덴티티[26]가 훼손될지도 모른다는 걱정이다. 만약 코로나19가 나타난 2020년 이후 처음 출시된 브랜드라면

---

25 광고에서 '뉴노멀'이라는 표현이 실제로 나온다.

26 브랜드 아이덴티티(Brand Identity)를 간단하게 말하면 브랜드가 갖고 있는 핵심적인 이미지라고 볼 수 있다. 브랜드가 오랫동안 쌓아 올린 이미지로써, 코카콜라, 삼성전자, 현대자동차 등을 듣는 순간 떠오르는 이미지나 느낌일 수도 있다.

뉴노멀이라는 시대 상황을 걱정할 필요는 없을 것이다. 하지만 이미 오랫동안 자신만의 브랜드 이미지를 구축한 브랜드들이라면 뉴노멀 속에서 커뮤니케이션을 어떻게 해야 할지 고민이 될 수 있다. 특히 지금까지 해왔던 커뮤니케이션 활동들이 현재 뉴노멀 상황에 적합하지 않다면 더욱 그럴 것이다.

브랜드를 어떻게 관리할지, 즉 어떤 방식으로 브랜딩을 해야 한다는 답은 없다. 다만 트렌드가 달라졌다고 해서, 새로운 뉴노멀 상황이 도래했다고 해서 지금까지 쌓아왔던 브랜드 이미지와 자산들을 한 번에 바꿀 필요는 없다. 다만 메시지를 전달하는 방식을 바꾼다거나 광고의 표현 방식을 조정하면서 대응하는 것도 적합한 방법이다.

환경에 맞게 브랜딩의 방향을 바꾸는 것보다 중요한 것은 변화된 환경, 즉 뉴노멀 시대에 적합한 커뮤니케이션 매체를 찾아 적극적으로 활용하는 것이다. 이를 위해 무엇보다 중요한 것은 기업에서 커뮤니케이션을 담당하는 임직원들의 열린 태도다. 환경과 트렌드가 변화했지만, 지금까지 잘 활용한 커뮤니케이션 매체라는 이유와 내가 잘 알고 있는 매체라는 이유로 새로운 매체를 활용하는 것을 주저해서는 안 된다. 어렵다는 것은 알지만, 적어도 새로운 매체에 대한 관심을 갖고 있어야만 한다. 디지털 기술에 근거한 새로운 매체들은 기존 커뮤니케이션 매체 대비 보다 효과적인 메시지 전달을 가능하게 해주기 때문이다.

19세기 미국의 사업가이자 정치인이었던 존 워나메이커[74](John Wanamaker)는 광고 및 마케팅 분야의 개척자 중 한 명이자 성공한 사업가다. 그가 남긴 여러 가지 격언 중 마케터로서 항상 기억하는 말이 한 가지 있다.

"나는 내가 광고에 쓴 비용 중 절반은 낭비라는 것을 알고 있다. 하지만 어느 쪽 절반인지를 모른다."

1960년대 미국 광고계를 주름잡던 매드맨들 역시 어느 쪽 절반이 낭비인지를 고객 앞에서 당당하게 말하지는 못했을 것이다. 21세기를 살고 있는 마케터와 광고인들 역시 100% 안다고 말할 수는 없을 것이다. 하지만 여러 가지 디지털 기술의 발전으로 이제 적어도 어느 쪽은 피해야 할지는 알 수 있을 것 같다. 한치 앞을 내다볼 수 없는 뉴노멀 시대에 적어도 커뮤니케이션이 피해야 할 방향이라도 알 수 있다면 엄청난 자산이 될 것이다.

8장

이커머스, 모든 물건은
온라인에 있다

이커머스
인터넷이나 모바일 기기를 이용해
온라인에서 필요한 제품과 서비스를 구매하는 활동

중국에 11월 11일을 맞아 중국 최대 온라인 쇼핑몰인 '티몰(Tmall)'에서 열리는 '광군제' 또는 '쌍11절'이라 불리는 대규모 할인 행사가 있다면, 미국에는 11월 말 추수감사절 즈음에 '블랙 프라이데이(Black Friday)'[27]라는 대규모 할인 행사가 있다. 한국에서도 미국 블랙 프라이데이 시즌이 돌아오면 여기저기서 직구를 하곤 한다. 블랙 프라이데이가 돌아오면 새벽부터 매장 입구 앞에서 기다렸다가 매장 문이 열리자마자 자신이 미리 점 찍어둔 물건을 향해 달려가는 사람들 그리고 간혹 서로 물건을 차지하겠다고 싸우는 사람들의 모습을 뉴스에서 종종 볼 수 있었다.

---

27 11월 네 번째 주 금요일을 가리키며, 추수감사절이 끝난 다음날이다. 블랙 프라이데이의 어원 중 한 가지는 대규모 할인 행사를 통해 장부가 적자(붉은색)에서 흑자(검은색)로 돌아섰기 때문에 블랙 프라이데이가 됐다는 것이다.

BLACK
FRIDAY
SUPER SALE
50% OFF

미국 블랙 프라이데이의 상징은 평상시 볼 수 없는 높은 할인율과 매장 문이 열리자마자 원하는 물건을 차지하기 위해
돌진하는 쇼핑객들이다. 하지만 2020년에는 저돌적으로 돌진하는 쇼핑객들은 볼 수 없었다.

예전과 달라진 미국 블랙 프라이데이의 모습

2020년 블랙 프라이데이는 미국뿐 아니라 전 세계 최대 쇼핑 행사로서
의 위상을 다시 한번 보여줬다. 하지만 두 가지 측면에서 예전과 다른 모습
을 보여줬다. 첫 번째는 온라인 쇼핑의 급격한 증가다. 2020년 블랙 프라
이데이 하루 동안 온라인 판매액은 90억 달러, 한화로 약 10조 원 정도에
달했다. 이는 2019년 동일한 날 대비 약 21.6%가 증가한 것이다. 그리고
블랙 프라이데이의 다음 주 월요일인 사이버 먼데이(Cyber Monday)[28]에는
약 108억 달러, 한화로 12조 원 규모의 매출이 온라인에서 발생했다. 미국
역사상 온라인 쇼핑으로 가장 많은 돈을 번 날이다.[75]

두 번째 특징은 오프라인 쇼핑객들이 사라졌다는 것이다. 한국경제신문
의 미국 특파원이 기록한 뉴욕의 블랙 프라이데이 모습을 보면 과연 우리
가 알고 있었던 블랙 프라이데이가 맞는지 의심될 정도다. 뉴욕의 백화점
의 개장 시간은 평상시 오전 10시이지만 블랙 프라이데이에는 새벽 5시라

---

28 사이버 먼데이는 블랙 프라이데이에 오프라인 매장에서 팔지 못한 제품들을 온라인에서 다시 한번
판매한다고 해서 붙여진 명칭이다.

고 한다. 2020년에도 역시 새벽 5시에 개장했지만, 아침 9시가 돼도 매장 내 손님들보다 직원들이 더 많았다고 한다. 유명한 백화점인 메이시스백화점이나 상대적으로 저가 상품을 파는 노드스트롬 랙 그리고 SPA 매장인 H&M 매장 역시 손님보다 직원 또는 취재하러 온 기자들이 더 많았다고 한다. 물론 온라인이 강화되는 트렌드에 따라 변화된 매장들도 있었다. 패션 의류 매장인 올드 네이비는 오프라인 매장 안에 온라인으로 주문한 제품들을 직접 픽업할 수 있는 장소를 마련하기도 했다.[76]

2020년 블랙 프라이데이가 보여준 두 가지 변화는 당연히 코로나19에 따른 것이다. 즉, 팬데믹 기간 동안 감염의 위험을 줄이기 위해 쇼핑을 온라인으로 대체한 것이다. 하지만 이러한 온라인 쇼핑, 즉 이커머스의 증대를 단순히 코로나19 때문이라고 말할 수 있을까? 만약 코로나19를 성공적으로 물리치고, 오프라인 매장에서 다채로운 할인 행사와 체험형 매장을 운영한다면 온라인 쇼핑으로 떠난 소비자들이 다시 오프라인 매장으로 돌아올까? 100% 아니라고 말할 수는 없지만, 한 번 떠난 소비자들을 다시 매장으로 불러들이는 것은 쉽지 않을 것이다. 왜냐하면 소비자들은 이미 오래전부터 온라인 쇼핑으로 방향을 선회했고, 최근의 온라인 매출은 단순한 일회성 이벤트가 아니기 때문이다.

한국 상황도 이와 마찬가지다. 산업통상자원부에서 2020년 7월에 배포한 자료[77]를 살펴보면, 한국은 온라인 매출 비중이 이미 약 46%에 달한다. 물론 2020년 온라인 매출의 증가는 팬데믹의 영향이 분명히 존재한다. 하지만 2019년부터 대형마트와 백화점의 매출 감소는 뚜렷하게 나타났고, 이미 2019년에도 온라인 매출 비중은 40.9%로 전년대비 약 15.3% 성장을 보이면서 전년 동기 대비 0.1% 감소한 오프라인 매출 비중을 압도하고 있다.

연도별 오프라인 유통업체 비중 및 매출 증감률

(단위: %)

구 분	2019년 상반기		2020년 상반기	
	매출 비중	매출 증감률	매출 비중	매출 증감률
대형마트	20.0	−6.8	18.2	−5.6
백화점	17.9	2.8	14.8	−14.2
편의점	16.9	4.1	16.6	1.9
기업형 슈퍼마켓(SSM)	4.4	5.2	4.0	−4.0
오프라인 합계	59.1	−0.1	53.6	−6.0
온라인 합계	40.9	15.3	46.4	17.5
전체	100.0	5.6	100.0	3.7

(출처: 산업통상자원부, '2020년 상반기 주요 유통업체 매출 전년 대비 3.7% 증가', 2020년 7월 30일)

　　온라인으로 물건을 구매하는 이커머스의 관점에서 본다면 한국은 분명 이커머스 선진국이다. 하지만 이커머스의 증대가 한국만의 상황이라고 말할 수 있을까? 이커머스 측면에서 상대적으로 뒤처졌던 미국과 영국의 상황을 살펴보자.

미국과 영국의 온라인 쇼핑 매출 비중 변화

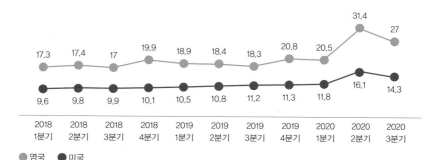

(출처: 미국 US Census Bureau, 영국 The Office for National Statistics)

미국의 오프라인 매출 대비 온라인 매출, 즉 이커머스의 매출 비중을 보면 2020년 3분기 기준으로 이커머스 매출 비중은 여전히 15% 미만이라는 사실을 알 수 있다. 우리가 인터넷에서 흔히 접하는 미국 이커머스의 대표 기업인 아마존(Amazon)의 위상을 떠올리면 왠지 이커머스 비중이 좀 더 많이 높을 것 같았다. 그렇다고 이커머스의 성장률이 높은 것도 아니다. 비록 꾸준히 성장하고 있지만, 2018년 1분기부터 2020년 3분기까지 연평균 증가율은 약 4.07% 수준으로 매우 완만한 편이다. 반면 영국의 이커머스 비율은 2020년 2, 3분기에 급격히 높아진 것을 알 수 있다. 물론 코로나19의 영향이 컸을 것이다. 하지만 불과 1년 전까지만 하더라도 20% 미만의 비율에서 단번에 30%에 근접하게 성장한 것이다. 비록 한국과 비교해서 영국, 특히 미국의 이커머스 매출 비중이 낮지만, 이미 미국의 오프라인 대형 점포들은 이커머스와의 경쟁은 피할 수 없다고 받아들이고 오랫동안 준비해왔다.

미국 할인점 월마트의 이커머스 분투기

© Walmart

1962년 미국에서 시작된 월마트(Walmart)는 미국의 최대 할인점 체인이다. 전 세계 약 1만 1,500개 이상의 매장을 운영하고 매출은 약 578조 원[78] 정도다. 월마트는 일반적으로 상대적으로 저렴한 도시 외곽에 매장을 짓고 검증된 제품들을 저렴한 가격에 판매하는 유통 전략으로 성장해왔다.

하지만 2020년에 발간된 월마트의 공식 연례 보고서의 하이라이트 페이지를 보면 한 가지 눈길을 끄는 숫자가 있다. 바로 75라는 숫자인데, 이 숫자는 고객이 온라인으로 물건을 주문하면 전체 미국 인구의 75%는 주문 후 바로 다음날 물건을 받을

뉴노멀 시대를 위한 **비즈니스 생존 키워드**

수 있다는 것이다. 실제로 월마트는 2020년 5월 전년 대비 매출이 약 10.5% 증가했는데, 이러한 증가의 대부분은 이커머스 매출이 전년 대비 약 74% 증가했기 때문이다.

월마트의 이러한 이커머스 성장은 하루아침에 일어난 것은 아니다. 여러 차례의 시행착오를 거치면서 마침내 이커머스 분야에서 두각을 나타내기 시작했다. 월마트는 이커머스 분야 중 생필품과 신선 식품 분야에 집중하고 있다. 미국에만 4,748개의 월마트 매장이 있고(2019년 기준), 미국 전체 인구의 90%가 월마트와 약 15km 거리에 거주하고 있다. 월마트는 개별 매장들을 하나의 물류 창고처럼 활용해 온라인으로 생필품과 신선 식품을 주문한 고객들에 대응하고 있다.

하지만 여전히 걱정거리는 남아 있다. 운영비가 계속 증가하고 있는 것이다. 전년 대비 매출 총 이익은 24.3%에서 23.7%로 오히려 줄어들었다. 비용 및 원가 절감에 특화된 월마트와 같은 할인점의 입장에서 이커머스는 상대적으로 운영비가 많이 발생한다. 별도의 창고에서 주문받은 제품을 포장하고 배송 창고로 보내고 다시 개별 제품들을 집까지 배송하는 일련의 활동들은 월마트가 기존에 한 번도 경험하지 못했던 비용 증가 요소일 것이다.[79]

그럼에도 불구하고 월마트가 지속적으로 월마트 브랜드로 이커머스에 투자하는 이유는 명확하다. 월마트가 이커머스 시장을 장악하지 않으면, 또 다른 누군가가 이커머스의 강자가 돼 월마트를 시장에서 몰아낼 것이라는 사실 때문이다.

최근 이커머스가 대세라는 것은 명확하다. 하지만 코로나19가 사라지거나 백신이나 치료제가 개발되면 소비자들이 다시 오프라인 매장으로 돌아갈까?

OECD(경제협력개발기구)에서 2020년 10월 발간한 리포트[80]에는 이커머스는 앞으로도 오랫동안 지속될 트렌드라고 명시돼 있다. 첫 번째 이유는 2002년과 2003년, 중국에서의 경험 때문이다. 2002년 중국에서 사스

(SARS)가 발생하자 중국인들은 대대적인 격리를 겪어야 했고, 오프라인 활동을 최소화해야만 했다. 이때 등장한 것이 징동(JD.com), 타오바오(Taobao, 알리바바의 온라인 쇼핑몰 중 하나) 등과 같은 이커머스 플랫폼이다. 징동과 타오바오는 사스 이후 급격하게 성장했고, 중국인들 역시 이커머스를 편리성 및 가성비 측면에서 적극적으로 받아들였다. OECD 리포트는 현재 코로나19 상황이 2002년 중국의 사스 상황과 비슷하며, 이커머스 산업 역시 중국에서 발전했던 것처럼 지속적으로 발전할 것이라 예측한다. OECD가 이커머스의 지속적 발전을 예견하는 또 다른 이유는 최근 일본 상황 때문이다. 일본은 전 세계에서 가장 보수적인 문화를 갖고 있다. 21세기인 지금도 일본에서는 팩스가 중요한 연락 수단인 점을 보면 알 수 있다. 하지만 일본인 중 신용카드를 보유한 약 1,000만 명의 신용카드 사용 내역을 분석한 결과, 60세 이상 연령층의 온라인 구매 빈도가 다른 연령층 대비 가장 높게 나타났다.[29] OECD 리포트는 '고연령층이 이커머스를 적극 이용하기 시작했다는 사실은 이커머스가 이제는 또 하나의 일상생활로 자리잡았다는 것을 나타낸다.'라고 설명한다.

또한 글로벌 컨설팅 회사인 액센추어(Accenture)가 2020년 한국, 미국, 독일, 프랑스, 중국 등 18개국의 7,872명을 대상으로 한 조사에서도 이커머스 트렌드는 앞으로도 지속될 것이라는 결론을 찾아볼 수 있다. 팬데믹 이전에 온라인 구매 비율이 25% 미만인 사람들만을 대상으로 따로 조사했을 때, 팬데믹 이전에 평균적인 온라인 구매 빈도는 약 6% 수준이었다. 하지만 팬데믹 기간 동안 구매 빈도는 약 13%로 증가했고, 향후 예상되는 구매 빈도는 15%로 나타났다. 향후 이커머스를 이용할 의향이 팬데믹 이전과 비교하면 무려 160%나 증가한 것이다.[81] 얼마 전까지 이커머스를 잘

---

29 60대의 온라인 구매 빈도는 2020년 1월 15.4%에서 3월 21.9%로 증가했고, 70대 이상은 10.9%에서 16.4%로 증가했다.

활용하지 않던 사람들이 향후 적극적인 이용자가 되겠다는 신호는 매우 중요하다. 이커머스의 기반이 계속 넓어지고 있기 때문이다.

지금까지 이커머스가 쇼핑의 대세가 될 것이라는 사실을 다양한 자료를 이용해 설명했다. 누구나 아는 사실을 이렇게 거창하게 설명한 이유는 아직까지 많은 사람이 이커머스에 대한 오해를 하고 있기 때문이다. 대부분 단순히 이커머스라는 흐름에만 올라타면 쉽게 돈을 벌 수 있다고 생각하거나 이커머스는 여전히 남의 일이라고 생각한다.

이커머스에 대한 세 가지 오해를 살펴보자. 첫 번째 오해는 이커머스만 하면 무조건 돈을 번다는 생각이다. 중국에서 이커머스 관련 사업을 하는 지인의 이야기를 소개한다.

지인은 중국 북경과 상해에서 20년 정도 사업을 하신 분인데, 중국에서 알리바바의 티몰(Tmall)이나 징동(JD.com) 같은 이커머스가 급격히 성장한 이후 중국에서 사업을 하겠다는 한국인들을 보면, 예전과 달라진 점이 있다고 한다. 2000년대 초에 중국에 오신 분들은 '10억 명의 중국인들에게 양말 한 켤레만 팔아도 10억 켤레를 팔 수 있다.'라는 생각을 갖고 중국에서 사업을 시작했는데, 요즘에는 '티몰이나 징동에 우리 물건만 올리면 100% 큰 돈을 벌 수 있다.'라고 생각을 바꿨다는 것이다. 그러면서 무조건 티몰 또는 징동의 바이어들을 만날 수 있게 다리를 놓아달라고 요청한다는 것이다. 이커머스에 대한 환상을 단적으로 보여주는 사례라고 생각한다. 하지만 이처럼 이커머스에 대한 막연한 환상을 갖고 접근하는 것처럼 위험한 일은 없다.

두 번째 오해는 이커머스를 잘못 운영하면 오히려 오프라인 유통망에 피해를 주니 차라리 오프라인 한 가지에만 집중하겠다는 것이다. 이런 분들에게 어떤 피해를 예상하느냐고 물어보면, 크게 두 가지를 언급한다. 첫 번째는 이커머스 판매 가격이 더 싸기 때문에 결과적으로 오프라인에서 애써 정립한 가격이 무너진다는 것이고, 두 번째는 온라인에서 물건을 판매하면 오프라인에서 판매를 하는 대리점 또는 매장들의 반발이 예상된다는 것이다. 두 가지 피해 모두 100% 타당하고 당연히 사전에 고민하고 해결책을 찾아야 한다. 하지만 이들 두 가지는 비즈니스 과정에서 조율하고 극복해야 하는 문제들이다. 피해가 예상된다고 해서 이커머스라는 잠재 시장을 손놓고 지켜만 볼 필요는 없다.

마지막 오해는 이커머스에 적합한 제품들은 정해져 있으며, 내가 판매하는 제품은 오프라인 방식이 가장 적합하다는 생각이다. 이런 생각은 절대 틀린 것이 아니다. 특정 제품군은 이커머스라는 판매 방식에 더 적합하거나 수익을 창출하기가 더 쉽다. 실제로 미국 아마존의 창업자인 제프 베조스(Jeff Bezos)가 인터넷에서 책을 판매하기로 결정한 이유는 책처럼 이커머스에 적합한 제품은 없기 때문이다.

아마존은 왜 온라인에서 책을 팔기 시작했을까?

© Amazon

미국 이커머스 시장의 강자인 아마존의 창업자인 제프 베조스는 온라인 사업의 첫 번째 아이템으로 책을 선정한 이유를 다음과 같이 설명했다.

"온라인으로 물건을 판매하기로 결정한 후 약 20가지 정도의 서로 다른 제품을 생각해봤습니다. 책을 최초로 판매하기로 결심한 이유는 책은 한 가지 측면에서 믿을 수 없을 만큼 특별했기 때문이에요. 책이라는 단일 카테고리 내에 약 300만 개의 제품이 있더군요. 카테고리 내 제품 수가 두 번째로 많은 것은 음악인데, 약 20만 개의 음악 CD가 있었죠. 영어로 된 책들만 해도 150만 권이에요. 만약 내가 이 모든 책을 하나의 온라인 스토어에서 판매할 수만 있다면, 글자 그대로 지금까지 존재하지 않았던 매장을 오픈할 수 있다고 생각했습니다. 그리고 책은 이미 프린트돼 있고, 상하거나 쉽게 망가지지 않고, 제품의 사이즈와 무게가 어느 정도 규격화돼 있고, 무엇보다 조금 늦게 배송된다고 해서 사람들이 크게 화를 내지 않을 거라 생각했죠."[82]

아마존은 온라인 서점으로 이커머스를 시작했지만, 지금은 누구나 아는 것처럼 세상에서 제일 큰 온라인 매장으로 성장했다. 아마존은 한국에서 만든 농업용 호미에서부터 패션, 가전, 자동차 용품 등 거의 모든 제품을 판매하고 있다.

중국의 가장 큰 이커머스 플랫폼인 티몰은 2020년 쌍11절 할인 행사 기간 중 120종의 자동차 모델들을 최대 50% 할인 판매했고, 실제로 약 33만 대의 자동차가 온라인에서 판매됐다. 그뿐 아니라 100여 개의 부동산 개발 업체가 3,000개 이상의 아파트, 빌딩 등의 부동산 상품을 내놓고, 최대 약 2억 원 규모의 할인 혜택을 제공하기도 했다.[83]

이제 온라인에서 판매하지 못하는 제품은 없고, 소비자들이 구매하지 못할 제품들도 없는 것 같다. 물론 정부의 규제를 받는 술, 담배처럼 온라인 판매가 원천적으로 금지된 제품은 제외하고 말이다.

제품을 온라인으로 판매하는 이커머스가 트렌드이고, 이커머스와 관련된 몇 가지 오해들이 없어졌다고 해서 곧바로 이커머스 시장에 진입할 수 있는 것은 아니다. 한국에는 쿠팡, 11번가, 네이버 스토어 등과 같은 다양한 이커머스 플랫폼들이 있고, 이들 플랫폼들의 광고 내용을 보면 이커머스는 왠지 쉽게 시작할 수 있고 바로바로 성과가 나올 것 같다. 또한 인터넷을 보면 온라인으로 대박을 낸 사람들의 소식을 자주 접할 수 있다. 유튜브에는 이커머스로 돈을 벌 수 있는 방법을 알려주겠다는 채널들이 많다. 하지만 이들의 말처럼 이커머스가 그렇게 만만한 시장일까?

이커머스는 결코 만만한 분야가 아니다. 단순히 쿠팡, 11번가, 이베이,

네이버 등에 제품을 올리고 고객에게 메일 또는 카톡을 보낸다고 해서 원하는 매출을 달성할 수는 없다. 만약 그렇게 쉽다면 이미 대기업들이 자신들의 오프라인 매장을 모두 철수하고 온라인 매장을 통해 제품을 판매했을 것이다.

이커머스로 성공하기 위해서는 몇 가지 전제 조건이 필요하다. 첫 번째는 이커머스 시장의 특성에 대해 명확히 알고 있어야 한다. 앞에서 온라인 판매가 가능한 제품이 있다는 생각은 일종의 오해라고 말했다. 하지만 온라인 판매가 유리한 제품은 있다. 가장 대표적인 제품이 책이다. 옷이나 화장품은 온라인에서 쉽게 판매가 이뤄지는 제품군이지만, 반품이 많다는 단점이 있다. 쉽게 사서 쉽게 반품하는 것이다. 이런 경우 매출은 높게 잡히지만, 실제 수익률은 생각보다 낮은 경우가 많다. 따라서 자신이 이커머스를 통해 판매하려는 제품의 특성을 명확하게 이해해야 한다.

흔히 말하는 공산품, 즉 이미 규격화된 제품들은 판매하기가 쉬운 반면, 고객이 보기에 크기나 무게를 가늠하기 어려운 제품들은 온라인 판매가 어렵다. 그뿐 아니라 제품의 설치나 조립이 어려운 제품 역시 온라인에서 판매하기가 어렵다. 하지만 최근에는 증강현실을 스마트폰에 적용해 제품을 원하는 장소에 설치할 경우 예상되는 이미지를 미리 볼 수 있고, 조립 과정을 모바일 기기를 이용해 편하게 볼 수도 있다. 따라서 만약 고객들이 제품을 구매할 때 다소 어렵게 느껴지는 부분이 있다고 생각된다면 이를 해결할 수 있는 다양한 디지털 도구들을 찾아볼 필요가 있다.

하지만 이보다 중요한 점은 어떤 소비자가 온라인에서 제품을 구매할 것인지를 명확히 파악하는 것이다. 소비자를 파악한다고 해서 대규모 시장 조사를 하라는 의미는 아니다. 누가 어떤 목적으로 제품을 구매해서 어떻게 사용할 것인지에 대한 명확한 아이디어를 갖고 있어야 한다. 소비자가 어떤 목적으로 제품과 서비스를 구매하려는지를 알고 있어야 소비자들이 구매하고 싶도록 만드는 문구를 작성할 수 있기 때문이다. 드라마에서나 볼 수 있는 멋진 카피라이터처럼 세련되고 자극적인 광고 문구를 만들라는 것은 아니다. 다만 소비자들의 니즈를 충분히 이해하고 그들의 구매 욕구를 자극할 수 있는 내용이어야만 온라인에서 제품과 서비스를 판매할 수 있다.

온라인 매장은 오프라인 매장과 달리, 나의 제품과 서비스를 친절하게 설명해주는 점원이 없다. 그리고 마우스 클릭 또는 키보드의 방향키를 몇 번만 누르면 비슷한 제품을 아주 쉽게 찾을 수 있다. 따라서 모니터 또는 스마트폰에서 나의 제품과 서비스를 한번에 전달할 수 있는 메시지와 이미지를 선정해야 한다. 그리고 이런 고민은 고객에 대한 생각과 이해를 바탕으로 한다.

만약 나의 제품과 서비스가 고객과 잘 어울릴 것이라는 확신이 든다면, 이러한 생각을 명확하고 간결하게 나타낼 수 있도록 정리해야 한다. 오프라인 매장을 방문했을 때 매장 내 점원이 아무런 포인트 없이 두리뭉실하게 상담하거나 자신이 하고 싶은 말만 지루하게 늘어놓으면 구매 의욕이 사라진다. 이와 마찬가지로 제품과 서비스에 대한 설명이 아무런 포인트 없이 길기만 하거나 무조건 '좋아요', '최고예요'만을 외치고 있다면 소비자들은 바로 화면을 닫고 다른 제품을 찾을 것이다. 이 모든 것이 마우스 클릭 한 번에 결정된다.

개인 사업을 하거나 작은 제품 몇 개를 온라인에서 처음 판매할 경우에는 전문가의 도움을 받는 것이 좋다. 우리 주변에서는 이커머스와 관련된 다양한 서비스를 제공하는 대행사들을 쉽게 찾을 수 있다. 수업료를 낸다는 생각으로 수수료를 내고 업무를 맡기면서 노하우를 배울 수도 있고, 자신은 제품 개발과 생산에만 집중하고 온라인 판매는 전문가에게 맡기는 것도 좋은 방법이다. 어떤 경우이든 비용 대비 효과성과 수익성을 철저히 따져봐야 한다.

또 한 가지 잊으면 안 되는 중요한 요소는 물류 및 배송이다. 처음 온라인 판매를 하는 기업 또는 사업가들은 어느 정도 제품이 판매될 것인지를 예측하기 어렵다. 물류 및 배송에 과한 투자를 해서 비용을 낭비하거나 너무 투자를 하지 않아 주문량을 제대로 소화하지 못하는 경우를 종종 볼 수 있다. 따라서 일정 수준의 안전 재고와 물류 배송 체제를 갖춘 후 언제든지 확장할 수 있는 시스템을 고민해야 한다. 특히 사전에 반품을 어떻게 처리할 것인지에 대한 계획을 세우는 것을 잊어서는 안 된다. 어느 정도 반품될 것인지 합리적으로 추론하고, 반품된 제품을 어떻게 분류할지(예: 폐기, 재활용, 수선 후 판매 등), 반품을 어떤 프로세스로 받을 것인지 등을 사전에 계획해야만 한다.

만약 쿠팡, 네이버 쇼핑 등을 통해 일정 수준 이상의 매출이 나오거나 판매 가능한 물건들이 많다면, 자신만의 온라인 쇼핑몰을 만드는 것도 좋은 방법이다. 특히 최근에는 스마트폰을 통한 모바일 쇼핑이 크게 증가함에 따라 모바일 버전의 쇼핑몰을 만드는 방식이 유행하고 있다.

나이키가 더 이상 아마존과 거래하지 않는 이유

일반적으로 기업이 전용 온라인 쇼핑몰을 만들어 고객들에게 직접 제품을 파는 방식을 'D2C(Direct to Customer)'라고 한다. 글자 그대로 고객에게 직접(Direct) 판매 및 배송하는 방식이다. 최근 D2C로 가장 큰 화제를 모은 기업은 '나이키(Nike)'이다.

나이키가 2020년 9월에 발표한 실적은 금융 전문가들의 예상을 훌쩍 뛰어넘었다. 코로나19 사태에도 불구하고 약 1조 9,000억 원의 분기 영업

이익을 달성했기 때문이다. 이러한 분기 영업 이익은 전년 동기 대비 약 83% 급증한 온라인 매출 덕분이다.[84] 이러한 온라인 매출은 최근 몇 년간 지속적으로 투자한 나이키 전용 자사물, 즉 D2C 방식의 온라인 판매에 따른 것이다.

실제로 나이키는 2019년 11월 미국 아마존에 더 이상 제품(스포츠 의류 및 신발)을 공급하지 않겠다고 발표했다.[85] 물론 제품을 직접 공급하지 않는다는 것이지, 아마존에서 나이키 제품을 팔지 않는다는 것은 아니다. 지금도 아마존 사이트에서 나이키 제품이 판매되고 있다. 하지만 2019년 나이키가 아마존에 더 이상 직접 공급하지 않겠다는 것은 나이키는 더 이상 대형 유통상에 의존하지 않고 자신이 직접 제품을 소비자에게 판매하겠다는 것을 의미한다.

나이키는 D2C 방식의 온라인 직접 판매뿐 아니라 오프라인 매장에서 상해, 뉴욕 등의 대도시에 초대형 직영 매장을 설립해 소비자들에게 제품을 판매하는 중이다. 하지만 대부분의 매출은 D2C 방식의 이커머스에서 발생하고 있으며, 무엇보다 D2C 방식을 도입함에 따라 소비자들이 어떤 제품을 구입하는지, 제품 구입을 하기 전에 나이키의 어떤 제품과 비교하는지 등에 대한 소중한 정보를 얻을 수 있다. 이러한 정보는 단순히 매출 증대뿐 아니라 향후 제품 개발 및 마케팅 등을 위한 귀중한 자산이 된다.

실제로 D2C 방식의 이커머스를 도입하는 기업들은 매출 증가보다는 고객 정보의 확보를 최우선 과제로 삼고 있다. 개인 정보 보호가 강화됨에 따라 유통상, 즉 쿠팡, 아마존 등과 같은 이커머스 플랫폼들은 제품 구매자에 대한 정보를 제조사에 전달하지 않는다. 하지만 이들 이커머스 플랫폼들은 구매자들의 정보를 인공지능 등을 통해 분석하고, 분석된 자료를 바탕으로 판매 전략을 수립해 더 큰 매출을 얻고 있다. 실제 제품을 기획하고 만드는 제조사들은 정보 싸움에서 이커머스 플랫폼에게 점점 밀리고 있었다. D2C는 제조사들이 다시 한번 도약할 수 있는 기회인 것이다.

하지만 D2C가 효과적이라고 해서 모든 기업이 D2C를 할 수는 없다. 모든 스포츠 브랜드들이 나이키가 아니기 때문이다. D2C를 이용해 성과를 내기 위해서는 다음과 같은 전제 조건이 필요하다.

- 첫 번째 조건은 강력한 브랜드를 지니고 있어야 한다는 것이다. 소비자들이 나이키 전용 쇼핑몰을 찾는 이유는 간단하다. '나이키'이기 때문이다. 당연히 이런저런 브랜드들을 한 번에 볼 수 있는 아마존 또는 쿠팡과 같은 사이트가 쇼핑을 하기는 편리하다. 하지만 나이키라면 다른 브랜드와 특별히 비교할 필요가 없다고 믿는 소비자들이 많기 때문에 나이키 전용 온라인 쇼핑몰이 성장할 수 있는 것이다. 따라서 강력한 브랜드 자산을 확보하지 못한 브랜드들은 일정 수준 이상의 브랜드 인지도와 충성 소비자들을 갖춘 후에 전용 쇼핑몰을 구축하는 것이 좋다.
- 두 번째 조건은 충분한 제품 구색을 갖춰야 한다는 것이다. 동네에 새로 생긴 오프라인 매장을 방문했다고 가정해보자. 매장 밖의 외관도 멋지고 주차장도 넓다. 하지만 매장 안에 들어오니 매대는 텅 비어 있고 구입할 만한 제품들도 몇 개 없다면, 계속 쇼핑을 하고 싶은 생각이 들까? D2C 전용 쇼핑몰도 이와 마찬가지다. 온라인 전용몰을 방문한 고객들이 충분히 검색하고 즐길 수 있는 제품들과 콘텐츠들이 충분히 마련돼 있어야 한다. 나이키는 의류, 신발, 액세서리 그리고 나이키가 후원하는 다양한 스포츠 스타들 등과 같은 다양한 볼거리와 쇼핑거리들을 갖고 있다. 판매 가능한 제품과 보여줄 수 있는 콘텐츠가 몇 개 되지 않는다면 D2C 전용몰은 오히려 브랜드 이미지를 하락시키는 결과를 초래할 수 있다.
- 마지막 조건은 투자 의지 및 자본이다. 서울에서만 사업을 하던 기업이

충청도로 사업을 확장한다고 가정해보자. 충청도에서 사업을 할 파트너나 대리점을 찾아야 한다. 그리고 충청도를 관장할 지역 본부도 열어야 하고, 매장도 설계해야 한다. 새로운 지역을 개척하고 사업을 확장하는 것은 결코 쉬운 일은 아니다. 이와 마찬가지로 D2C 전용몰을 여는 것은 새로운 유통 채널을 오픈하는 것과 같다. 돈과 인력 그리고 최고 경영진의 지속적인 지원 없이는 D2C 전용몰을 성공시키기 어렵다.

뉴노멀 시대의 이커머스는 강력한 트렌드이자 중요한 수익원이다. 나이키와 같은 글로벌 일류 기업이든, 오늘 처음으로 사업을 시작한 벤처 기업이든 비싸고 관리하기 어려운 오프라인 매장을 얻기 위해 뛰어다니는 대신 온라인상에서 자신만의 매장을 오픈하는 것이 훨씬 효율적이다. 하지만 이커머스 역시 절대 만만한 시장이 아니다. 이커머스 역시 오프라인에서 성공하기 위해 필요한 모든 지식과 경험 그리고 상상력 등이 필요하다. 그리고 기업이 D2C 형태의 자사몰을 직접 운영할 것인지, 쿠팡, 네이버 쇼핑과 같은 이커머스 플랫폼을 활용할 것인지는 전략적인 선택이다.

이커머스를 시작할 때 절대로 잊어서는 안 되는 점은 소비자가 누구인지, 제품과 서비스가 소비자들에게 꼭 필요한지 그리고 소비자들에게 적합한 커뮤니케이션 메시지를 잘 준비했는지를 살피는 것이다. 이러한 내용들은 2부에서 자세히 살펴봤다. 뉴노멀 시대라고 해서 기업과 개인이 매출을 일으키고 돈을 버는 방식이 다른 것은 아니다. 소비자, 제품, 커뮤니케이션 등 가장 기본적인 활동에 집중해야 한다. 다만, 새로운 환경과 매체 그리고 새로운 판매 채널을 최대한 활용해 효율을 높일 수 있어야 한다.

기업은 무엇을
준비해야 하는가?

03부

코로나19 때문에 많은 것이 급격히 변화했다. 한국뿐 아니라 전 세계가 동시에 사회·문화적 변화를 겪고 있고, 기업들 역시 예전에 경험하지 못했던 거대한 변화를 경험하고 있다. 이러한 변화는 대부분의 기업에게 부정적인 영향을 미쳤다. 화상 회의 시스템의 대명사가 된 줌과 같은 소수의 기업을 제외한 다수의 기업은 매출 및 영업 이익 감소, 신제품 출시 지연, 인력 구조 조정 등과 같은 우울한 현실을 맞아 힘들어하고 있다.

코로나19가 촉발한 변화와 위기가 언제 끝날지 명확히 아는 사람은 없다. 또한 지금 이 순간 많은 경쟁사가 위기를 극복하기 위해 노력하고 있다. 현실이 힘들다고 해서 언제까지나 손을 놓고 있을 수는 없다. '거울 나라의 앨리스'[86]에 나오는 붉은 여왕[87]처럼 모든 기업과 경쟁자가 쉬지 않고 달려야만 한다.

변화에 선제적으로 대응하고 시장에서 효과적으로 경쟁하며 매출과 수익을 증대시키기 위해서는 무조건 달리기만 해서는 안 된다. 명확한 사업 목표와 구체적인 전략 방안이 필요하다. 기업이 속한 산업의 특성 및 경쟁 현황, 기업이 현재 보유하고 있는 핵심 역량 및 향후 보유 가능한 역량들 그리고 기업이 구축한 가치 사슬(Value Chain) 등을 다각적으로 분석해 전략 목적을 설정하고, 이를 달성하기 위한 전략 실행 계획을 수립해야 한다. 이러한 전략적 달성 목적과 전략 실행 계획은 기업이 처한 상황 및 보유 역량에 따라 다르기 때문에 일반화하기는 어렵다.

3부를 구성하는 네 가지 키워드

3부에서 다루는 네 가지 요소는 최근 비대면 기반의 비즈니스를 준비하거나 대응해야 하는 기업들이 반드시 전략적 차원에서 고려해야만 하는

뉴노멀 시대를 위한 **비즈니스 생존 키워드**

것들이다. 이 키워드들은 기업이 전쟁터에 나가기 전에 갖춰야 하는 일종의 기초 체력과 같다. 기업이 충분한 인프라와 역량을 사전에 구축해 놓고 있어야 언제 어디서 경쟁하더라도 당황하지 않고 준비된 전략을 펼칠 수 있다. 3부에서는 기업이 경쟁을 시작하기 전에 반드시 갖춰야 할 키워드들에 대해 알아본다. 이제부터 살펴볼 네 가지 키워드들은 다음과 같다.

- 디지털 트랜스포메이션
- 기업문화
- 프로세스 혁신
- 위기 관리

첫 번째 키워드는 '디지털 트랜스포메이션(Digital Transformation)'이다. 디지털 트랜스포메이션은 최근 몇 년 동안 가장 많이 언급되는 주제다. 디지털에 기반을 두고 있는 IT 기업뿐 아니라 전통적인 굴뚝 산업에 속하는 제조업체들도 디지털 트랜스포메이션을 전략적 우선순위로 꼽고 있다. 기업들이 디지털 트랜스포메이션을 중요시하는 이유는 코로나19가 가속화한 비대면 비즈니스 때문만은 아니다. 디지털 트랜스포메이션은 2020년 초 코로나19가 전 세계적으로 확산되기 이전부터 기업의 생존과 직접적으로 연계된 경영 활동이었다. 다만, 최근 비대면 비즈니스가 촉발한 뉴노멀 상황에서 디지털 트랜스포메이션의 중요성이 다시 한번 부각되고 있는 것이다.

디지털 트랜스포메이션은 기업이 단순히 디지털 기술을 활용한다는 것 이상의 의미를 지니고 있다. 기업 전략 및 인프라 그리고 다양한 고객 접점과 운영 활동에서 디지털을 전략적으로 활용하고 이를 통해 기업과 조직을 변화시키고 성과를 창출하겠다는 전략적 의사 결정이자 운영 활동을 의미한다.

두 번째 키워드는 '기업문화(Corporate Culture)'이다. 유서 깊은 가문에는 나름의 법도가 있듯이 많은 기업은 자신만의 차별화된 기업문화를 갖고 있다. 기업문화는 종종 기업의 전략 및 사업 방식, 직원들의 채용 및 인사 관리 방침, 심지어 직원들의 옷차림에도 영향을 미친다. 얼핏 생각해도 현대그룹과 삼성그룹 그리고 LG그룹은 왠지 모르게 서로 다른 것을 느낄 수 있다. 기업들이 어떤 기업문화를 갖고 있든 기업문화는 기업에 많은 영향을 미친다. IBM의 CEO였던 루 거스너(Louis Gerstner)가 "기업문화는(기업이 실행하는) 게임의 일부분이 아니다. 기업문화는 게임 그 자체다.[88]"라고 말했듯이 기업문화는 기업의 성과에 많은 영향을 미친다.[89] 기업문화는 기업의 성과와 생존에 영향을 미치기 때문에 기업문화를 전략적 관점에서 평가하고 지속적으로 구축해야만 한다.

기업문화 역시 비대면 비즈니스 시대에 맞춰 변화할 필요가 있다. 회식이나 대면 미팅에 기반을 둔 기업문화는 뉴노멀 시대에 적합하지 않을 수 있다. 지금까지 쌓아온 기업문화를 비대면 시대라고 해서 한 번에 바꿀 수는 없다. 또한 꼭 그렇게 할 필요도 없다. 하지만 시대가 바뀌면 문화도 바뀔 필요가 있다. 3부에서는 비대면 시대에 적합한 기업문화에 대해 알아본다.

세 번째 키워드는 '프로세스 혁신(Process Innovation)'이다. 지금 막 사업을 시작한 스타트업이 아니라면 대부분의 기업은 자기 나름의 업무 프로세스를 지니고 있다. 역사가 오래된 기업 또는 내부 관리 시스템이 엄격한 기업이라면 비즈니스를 수행하기 위한 프로세스가 매우 꼼꼼하게 정립돼 있다. 이러한 기업에서는 종종 SOP라는 말을 들을 수 있다. SOP는 표준 운영 절차(Standard Operating Procedure)라는 뜻으로, 특정 업무를 수행할 때마다 따라야 하는 운영 절차 또는 프로세스를 말한다. 기업은 특정 업무를 가장 잘 수행할 수 있는 방법을 고민한 후에 SOP를 구성한다. 만약 업무 수행 중 과실이 발생하더라도 SOP를 어기지 않았다면, 즉 회사가 규정한 표준 운영 절차를 잘 지켰다면 과실에 대한 책임이 면제되거나 줄어들기도 한다. 이러한 프로세스 또는 운영 절차들은 기업의 크기에 상관없이 어느 기업이나 갖고 있으며, 개인이 운영하는 작은 가게도 갖고 있다.

기업들이 갖고 있는 업무 프로세스의 문제점은 과거의 경험을 바탕으로 구성돼 있다는 것이다. 즉, 대부분의 기업은 오랫동안 관습화된 대면 방식에 기반을 둔 프로세스를 바탕으로 운영되고 있다. 비대면 비즈니스를 적극 도입할 경우에는 대면 방식에 기반을 둔 프로세스 중 일부가 제대로 작동하지 않을 수 있다. 물론 비대면 비즈니스가 혁신적이고 새로운 프로세스만을 추구하는 것은 아니다. 기존의 프로세스들 역시 중요하다. 하지만 비대면 비즈니스에 적합한 업무 프로세스를 고민하고, 필요하다면 새로운 형식의 SOP를 설계할 필요가 있다.

네 번째 키워드는 '위기 관리(Risk Management)'이다. 만약 대기업을 경영하는 CEO나 동네에 있는 작은 가게를 운영하는 사장님에게 "비즈니스가 쉬웠는가?"라고 물어본다면, 거의 대부분은 "위기가 아닌 적이 없었다."라고 답할 것이다. 비즈니스를 할 때는 항상 위기 상황을 염두에 두고 있어야 한다. 갑자기 경영 환경이 변할 수도 있고, 예상치 못한 천재지변이 일어날 수도 있으며, 직원이 사고를 당할 수도 있고, CEO가 갑자기 큰 병에 걸릴 수도 있다. 따라서 위기를 마냥 피하는 것보다는 위기가 발생했을 때 적절히 대응할 수 있는 위기 관리 역량을 키울 필요가 있다.

전략적이고 전사적인 관점의 위기 관리는 기업을 위기 상황에서 잘 벗어나게 해줄 뿐 아니라 위기를 기회로 삼을 수도 있다. 또한 비대면 비즈니스처럼 새롭게 마주하게 된 뉴노멀 상황하에서는 언제 어디서 어떤 문제가 발생할지 모른다. 그리고 작은 문제가 기업 생존에 영향을 끼치는 위기로 발전할지 예측하기도 어렵다. 따라서 비대면 비즈니스를 위해서는 사전에 잘 정립된 위기 관리 가이드를 준비할 필요가 있다.

3부에서는 지금까지 대략적으로 설명한 네 가지 키워드에 대해 자세히 설명한다. 기업 전략을 수립하기 위해 이들 네 가지 키워드들을 개별적으로 이해하고 활용할 수도 있지만, 키워드들 간의 상호 연관성을 함께 고려하는 것도 좋은 방법이다. 예를 들어 디지털 트랜스포메이션과 위기 관리를 연계할 수도 있다. 소비자들이 페이스북이나 인스타그램과 같은 SNS에 올린 기업이나 상품 관련 불만 사항들은 디지털 기술을 활용해 자동으로 수집하고 분석할 수 있다. 그리고 불만 사항들은 일종의 디지털 대시보드(Dash Board)를 활용해 지속적으로 모니터링할 수도 있다.

이제부터 비대면 비즈니스 생존을 위한 전략 키워드들에 대해 하나씩 알아보자.

9장

디지털 트랜스포메이션, 기업의 체질을 업그레이드하다

디지털 트랜스포메이션
디지털 기술을 활용해 기업의 성과를 향상시키고
고객에게 더 나은 가치를 전달하기 위한 조직 차원의 변화

디지털 트랜스포메이션은 디지털 기술을 활용해 더 경쟁력 있고 효율적인 기업으로 변화하는 것을 의미한다. 디지털 트랜스포메이션에서 '디지털'은 어떤 기술을 사용할 것인지를 나타내며, '변환', '전환'의 의미를 지니는 트랜스포메이션은 디지털 기술 활용의 궁극적 목표인 기업의 획기적인 전환을 의미한다. 즉, 기존의 아날로그 중심의 비즈니스에서 디지털 중심의 비즈니스로 전환하기 위해 기업 내의 모든 것을 변화시키는 것이다.

비즈니스는 오랫동안 아날로그적인 방식으로 운영됐다. 제품과 재고 물량은 하나하나 손으로 세어야 했고, 매출과 손익은 주판이나 단순한 계산기를 이용해 계산해야만 했다. 저 멀리 해외에서 벌어지는 일들은 누군가가 편지를 보내야만 확인할 수 있었다. 비둘기나 매를 이용해 정보를 주고받는 일은 영화에서나 나올 법한 일이다. 전보, 전화기 그리고 팩스 등이 순차적으로 나오면서 비즈니스는 점차 속도를 내기 시작했다. 20세기 중반 이후 IBM과 같은 기업이 컴퓨터를 만들어냈지만, 여전히 비즈니스는

동일한 일을 하더라도 아날로그와 디지털은 일하는 방식과 사용 도구가 다르다. 아날로그 방식의 타자기와 필름카메라 그리고 디지털 방식의 컴퓨터와 스마트폰을 생각해보자.

손과 연필을 이용해서 아날로그적으로 진행됐다. 하지만 20세기 후반 인터넷이 나오면서 세상은 급격히 변화했다. 0과 1로 구성된 디지털이 우리 사회와 비즈니스에 빠르게 침투했고, 21세기에 사는 우리들은 스마트폰과 인터넷이 없는 삶은 상상도 할 수 없게 됐다.

아날로그적 비즈니스의 종말

디지털 트랜스포메이션이 중요한 이유는 아날로그를 대체할 수 있는 디지털이라는 기술이 등장했기 때문만은 아니다. 물론 디지털 기술의 등장 및 대중화가 큰 역할을 한 것은 사실이지만, 디지털 기술이 비즈니스 전략 및 운영 방식과 밀접하게 결합했기 때문이다. 디지털 기술과 비즈니스 전략이 서로 따로 움직이는 것이 아니라 경영 목적을 달성하기 위한 하나의 강력한 전략적 도구이자 수단으로 인식됐고, 실제로 디지털 트랜스포메이션을 성공적으로 단행한 기업들은 매출이나 브랜딩 차원에서 만족스러운 성과를 거뒀다.

디지털 트랜스포메이션을 통한 레고(LEGO)의 부활[90]

© LEGO

어린이 조립 완구 브랜드인 레고는 제품 개발 및 확장 그리고 마케팅 측면에서 적극적으로 디지털 기술을 받아들인 사례다. 레고는 1991년까지 급속하게 성장했지만, 1992년부터 약 10년 동안 꾸준히 쇠락했다. 2004년에는 거의 파산 직전까지 가기도 했다. 하지만 2004년 이후 디지털 기술을 본격 도입해 소비자들과 적극적으로 소통하기 시작했다. 소비자들이 참여할 수 있는 웹 기반의 3D 디자인 툴을 도입해 제품 개발 과정에서 소비자들의 의견을 적극 반영했고, 디지털에 익숙한 밀레니얼 세대들에게 다가가기 위해 레고 주인공이 나오는 비디오 게임과 애니메이션을 제작하기도 했다. 또한 레고 블럭과 디지털 기술을 결합한 로봇 조립 키트인 레고 마인드스톰 (LEGO Mindstorms)을 출시하기도 했다.

2014년 기준으로 레고의 EBITDA[30] 수익률은 37.1%로 2007년 대비 15% 증가했고, 2009년 16억 유로(EURO)였던 수익은 2014년까지 연평균 성장률(CAGR) 20%로 성장해 2014년 38억 유로(EURO)로 성장했다.

2020년 이전에도 기업들은 디지털 트랜스포메이션에 많은 관심을 기울였고, 적극적으로 투자해왔다. 하지만 최근 디지털 트랜스포메이션은 비대

---

30 'Earnings Before Interest, Taxes, Depreciation and Amortization'의 약자로, '세전 이자 지급 전 이익' 또는 '법인세 이자 감가상각비 차감 전 영업 이익'이라고 한다. 이자 비용, 세금, 감가상각비 등을 빼기 전의 순이익을 뜻한다.

면 비즈니스를 달성하기 위한 핵심 과제로 다시 한번 떠오르고 있다. 이전의 디지털 트랜스포메이션이 기업 내 몇몇 부서 또는 소수의 사람이 담당하는 업무였다면, 지금은 비즈니스와 관련된 대부분의 사람들이 관심을 갖고 알아야 하는 활동으로 변화하고 있다.

디지털 트랜스포메이션을 본격적으로 살펴보기 전에 한 가지 강조하고 싶은 점은 '디지털 트랜스포메이션'이라는 생소한 표현 때문에 겁을 먹을 필요는 없다는 것이다. 국내외 대기업들이 한때 SAP와 같은 전사적 자원 프로그램(ERP)을 도입하기 위해 몇 년 동안 기업 내외부의 IT 시스템을 뒤집어 놓은 적이 있었다. 이런 대규모 활동도 디지털 트랜스포메이션에 속하지만, 기업들이 자신의 상황에 맞게 공장 자동화를 우선 추진하거나 신제품 개발을 위해 SNS에 있는 소비자 목소리들을 자동으로 취합해 분석하는 활동들 역시 디지털 트랜스포메이션이기 때문이다. 우선 기업과 비즈니스 상황과 전략 방향에 따라 작게라도 기업의 프로세스와 운영 방식에 디지털 기술과 방식을 도입하는 것이야말로 가장 바람직한 디지털 트랜스포메이션이다.

디지털 트랜스포메이션과 관련해 사람들의 생각이 변화하게 된 원인은 무엇일까? 가장 큰 이유는 코로나19가 초래한 뉴노멀 상황일 것이다. 우리들이 마주하고 있는 뉴노멀 상황을 몇 가지 살펴보자.

점점 더 많은 소비자가 인터넷이나 스마트폰을 활용해 기업의 제품과 서비스를 구매하고 있다. 기업 내부에서는 임직원들이 회의실에 모여 마라톤 회의를 하는 대신 마이크로소프트 팀즈(Microsoft Teams)나 카카오워크(Kakaowork)와 같은 디지털 협업 툴을 이용해서 원격으로 일하기 시작했다. 얼마 전까지는 동남아에 있는 생산 기지와 물류 센터에 직접 출장을 가서 문제를 파악하고 해결하던 일들이 줌을 이용한 화상 회의로 대체됐고 모든 자료는 디지털화돼 공유되고 있다. 회사에서 신입 직원을 채용할 때도 이제는 인공지능(AI)이 지원 서류를 제일 먼저 검토하고 다음 단계로 넘어갈 지원자들을 추리기 시작했다.

심지어 인공지능은 상장 기업들의 실적 발표 내용[31]을 듣고 발표한 실적을 얼마나 믿을 수 있는지도 판단하고 있다. 실적 발표 후에 이어지는 질의 응답(Q&A) 내용도 인공지능이 분석하는데, 기업의 담당자가 대답하는 내용과 표현, 어투 등을 종합적으로 분석해 발표 내용에 거짓이 있는지, 감춰진 메시지가 있는지, 투자자들에게 영향을 미칠 수 있는 요인이 있는지 파악한다.[91]

이처럼 변화하고 있는 활동들의 핵심에는 디지털 기술이 놓여 있다. 개인과 개인, 개인과 조직, 조직과 조직 간의 활동들은 인터넷과 모바일 기반의 디지털을 통해 이뤄지고 있다. 기업들은 이러한 디지털 기반의 활동들을 보다 원활하게 운영하기 위해 기업의 근간을 디지털화해야 한다. 기업과 고객이 만나는 접점에서만 디지털 기술이 이용되고, 회사의 모든 인프라와 프로세스들은 아날로그 방식으로 운영할 수는 없지 않는가?

비즈니스와 관련된 모든 사람이 디지털 트랜스포메이션에 대해 관심을 갖고 업무에 적용하는 것이 맞는 방법이지만, 기업에서 아무나 디지털 트랜스포메이션을 담당하거나 권한을 갖고 있어서는 안 된다. 디지털 트랜스포메이션을 성공적으로 수행하기 위해서는 기업 내외부의 많은 자원과 비용이 필요하고, 원하는 목표를 달성하지 못했을 때 발생하는 재무적 손실이 엄청나기 때문이다. 미국의 경영지 「포브스(Forbes)」는 2019년 디지털 트랜스포메이션이 실패함에 따라 발생하는 비용이 9,000억 달러, 한화로 약 1,047조 원 수준이라고 분석했다.[92] 경영 컨설팅 회사인 맥킨지(McKinsey)의 조사에 따르면, 디지털 트렌스포메이션을 단행한 기업 중

---

31   미국에서는 연간 약 1만 3,000개의 상장 기업들이 실적 발표회를 개최하며 이들의 발표 시간을 합하면 총 3만 시간을 넘는다. 인공지능은 매년 이들의 발표 내용과 기타 실적 자료들을 분석함으로써 발표 내용의 진위 여부를 학습한다.

30% 미만의 기업들이 성공했고, 그중에서 16%의 기업들만이 성과 증대 및 장기적인 변화를 달성할 수 있었다. 심지어 하이테크 기업, 이동통신, 미디어 기업 등처럼 IT 기술에 정통한 기업들의 성공률 역시 26%를 넘지 못했다.[93]

CEO의 핵심 어젠다인 디지털 트랜스포메이션

디지털 트랜스포메이션은 전사적 관점에서 전략적으로 진행돼야 한다. IT 또는 정보 기술을 담당하는 부서가 우선 책임을 지고 디지털 트랜스포메이션을 시작할 수는 있지만, 디지털 트랜스포메이션은 어디까지나 CEO의 적극적인 관심과 지지가 필요하다. 즉, 디지털 트랜스포메이션은 CEO의 핵심 어젠다(Agenda)로 인식돼야 한다.

하지만 기업들이 디지털 트랜스포메이션을 도입하고 실행하는 과정에서 다양한 문제가 발생하는 것 역시 사실이다. 연구에 따르면 디지털 트랜스포메이션과 같이 복잡하고 대규모로 진행된 프로젝트들의 약 70%는 원래 예상했던 목표를 달성하지 못했다.[94] 디지털 트랜스포메이션을 진행했지만 실패했던 몇몇 사례를 살펴보자.[95]

- GE는 2011년 디지털 사업 부문을 신설하고 '프레딕스(Predix)'라는 소프트웨어 플랫폼과 산업 인터넷 시스템을 개발했지만, 디지털 관련 품질보다는 오직 사이즈에만 집착하다가 제대로 된 성과를 창출하지 못했음.[96]
- 포드(Ford) 자동차는 2014년 '포드 스마트 모빌리티(Ford Smart Mobility)'라는 디지털 조직을 신설했지만, 신설된 사업부는 포드 자동차의 그 어

떤 조직과도 유기적 연계성을 갖지 못했고 아무런 시너지를 창출하지 못했음.

• 미국 소비재 회사인 P&G는 2012년 '지구상에서 가장 디지털화된 기업'을 표방하면서 적극적인 디지털 트랜스포메이션을 단행했지만 디지털화된 기업이 돼 무엇을 하겠다는 명확한 목표가 부족했고, 그 당시 심각해진 경제 불황 때문에 시작 초기부터 여러 가지 문제를 겪었음.

디지털 트랜스포메이션처럼 대규모 조직 변화와 전사적 참여가 필요한 활동은 현실적으로 실패 가능성과 위험 부담이 적지 않다. 특히, 디지털 트랜스포메이션을 단순히 새로운 IT 기술을 기업에 적용한다고 생각하는 경우에는 실패 가능성이 높아진다.

재미있는 점은 디지털 트랜스포메이션을 단순히 IT 기술적 관점에서 접근해 실패했을 때는 두 가지 극단적인 이유가 존재한다는 것이다.

첫 번째는 디지털 트랜스포메이션을 기존에 사용하던 소프트웨어 버전을 최선 버전으로 업그레이드하는 정도로 아주 쉽게 생각한 경우다. 마치 우리가 구글 플레이스토어에서 애플리케이션을 구매해 클릭 몇 번으로 바로 설치하듯이 디지털 트랜스포메이션에 필요한 시스템을 설치하면 바로 원하는 결과를 얻는다고 생각하는 것이다.[97] 하지만 기업 내부 사정과 고객에게 전달되는 제품 및 가치를 충분히 고려하지 않고 단순히 프로그램만 설치해서는 원하는 효과를 얻을 수 없다.

두 번째는 디지털 트랜스포메이션을 기업의 모든 문제를 한 번에 해결할 수 있는 거창한 솔루션으로 과대 평가하고 접근하는 경우다. 이런 현상은 대부분 IT 기술 또는 솔루션을 판매하는 IT 벤더나 언론 그리고 컨설팅 회사들을 통해 촉발되고, 기업의 카리스마 있는 CIO(Chief Information Officer, 정보 책임자)에 의해 가속화되기도 한다. 이 경우에는 디지털 트랜스포메이션에 대한 지나친 기대와 불필요한 투자 그리고 전략적 목적 달성이 아니라 IT 기술만을 위한 IT 도입이라는 문제점을 초래한다.[98]

디지털 트랜스포메이션의 도입이 결코 쉽지는 않지만, 절대로 두려워할 필요는 없다. 성공적으로 도입된 디지털 트랜스포메이션은 비즈니스에 충분한 보상을 하기 때문이다. 실패한 디지털 트랜스포메이션 프로젝트들은 대부분 앞에서 말한 것처럼 충분한 준비 없이 시작했거나 비현실적인 기대, 조직 및 인력 부족 등 때문에 발생했다. 이러한 문제들만 사전에 예방한다면 문제를 최소화할 수 있다. 디지털 트랜스포메이션이 성공적으로 정착될 때 비즈니스가 얻을 수 있는 성과를 몇 가지 영역에서 살펴보자.

- 생산 부문: 인공지능(AI)과 사물인터넷(IoT)을 생산 현장과 물류 시스템에 도입할 경우, 기존의 따로따로 작동되던 공장 내 기계들과 배송 라인이 하나로 움직이게 된다. 공장 내부의 기계들은 서로 연계돼 문제가 생기면 바로 생산 라인을 정비할 수 있고, 이러한 정보들은 인공지능에 축적돼 향후 발생할 수 있는 문제를 미리 예측하고 방지할 수 있다. 또한 재고 물량과 완제품 그리고 배송 차량 등이 시스템 내에서 완벽하게 연계됨에 따라 고객에게 신속한 배송 역시 가능해진다.

- 광고 및 영업 부문: 제품 광고와 영업은 밀접하게 연계돼 있지만, 현실적으로 서로 영향력을 주고받을 방법이 없었다. 하지만 광고와 영업 현장을 디지털로 연계함으로써 영업에 직접적 도움이 되는 광고를 집행할 수 있게 됐다. 모바일 또는 인터넷에 제품을 광고한 후 소비자들의 반응을 실시간으로 인공지능이 수집 및 분석한 후 광고를 보완하거나 타깃 소비자들에게 다시 보낼 수 있게 된 것이다. 모바일 광고를 본 소비자들은 광고에 링크된 이커머스 사이트를 클릭해 제품을 구매하거나 평을 남길 수 있다. 인공지능은 다시 이커머스 사이트에 들어온 소비자들을

추적하거나 그들의 의견을 취합해 보다 정교한 광고 메시지를 작성하고 이커머스에서 제품들이 보여지는 방식을 바꿀 수도 있다. 이러한 일들이 실시간으로 진행되고, 무엇보다 광고 성공률을 구체적으로 파악해 광고의 비용 효율성을 높일 수 있다.

- 마케팅 부문: 빅데이터와 인공지능을 결합해 고객들이 취향을 파악한 후 신제품을 개발하거나 매장 내부에서 어떤 제품을 우선적으로 배치하는지 결정할 수 있다. 이를 위해서는 고객들의 주문과 소비자 의견들을 실시간으로 취합하고 분석할 수 있는 시스템과 이를 제품 개발과 연계할 수 있는 시스템들을 활용해야 한다.

- 재무 및 회계 부문: 월말 결산 또는 회계 전표 처리 등처럼 정기적으로 반복하는 활동은 RPA[32]와 같은 자동화 솔루션을 도입해 업무 처리 시간을 획기적으로 줄이거나 정확도를 크게 향상시킬 수 있다.

- 인사 부문: 신규 채용 시 지원자들의 입사 지원서들을 자동화 솔루션이 1차적으로 분류함으로써 인사 부서는 지원자 단순 분류 대신 인사 전략 수립과 같은 보다 고부가 가치의 업무에 집중할 수 있다.

....

스타벅스의 마케팅을 위한 디지털 트랜스포메이션 전략[99]

© STARBUCKS

우리가 가볍게 즐기는 스타벅스의 아이스 라떼 한 잔은 디지털 트랜스포메이션의 결과물이다. 스타벅스는 전 세계 2만 5,000여 개의 매장에서 일주일에 약 9,000만

---

32 RPA(Robotic Process Automation): 로봇 프로세스 자동화 시스템으로, 사전에 설계된 프로그램을 통해 사람이 하는 단순하고 반복적인 업무를 대체할 수 있다.

건의 주문이 발생하고 있고, 1,300만 명의 리워드 프로그램 유저들을 보유하고 있다. 스타벅스는 이러한 주문량을 빅데이터와 인공지능을 활용해 분석하고, 제품 개발과 중요 의사 결정에 활용하고 있다.

스타벅스는 매일매일 발생하는 주문량과 고객 프로필을 바탕으로 신제품 개발 방향, 고객 성향 분석, 언제 어떤 제품들이 많이 나가는지 등을 파악해 사전에 대응할 수 있게 됐다. 스타벅스 구매자들의 주문 정보와 비슷한 소비자들의 특성을 인공지능이 분석해 개인화된 메시지와 할인 쿠폰(예: 생일맞이 할인)을 구매자들에게 발송하고 있다.

그뿐 아니라 신규 매장 입지를 선정할 때도 이러한 데이터를 활용한다. 신규 매장 입지를 찾을 때는 아틀라스(Atlas)라는 입지 선정 및 분석 툴을 사용하는데, 주변 스타벅스 매장 정보, 유동 고객 수, 지역 주민의 연령, 성별 등의 특성 등을 다각적으로 분석해 최적 후보지를 선정한다. 우리 주변의 스타벅스 매장들은 다양한 고객 정보 및 디지털 정보들을 분석한 결과다.

신제품을 낼 때도 마찬가지다. 스타벅스는 현재 약 8만 7,000개 이상의 음료를 제조할 수 있는 음료 레시피를 갖고 있지만(아이스 프라프치노 역시 이런 레시피 중 하나였다), 판매 및 소비자 반응 데이터를 통해 검증된 제품들만 최종 메뉴로 선정된다.

디지털 트랜스포메이션을 통해 기업이 성과를 창출하기 위한 세 가지 전제 조건이 사전에 마련돼야 한다. 이제부터 알아볼 전제 조건들은 얼핏 보면 매우 단순하고 원론적으로 보이지만, 실행하기는 어렵다.

첫 번째 전제 조건은 디지털 트랜스포메이션을 통해 얻고자 하는 가치(Value)와 투자 수익률(Return on Investment, ROI)을 사전에 명확하게 정하는 것이다. 디지털 트랜스포메이션을 통해 얻을 수 있는 가치는 다음과 같다.

- 재무적 가치: 매출 및 판매 증대, 수익 증대 및 비용 감소 등
- 운영 효율성 관련 가치: 생산 공정 단축, 공장 자동화, 재고 감축, 물류 개선, 배송 효율성 증대 등
- 마케팅 및 영업 관련 가치: 커뮤니케이션 효율성 증대, 제품 개발 주기 단축, 고객 데이터에 기반을 둔 제품 개발, 제품 주문 및 발주 효율성 증대 등
- 데이터 분석 관련 가치: 빅데이터 및 인공지능 활용 증대, SNS 분석 등

기업은 디지털 트랜스포메이션을 도입하기 전에 디지털 트랜스포메이션을 통해 어떤 가치를 증대시킬 것인지를 명확히 해야 한다. 운영 효율성이 경쟁사보다 부족하다고 판단되면 운영 효율성을 중점적으로 강화할 수 있는 디지털 트랜스포메이션 전략을 수립해야 한다. 쓸 수 있는 예산 및 자원을 당장 급하지 않은 활동에 조금씩 쓰는 것만큼 무의미한 활동은 없다. 앞에서 간략하게 말한 P&G의 실패 사례를 좀 더 자세히 살펴보자.

P&G의 디지털 트랜스포메이션 성적은?

미국의 프록터 앤드 갬블(P&G)은 1837년 미국 오하이오주의 신시내티에서 설립된 세계 최고의 소비재 제조 및 마케팅 회사다. P&G가 판매하는 브랜드들은 펜틴, 아이보리, 헤드앤숄더, 질레트, 오랄비, 위스퍼 등 우리가 주변에서 쉽게 찾을 수 있고, 많이 사용하는 제품들이다. 2018년 매출은 한화로 약 77조 원이다.[100]

2012년 P&G가 '지구상에서 가장 디지털화된 기업'을 목표로 디지털 트랜스포메이션을 본격 도입할 당시, P&G는 대부분의 영역에서 이미 1위를 하고 있었다. 이는

단순히 매출뿐 아니라 운영 효율성, 마케팅 역량 등 거의 모든 영역에서 세계 최고 수준이었다. 역설적으로 1위 기업이었기 때문에 디지털 트랜스포메이션을 통해 구체적으로 무엇을 달성하겠다는 목표가 명확하지 않았다. 다양한 영역에서 디지털 트랜스포메이션 작업이 진행된 관계로 투입된 비용 대비 투자 수익률은 낮았고, 성과 역시 좋지 않았다. 결국 디지털 트랜스포메이션을 위한 디지털 트랜스포메이션 프로젝트를 수행한 것처럼 됐고, 2012년 불어닥친 불황은 P&G를 더욱 힘들게 했다. 결국 이사회에서는 CEO에게 사임을 요청하는 상황까지 이르게 됐다.[101]

두 번째 전제 조건은 기업 전략과 연계된 디지털 트랜스포메이션이다. 대부분의 경영대학원과 컨설팅 회사들이 공통적으로 강조하는 점은 디지털 트랜스포메이션은 기업의 전략과 잘 연계돼야 한다는 것이다. 우리들은 기업의 중·장기 전략과 상관없이 담당 부서의 편의 및 자체적 목표를 위해 따로 설정된 개별 부서의 전략들을 종종 목격했다. 부서의 효율성은 올라갈지 몰라도 최종적인 산출물은 기업이 달성해야 하는 전략적 목표에 큰 도움이 되지 않거나 최악의 경우 역효과가 나타난다.

전략과 연계된 디지털 트랜스포메이션 적용 방안을 간단히 살펴보자. 만약 손익 개선이 기업의 최우선 과제라면, 경영 전략은 손익 개선을 달성할 수 있어야 한다. 이를 위해 매출 증대와 비용 절감을 고려할 수 있는데, 기업은 두 가지를 동시에 고려하거나 한 가지, 예를 들어 비용 절감에 집중할 수도 있다. 기업의 전략이 적극적 비용 절감이라면, 디지털 트랜스포메이션은 인공지능 도입을 통한 인력 감축 및 재고 절감 등이 돼야 한다. 다만 간과하면 안 되는 것은 디지털 트랜스포메이션은 장기적인 투자가 필요하기 때문에 연계되는 전략 역시 중·장기적이어야 한다는 점이다.

마지막 전제 조건은 디지털 트랜스포메이션을 위한 전사적 참여다. 앞에서 말한 것처럼 디지털 트랜스포메이션은 최고 경영자의 핵심 과제이지만, 이를 실행하고 조직의 내외부에 뿌리내리게 하기 위해서는 기업에 속한 모든 직원이 적극 참여해야 한다. '디지털'이라는 단어 때문에 IT 부서 직원의 숙제라고 생각하거나 '트랜스포메이션'이라는 단어 때문에 인사부서 또는 기획 부서의 업무라고 생각하면 안 된다. 디지털 트랜스포메이션을 도입할 때는 담당 부서에 충분한 권한과 책임을 부여해야 하며, 직원들이 디지털 트랜스포메이션에 적극 참여할 수 있는 인센티브 제도, 예를 들어 참여도와 진척률에 따른 포상 휴가 등을 도입할 수도 있다.

무엇보다 중요한 것은 직원들이 디지털 트랜스포메이션에 자발적으로 참여할 수 있는 조직 문화를 만드는 것이다. 10장의 '기업문화' 부분에서 좀 더 자세히 말하겠지만, 한 번 구축된 조직 문화를 변화시키는 것은 어렵다. 하지만 이와 반대로 생각한다면, 제대로 만든 조직 문화는 기업에게 큰 자산이 될 수 있다. 스위스 로잔에 위치한 경영대학원 IMD의 교수인 도널드 머찬드(Donald A. Marchand)와 마이클 웨이드(Michael R. Wade)는 "디지털 도구와 실시간 인포메이션을 더 스마트하게 활용해 가치와 혁신을 창조하는 인포메이션 기반의 문화를 만들고 이를 조직 내부에 전파해야 한다."라고 말한다.[102]

디지털 트랜스포메이션을 정착시키기 위한 또 다른 조직 문화는 디지털 및 IT 친화적인 조직 문화다. "디지털 트랜스포메이션은 테크놀로지에 대한 것이 아니다."라고 아주 직설적으로 주장한 논문도 있지만[103], 논문에서도 인정하는 부분은 디지털 트랜스포메이션을 위해서는 누구보다 IT 기술과 IT 방법론에 정통한 실리콘밸리의 스타트업의 문화[33]가 도입돼야 한다는 점이다. 현실적으로 대부분의 기업들은 전통적인 제조업이나 서비스업에 종사하고 있기 때문에 단기간에 스타트업의 문화를 기업을 이식하는

---

33 논문에서 강조한 실리콘밸리의 문화는 신속한 의사 결정, 발 빠른 프로토타입(Prototyping) 생산 그리고 수평적 조직 구조다.

것은 불가능하고, 바람직하지도 않다. 스타트업 출신의 임원을 채용해 디지털 트랜스포메이션과 조직 문화 개선을 맡길 수는 있지만, 실현 가능성은 높지 않을 것이다. 따라서 IT기업 또는 스타트업의 조직 문화를 무조건적으로 이식하겠다는 생각 대신 현재의 조직 문화 중에서 개선이 필요하거나 보완할 점이 무엇인지 비교하는 정도로 활용하는 것이 바람직하다.

마지막으로 디지털 트랜스포메이션을 위한 기본적인 디지털 도구들에 대해 알아보자. 앞에서 디지털 트랜스포메이션에서 가장 중요한 것은 전략과의 연계 및 명확한 목적 규정이라고 말했지만, 어떤 디지털 수단을 활용하는지 역시 성공과 실패를 결정 짓는 중요한 요소다. 기업과 비즈니스의 특성에 따라 선택 가능한 디지털 기술들이 다르기 때문에 여기서는 네 가지 큰 틀에서 디지털 트랜스포메이션과 관련된 도구들을 알아본다.[104]

- 분석 툴(Analytics Tools): 기업 내외부에서 만들어지는 빅데이터들을 효과적으로 분석하고, 기업에 필요한 핵심 정보를 뽑아낼 수 있어야 한다.
- 모바일 툴(Mobile Tools): 점점 더 많은 사람이 스마트폰과 태블릿 같은 모바일 기기들을 노트북이나 데스크톱 PC보다 많이 사용하고 있다. 이제는 모바일 우선 전략이 무엇보다 중요한데, 모바일 기기로부터 정보를 취득하고 이를 다른 기기들과 연계할 수 있어야 한다.
- 디지털 플랫폼(Platforms for Sharing Digital Capabilities): 기존의 데이터들은 정보 공유가 쉽지 않거나 불가능한 형태로 처음부터 설계돼 있었다. 하지만 효과적인 디지털 트랜스포메이션을 위해서는 데이터 및 정보 공유가 쉬운 플랫폼을 활용해야 한다.
- SNS 미디어(SNS Media): 페이스북이나 인스타그램과 같은 SNS를 활용하면 다양한 고객 정보를 실시간 얻을 수 있을 뿐 아니라 기업이 전달하고자 하는 정보들 역시 효율적으로 전달할 수 있다. 또한 SNS를 지속적

으로 모니터링함으로써 제품 개발 및 트렌드 그리고 위기 관리 등을 효과적으로 수행할 수 있다.

디지털 툴과 관련해 최근 가장 많이 거론되는 것은 클라우드(Cloud)[34] 시스템을 활용하는 것이다. 기업들이 직접 데이터 센터를 만들거나 기존 데이터 용량을 직접 확장하는 대신, 아마존, 네이버 등에서 제공하는 클라우드 시스템을 이용하면 초기에 상대적으로 저렴한 비용으로 디지털 트랜스포메이션에 필요한 자원을 확보할 수 있다.

무엇보다 뉴노멀에서 언제 어떤 일이 벌어질지 모르는 상황에서 디지털 트랜스포메이션을 위한 초기 투자 비용은 큰 부담이 된다. 따라서 외부의 자원을 사용하고, 사용한 만큼 비용을 지불하는[105] 클라우드 방식은 디지털 트랜스포메이션을 시작하기 위한 좋은 방법이다.

뉴노멀 시대에 단순히 반응하는 것이 아니라 앞장서서 나가기 위해서는 기업의 체질 역시 적절히 변화할 필요가 있다. 과거의 아날로그 방식이 점차 디지털화되고 있지만, 앞으로 디지털 트랜스포메이션을 통한 기업 전략 및 운영 방식의 변화는 불가피하다. 뉴노멀 시대에서 생존하고 번영하기 위해서는 명확한 전략과 구체적 로드맵(Roadmap)을 갖고 디지털 트랜스포메이션을 시작해야 한다. 처음부터 너무 큰 욕심을 낼 필요는 없다. 우선 가장 급한 사업 영역부터 디지털화하는 것이다. 명확한 전략과 목적, 임직원들의 적극적인 참여 그리고 적절한 디지털 기술 등이 결합되면 디지털 트랜스포메이션은 반드시 기업에게 긍정적 효과를 가져올 것이다.

---

34 기업 내부에 서버와 저장 장치를 두지 않고, 아마존(AWS)과 같은 서비스 사업자들의 서버를 아웃소싱해 사용하는 방식이다. 사업 초기 서버 구입 비용을 절감할 수 있고, 전문 서비스업체들이 데이터와 관리, 빅데이터 분석까지 대행해주기 때문에 효율적인 업무가 가능하다.

10장

기업문화, 기업을 구성하는 비밀 레시피

기업문화
기업을 구성하는 모든 가치관과 지향점의 총합으로,
눈에 보이지는 않지만 기업 의사 결정에 근간을 이루는 가치

경영학의 대부인 피터 드러커는 경영 관련된 다수의 명언들을 남겼고, 이미 5장에서 몇 가지를 소개하기도 했다. 하지만 그가 남긴 명언 중에서 가장 창의적이고 인사이트 넘치는 표현은 아마도 다음 표현일 것이다.

"조직은 전략을 아침거리로 먹어 치운다(Culture Eats Strategy for Breakfast.)."

피터 드러커는 여러 가지 저술과 강연을 통해 기업 전략의 중요성을 강조해왔다. 따라서 일부러 전략의 가치를 낮추거나 희화화하기 위해 이런 표현을 사용했다고 생각되지는 않는다. 오히려 기업문화의 중요성과 위험성을 극대화하기 위해 기업 전략을 활용했다고 생각하는 것이 맞을 것이다.

10장에서는 눈에 보이지는 않지만, 기업의 성장과 발전 그리고 생존에도 영향을 미치는 기업문화에 대해 살펴본다. 특히 지금과 같은 뉴노멀 시

대에서 어떤 기업문화를 설계
하고 구현해야 하는지를 살펴
본다.

기업문화는 경영 및 경제의
여러 분야에서 연구돼왔다. 경
제학자들은 기업이 투입한 자
원 대비 산출량을 측정하는 과
정에서 기업에 따라 성과의 많
은 부분이 기업 내부에서 관찰
되지 않는 부분들에서 나타나
는 것을 발견했다.[106] 따라서

기업문화는 나무의 뿌리와 같다. 우리들은 눈에 보이지 않는
뿌리가 나무를 지탱하고 성장시킨다는 사실을 알고 있다.
기업문화 역시 조직의 성장과 발전을 보이지 않는 곳에서 결정
짓는다.

기업문화를 '기업 성과의 차이를 설명할 수 있는 관찰 불가능한 영향력'이
라 정의하기도 한다.[107] 하지만 우리들은 기업문화라고 하면 기업 인사 관
리 또는 경영진의 리더십을 많이 떠올린다. 대부분의 문화는 사람을 중심
으로 오랫동안 형성돼온 의도적, 비의도적인 활동이기 때문이다.

기업문화는 추상적인 개념이 아니라 기업 현장에서 실제로 큰 영향을
발휘하고 있다. 미국 듀크 대학교(Duke University) 연구진이 2015년 미국
공기업 및 사기업의 1,348명의 임원들을 대상으로 조사한 연구 결과[108]를
살펴보자. 조사 응답자의 91%는 기업문화는 기업에서 "가장 중요하다."
또는 "중요하다."라고 응답했다. 그리고 응답자의 79%는 "기업문화가 회
사를 가치 있게 만드는 상위 5개 요소 중 하나"라고 응답했고, 92%의 응
답자들은 "기업문화를 개선하면 기업의 가치 역시 증가한다."라고 답했다.
또한 경영자들은 기업문화가 기업의 의사 결정과 운영에 영향을 미친다고
생각하는데, 응답자의 85%는 "부적절하거나 비효과적인 기업문화는 직
원들이 비윤리적이거나 불법적으로 행동할 가능성을 증진시킨다."라고

말했다.

듀크 대학교의 연구는 기업문화가 기업의 수익과 인수 합병 관련 의사 결정에도 영향을 미친다는 사실을 보여준다. 조사 대상 임원 중 약 50%는 장기적 투자를 통한 기업 가치 증대보다 단기적 프로젝트를 선호하는 것으로 나타났지만, 장기적인 투자를 지지하는 임원들의 80%는 기업문화가 장기 투자와 관련된 의사 결정에 영향을 미쳤다고 응답했다. 또한 이들 중 70%는 기업문화를 통해 기업이 투자 리스크를 감내할 수 있었다고 말한다. 응답자 중 54%는 인수 합병 과정에서 인수 대상 기업과 기업문화가 잘 맞지 않는다고 판단되면 인수를 포기한다고 말했고, 33%는 인수 가격을 10~30% 정도 낮춘다고 말했다.

이처럼 기업문화는 기업에 중요한 영향을 미치지만, 재무제표처럼 정형화돼 체감할 수 있거나 기업 전용 소프트웨어를 구입해 사용하는 것처럼 외부에서 사다가 설치할 수도 없다. 기업문화는 대부분 기업만의 특성에 따라 발전해왔고, 어떤 경영진과 리더가 있느냐에 따라 달라지기 때문이다.

여덟 가지 기업문화 스타일

기업문화를 이해하기 위한 연구 중 하나는 기업문화를 몇 가지 스타일로 분류한 후 기업들이 어떤 특성을 더 많이 보유하고 있는지를 파악하는 것이다. 2018년 하버드 비즈니스 리뷰에 실린 논문[109]은 기업문화를 여덟 가지 스타일로 분류하고 각각의 특성에 대해 설명하고 있다. 다음 표에 정리된 여덟 가지 기업문화 스타일과 해당 기업들을 살펴보자.

여덟 가지 기업문화 스타일

기업문화 스타일	스타일 특성	조직 리더의 특성	대표적인 기업
배려 (Caring)	상호 신뢰와 관계성을 중시하며, 직원들이 서로 돕고 지원하는 따뜻한 업무 환경을 강조함.	팀 워크, 진실성 그리고 긍정적 관계 구축을 강조함.	디즈니(Disney, 글로벌 미디어 회사)
목적 (Purpose)	이상주의와 이타주의적 특성을 강조하며, 직원들이 장기적 관점에서 더 나은 일을 하려는 업무 분위기를 구성함.	공유된 이상과 더 큰 목적을 위한 공헌을 중시함.	홀 푸드(Whole Foods, 미국 유기농 식품 체인)
학습 (Learning)	탐험, 확장성 그리고 창조력을 중시하며, 직원들이 새로운 아이디어와 대안을 탐구하는 분위기를 이끌어냄.	이노베이션, 지식 그리고 모험을 강조함.	테슬라(Tesla, 미국 전기차 회사)
즐거움 (Enjoyment)	재미와 흥분을 중시하고, 직원들이 행복하게 일하는 분위기를 만들어냄.	자발성과 유머 감각을 중시함.	자포스(Zappos, 미국 온라인 신발 쇼핑몰)
결과 (Result)	성과와 승리를 중시하며, 직원들이 최상의 성과를 낼 수 있는 결과 중심적인 분위기를 추구함.	목적 달성을 중시함.	글락소 스미스클라인(GSK, 글로벌 제약 회사)
권위 (Authority)	힘, 결단력 그리고 배짱을 중시하며, 직원들이 자신의 우선권을 확보하기 위해 노력하는 업무 분위기를 강조함.	자신감과 지배욕을 강조함.	화웨이(Huawei, 중국 통신 회사)
안전 (Safety)	계획, 조심 그리고 준비성을 선호하며, 위험에 민감하고 주의 깊게 생각하는 업무 분위기를 지님.	현실적이고 사전에 계획하는 것을 중시함.	런던 국제보험업자협회(Lloyd's of London)
질서 (Order)	존중, 구조 그리고 공유된 기준을 중시하며, 규칙에 의거해 활동하는 업무 분위기를 보유함.	공유된 절차와 오랫동안 지켜온 관습을 중시함.	미국증권거래위원회(SEC)

여덟 가지 기업문화 스타일은 상호 배타적이지 않다. 따라서 기업이 꼭 한 가지 기업문화 스타일만을 갖고 있지는 않으며, 몇 가지 기업문화 스타일들을 동시에 보유할 수도 있다. 다만 어떤 기업문화 스타일을 더 뚜렷하게 지니고 있는지를 살펴봐야 한다. 또한 여덟 가지 기업문화 중 어떤 문화가 제일 좋다고 말할 수는 없다. 여덟 가지 기업문화들은 문화가 만들어진 산업적, 환경적 배경이 다르고, 기업별 특성도 다르다. 이는 한국의 문화와

미국의 문화 그리고 프랑스의 문화 중 어느 문화가 더 우월한지를 따지는 것이 무의미한 것과 같다. 어느 문화가 지금의 환경과 시대상에 더 부합한지 그리고 나에게 더 적합한지를 고민하는 것이 보다 합리적이다.

기업문화를 결정 짓는 데 중요한 역할은 하는 것은 경영진인 리더다. 기업문화는 기업이 현재까지 축적해온 가치와 활동들 그리고 복잡하게 엮인 경영 활동들의 총합이다. 기업의 리더는 비즈니스를 위한 모든 과정에 궁극적인 책임을 지게 되며, 결과적으로 자신이 속해 있는 기업의 문화를 만들게 된다. 따라서 리더는 환경 변화를 빠르게 인식하고, 기업문화의 특성이 어떠한지 명확하게 이해하며, 기업문화가 지향해야 하는 방향을 정립할 수 있어야 한다. 그리고 기업과 전체 조직원들이 성공적으로 기업문화를 육성할 수 있도록 적극적으로 지원해야 한다.

뉴노멀 시대에서 기업문화는 어떤 의미를 지니고 있을까? 우선 다음 사례를 통해 기업문화가 팬데믹 기간 중 어떤 역할을 할 수 있는지 살펴보자.

팬데믹 시대에 빛을 발한 기업문화, 베스트 웨스턴 호텔[110]

© Best Western

영국에 있는 호텔 체인인 베스트 웨스턴(Best Western Great Britain)은 팬데믹 시대에 기업문화가 기업의 의사 결정에 어떤 영향을 미치는지를 잘 보여준 사례다.

전 세계의 숙박업은 코로나19 때문에 엄청난 재앙에 직면했다. 영국과 프랑스 등 유럽 도시들은 대규모 도시 봉쇄를 감행했고, 사람들은 더 이상 여행을 다니지 않았다. 반면 의료 기관은 넘쳐나는 감염자들을 수용할 만한 의료 시설을 충분히 확보하지 못했다.

2020년 3월 베스트 웨스턴은 중요한 의사 결정을 내렸다. 숙박객들이 사라짐에 따라 남는 호텔방을 지역 사회를 위해 활용하기로 한 것이다. 우선 런던에 있는 호텔들부터 시작했다. 호텔을 간단하게 개조한 후 의료진과 경증 환자들을 위해 내놓은 것이다. 런던에서 시작한 변화는 곧 영국 전역으로 확대됐다. 총 1만 5,000개 정도의 호텔방을 코로나19 때문에 의료 설비가 필요한 지역 사회에 제공했다. 그리고 이러한 조치는 숙박객이 없어서 직장을 잃을 위기에 처한 직원들에게도 계속 근무할 수 있는 기회를 제공했다.

베스트 웨스턴의 이러한 의사 결정은 호텔에서 오랫동안 중요하게 여겨왔던 가치들, 즉 서비스 우수성과 지역 사회의 좋은 구성원이라는 두 가지 가치에 기인한다. 특히 지역 사회에 좋은 구성원이 된다는 핵심 가치는 베스트 웨스턴의 경영진들이 쉽지 않은 의사 결정을 할 수 있도록 만든 중요한 원동력이다.

....

뉴노멀 시대는 본질적으로 혼란과 단절을 의미한다. 바로 얼마 전까지 익숙하던 것들이 한순간에 바뀌었기 때문이다. 따라서 뉴노멀에서는 예전과 똑같은 의사 결정이란 존재하지 않는다. 익숙하지 않은 환경과 부족한 정보 그리고 예측이 어려운 상황 속에서 결국 믿을 수 있는 것은 '리더의 신념'과 '기업이 지향하는 방향' 그리고 '직원들이 공유하는 가치관'들이며, 이는 결국 '기업문화'라는 단어로 요약될 수 있다. 따라서 잘 구축된 기업문화는 쉽지 않은 상황에서의 의사 결정을 도와주는 지침이 되며, 직원들의 지지를 이끌어낼 수 있는 방법이 된다.

그렇다고 해서 예전부터 지속해왔던 모든 기업문화가 뉴노멀에 적합하지는 않다. 영국 작가인 말콤 브레드버리경(Sir Malcolm Bradbury)[111]이 말한 것처럼 '문화는 세상을 세부적으로 정의함으로써 세상에 대응하는 방법'이기 때문이다. 세상이 변화하면 문화 역시 변화하고 발전해야만 한다.

실제로 코로나19에 의한 팬데믹 기간 동안 직원들의 기업문화에 대한 관심 및 기대치가 변화했다는 연구를 찾아볼 수 있다. 2020년 10월 MIT

슬로언 매니지먼트 리뷰(MIT Sloan Management Review)에 실린 논문을 살펴보자.

연구진은 2015년부터 2020년 8월까지 매월 직원들의 기업문화에 대한 평가를 측정했다. 팬데믹이 시작된 2020년 4월 이후 기업들은 재택근무를 본격화했고, 직원 해고 역시 확산됐다. 연구진들은 팬데믹 기간 동안 당연히 직원들의 기업문화에 대한 평가는 하락할 것이라고 생각했지만, 놀랍게도 2020년 4월 이후 기업문화에 대한 연구가 시작된 이후 가장 높은 평가를 받았다. 기업문화에 대한 평가가 높아진 항목은 명확하다. 기업문화 항목 중에서 리더들의 커뮤니케이션 및 정직성과 같은 항목들이 아주 높은 평가를 받은 것이다. 반면 조직 프로세스의 복잡성, 변화에 대한 신속성 등은 더 낮게 나타났다. 앞에서 살펴본 여덟 가지 기업문화 스타일 중에서 질서를 중시하고 사전에 계획을 세워 준비하는 기업문화는 상대적으로 낮게 평가될 수밖에 없다. 반면 배려와 학습을 강조하는 스타일의 기업문화가 팬데믹 상황에 보다 적합하다고 평가받을 수 있다.

팬데믹과 기업문화는 알게 모르게 서로 영향을 많이 주고받는다. 이런 영향은 아주 사소한 곳에서부터 발생할 수 있다. 팬데믹 기간 동안 기업과 직원들이 경험한 가장 큰 변화는 바로 원격근무 또는 재택근무이다. 원격근무는 당연히 일하는 방식만의 변화는 아니다. 오히려 원격근무는 오랫동안 형성됐던 기업문화를 바꿀 수 있는 촉매제가 되고 있다. 원격근무의 목적은 본질적으로 동일한 사무공간에서 동일한 시간대에 같이 일하는 것을 최소화하는 것이다. 하나의 기업문화는 사람들이 동일한 장소에서 서로 부대끼면서 만들어가는 것이다. 그리고 동일 장소와 동일 시간은 결국 문화적 동질성을 낳게 된다. 문화적 동질성이 긍정적인지, 부정적인지는 판단하기 어렵다. 원격근무는 이러한 동질성을 구축하는 기본 전제를 파괴할 수 있다. 특히 신입사원 또는 경력직 입사자들의 경우 회사 곳곳에서 느낄 수 있는 기업문화의 흔적들을 화상 회의에서는 느끼기 힘들 것이다. 한 회사에서 오랫동안 근무해서 특정한 기업문화를 자기도 모르는 사이에 체화한 고참 사원들은 새로 들어온 직원들에게 답답함과 거리감을 느낄 수 있다. 하지만 단순히 거리감만 느끼는 것으로 끝날까? 아니다. 기업문화 자체가 조금씩 변화하는 것을 느낄 것이다. 그렇다면 뉴노멀 시대의 기업문화는 어떤 방향으로 변화할까?

뉴노멀 시대를 이끄는 세 가지 기업문화 방향

기업문화는 뉴노멀 시대에 맞춰 크게 세 가지 방향으로 나아갈 수 있다. 첫 번째 방향은 유연한 문화, 두 번째 방향은 변화에 신속하게 대처하는 문화, 세 번째 방향은 수평적인 문화다. 하지만 한 가지 오해하면 안 되는 것이 있다. 지금부터 살펴볼 기업문화의 변화 방향성은 기업들이 이미 갖고 있는 기업문화를 보완하거나 새로 추가하라는 제언이다. 오랫동안 형성된 기업문화는 한 번의 큰 위기가 찾아왔다고 해서 단시일에 변화하지 않는다. 따라서 기업문화는 뉴노멀에 맞게 보완하거나 조금씩 변화를 추구하는 것이 바람직하다.

먼저 첫 번째 방향인 유연한 문화에 대해 살펴보자. 뉴노멀의 특징은 이미 여러 차례 말했지만, 모든 것이 불확실하다는 것이다. 이미 4장에서 뉴노멀처럼 불확실한 환경에서는 변화와 기회를 적절히 센싱할 수 있어야 한다고 말했다. 불확실성이 높은 상황에서 가장 위험한 것은 이미 결정된 한두 가지 의사 결정 상황에 지나치게 집착하는 것이다. 모든 것이 익숙하고 변화가 많지 않고, 앞으로 일어날 일들을 충분히 예측할 수 있다면 처음에 결정한 사항을 집요하게 실행하는 것이 바람직하다. 어떤 면에서는 방향 설정보다 실행력이 더 중요할 수 있다.

뉴노멀하에서는 언제 어디서 어떤 일이 벌어질지 아무도 모른다. 따라서 기업이 갑자기 직면할 수 있는 변화와 위기 상황에 유연하게 대처할 수 있는 문화를 갖춰야 한다. 대부분의 기업들은 스스로의 문화가 경직되거나 획일적이라고 말하지는 않는다. 심지어 획일적인 문화라고 해도 이를 '목적지향적' 또는 '일관성 높은' 기업문화라고 듣기 좋게 말한다. 그러면서 종종 자신들의 문화는 유연하다고 말한다. 하지만 '유연한' 기업문화는 스스로가 그렇게 믿는다고 형성되는 것이 아니다.

이미 구축된 기업문화에 유연성을 추가하기 위한 첫 번째 단계는 유연성이 무엇인지 명확하게 인지하는 것이다. 기업에서는 유연성을 종종 의사 결정이 뒤죽박죽되거나 일관되지 않은 정책이라고 생각하는 경향이 있다. 물론 사전에 충분히 심사숙고하지 않아서 문제가 생겼을 때, 임시방편으로 대처하면서 '유연하게 대처'했다고 악용하는 경우도 있다. 하지만 유연성을 강조하는 문화는 임시방편으로 문제를 해결하거나 이미 결정된 내용을 충분한 근거나 이유 없이 마음대로 바꾸는 것이 아니다.

유연한 문화는 모든 것이 변화할 수 있고 우리가 모든 것을 다 알고 있지 않다는 사실을 인정하는 것이다. 따라서 유연한 문화는 상황을 분석하고 의사 결정을 내리는 과정에서 모든 것이 변화할 수 있다고 가정한다. 그리고 경영진에 의해 결정된 내용을 실행에 옮길 때도 상황은 항시 변화될 수 있다는 것을 염두에 둔다. 그리고 최종적으로 도출된 결과와 산출물 역시 처음에 계획했던 내용과 일정 부분 달라질 수 있다는 사실을 받아들인다.

하지만 이러한 유연한 문화를 조직에 정착시키기 위해서는 기업 차원에서의 노력이 필요하다. 우선 유연한 문화가 무엇인지에 대한 기업 전체의 공감대와 이해가 필요하다. 앞에서 말한 것처럼 '유연함'은 '임시방편'이 아니라는 점을 명백히 해야 하며, '유연하게 대처'했다는 표현이 '자의적으로 행동했다.'라는 표현을 대체해서는 안 된다는 것을 강조해야 한다. 그리고 상황에 따른 유연성이 기업 시스템에 녹아들 수 있는 제도적 장치도 구성해야 한다. 예를 들어 최근 발생한 심각한 사태 때문에 연초에 세운 마케팅 전략을 유연하게 변경했다면, 변경된 마케팅 전략은 근무 일수를 기준으로 5일 내에 전사 시스템에 반영돼야 한다는 규칙과 같은 것이어야 한다. 그리고 기업의 경영진과 부장 또는 팀장들과 같은 리더들 역시 상황에 따른 유연한 판단과 의사 결정을 할 수 있도록 지속적인 교육이나 코칭을 받을 필요가 있다.

뉴노멀에 맞는 두 번째 방향은 변화에 신속하게 대처하는 문화다. 최근에는 기업이 신속하게 움직이는 모습을 흔히 애자일(Agile)[35]하다고 표현한다. 팬데믹 이전부터 다수의 기업은 기업문화를 애자일하게 바꾸기 위해 노력했다. 글로벌 컨설팅 회사인 맥킨지는 최근 진행한 기업문화와 관련된 리서치[112]에서 1,411명의 기업인들 중 약 70%는 기업을 애자일하게 바꾸는 중이라고 응답했는데, 이들 중 76%는 '기업문화와 일하는 방식의 변화'가 가장 어려운 도전이라고 말했다. 이처럼 많은 기업이 애자일, 즉 신속한 문화를 기업에 정착시키기 위해 노력하지만, 현실적으로 어려움을 많이 경험하는 것도 사실이다.

뉴노멀 상황에서 기업들이 신속함을 하나의 기업문화로 정착시키려는 이유는 명확하다. 뉴노멀에서는 모든 것이 빠르게 변화하기 때문이다. 얼마 전까지 안정적이었던 환경은 한순간에 불확실한 환경으로 변화하고, 어제까지 같은 산업에서 어깨를 나란히 하고 경쟁하던 기업들이 한순간에 파산한다. 또한 한 번도 경쟁자라고 생각하지 않았던 기업이 새로운 제품

---

35 애자일이라는 표현은 1990년대 애자일 소프트웨어 개발(Agile Software Development)과 같은 형태로 주목받기 시작했다. 글자 그대로 신속하게 소프트웨어를 개발한다는 의미로 사용됐지만, 최근에는 비즈니스 관련 다양한 영역에서 '신속하다.'라는 의미로 사용되고 있다.

과 서비스를 출시해 고객을 뺏어갈 수도 있다. 오직 신속하게 이 모든 변화에 대응해야만 한다.

신속하게 대처하는 문화는 앞에서 말한 유연성 높은 문화와도 연계된다. 유연한 문화라고 하면 얼핏 생각하기에 신속할 것 같다는 느낌이 든다. 하지만 유연하다는 것은 일종의 사고 방식, 의사 결정 프로세스와 연계된다. 반면, 신속하다는 것은 행동에 더 많은 비중을 둔다. 제일 좋은 것은 유연하게 생각하고 신속하게 행동하는 것이다. 하지만 기업문화가 어느 날 갑자기 유연해지거나 신속하게 바뀔 것을 바라는 것은 욕심이다. 기업이 처한 상황과 지금까지 기업을 감싸왔던 기업문화를 고려해 유연성을 우선할 것인지, 신속성을 우선할 것인지를 판단하는 것이 좋다.

신속한 문화를 정착시키기 위해서는 무엇보다 기업 내 권한 부여 방식의 변화가 필요하다. 계층이 층층이 많은 조직은 신속한 의사 결정 및 실행이 어렵다. 물론 기업 내 계층이 적다고 해서 의사 결정과 실행력이 신속해지는 것은 아니다. 계층의 수보다 중요한 것은 기업문화가 얼마나 관리 중심적인지를 파악하는 것이다. 관리형 조직이라고 해서 무조건적으로 나쁘거나 비효율적인 것은 아니다. 다만 관리형 조직은 태생적으로 의사 결정과 실행이 늦을 수밖에 없다. 모든 것을 하나하나 직접 보고 판단하고 결정된 내용을 위 계층으로 올리고, 이런 활동을 여러 번 반복해 관리상의 문제를 완전히 제거하는 것이 목적이기 때문이다. 동일한 활동을 반복하는 과정에서 현장에서의 신속한 대처는 점점 어려워진다. 신속한 문화를 정착하기 위해서는 적절한 권한 위임을 통해 하부 조직 또는 현장 조직이 상황에 맞게 대응할 수 있도록 해야 한다. 그리고 권한을 부여한 만큼 책임 역시 부여해야 한다.

뉴노멀 시대에 필요한 세 번째 기업문화의 방향성은 수평적 문화다. 지금까지 살펴본 기업문화의 변화 방향성인 유연한 문화와 신속한 문화를 달성하기 위해 필요한 것이 바로 수평적 문화다.

수평적 문화는 단순히 말하면 기존의 상하 간의 위계가 명확한 수직적 계층 문화의 대안이다. 전통적인 수직적 계층 문화는 흔히 상명하복식 위계 관계를 갖고 있다. 모든 문화는 장단점을 동시에 갖고 있기 때문에 서로 다른 문화를 동일한 잣대를 갖고 비교할 수는 없다. 수직적 문화와 수평적 문화 역시 마찬가지다. 목표가 뚜렷하고 자원이 희소하며 실행력이 무엇보다 최우선인 상황에서 수직적 문화는 높은 효과성을 발휘하게 된다. 동일한 상황이라면 수평적 문화는 오히려 부적합하다고 볼 수 있다. 하지만 현재의 뉴노멀하에서는 모든 것이 불확실하고, 상황은 순식간에 뒤바뀌며, 우리가 갖고 있는 정보는 제한적이다. 따라서 수직적 계층을 통한 느리지만 실수를 허용하지 않는 기업문화보다는 현장에서 바로바로 의사 결정을 할 수 있는 수평적 기업문화가 훨씬 바람직하다.

많은 기업이 수평적 기업문화를 도입하기 위해 다양한 시도를 했다. 일례로 CJ그룹은 다른 그룹사에 비해 수평적이고 창의적인 기업문화를 가졌다는 평을 들어왔는데, 그런 배경에는 CJ그룹 내에서는 직급 대신 '누구누구님'이라고 부르는 호칭 제도가 나름 큰 공헌을 했다고 볼 수 있다. 사원-대리-과장-차장-부장-임원까지 이어지는 수직적 호칭 제도는 책임자를 명확하게 하고, 직원들의 승진 욕구를 채워준다는 장점이 있지만 임원을 포함해서 모든 직원들을 단일 호칭으로 부르는 제도는 수직적인 체계를 허무는 역할을 한다. 이와 마찬가지로 직원들 서로가 영어 이름으로 부르는 제도 역시 이름 뒤에 직함을 나타내는 호칭이 당연히 와야 한다는 고정 관념을 제거하려는 시도로 볼 수 있다. 이처럼 새로운 기업문화를 정착시키기 위해서는 기업 안에서의 제도적 노력을 병행해야 한다. 기업문화는 절대로 최고 경영자 또는 사주가 신년사에서 "오늘부터 우리들은 새로운 문화로 거듭날 것이며, 새로운 기업문화는 다음과 같습니다. 나부터 변화할 터이니 임직원 모두 동참해주십시오."라고 외친다고 해서 변화하는 것은 아니다. 만약 기업문화의 변화를 원한다면 전문가들과 협의해 정교하게 변화 과정을 계획하고, 변화가 이뤄지는 모습을 지속적으로 관찰하고 지원해야만 한다.

ING의 기업문화 변화를 위한 체계적인 모니터링[113]

© ING[36]

ING그룹은 전 세계를 상대로 다양한 금융 상품을 판매하는 금융 회사다. ING는 혁신에 대한 수용성이 높고 생산성을 강조하는 기업문화를 정착시키기 위해 오랫동안 노력해왔다.

ING는 INSEAD[37]의 연구진들과 함께 기업문화 정착을 위한 체계적 변화 관리 방안을 정립했다. 기업문화 관련 활동들의 성과 파악을 위한 1차 트래킹 조사는 2015년에서 2017년까지 진행됐는데, 2년 동안 직원들을 대상으로 총 5회의 설문조사를 진행해 목표 대비 성과, 즉 원하는 기업문화가 어느 정도 달성됐는지를 측정하고 보완할 점을 파악했다. 예를 들면, 원하는 기업문화를 이끌어내기 위해 제품 담당자들의 역할이 가장 중요하다는 사실을 파악했는데, 제품 담당자들이 어떤 기술 역량을 지녀야 하는지가 명확하게 정의돼 있지 않아 현장에서 혼란을 초래하고 있다는 사실을 파악했다.

2차 트래킹 조사는 2019년에 시작됐는데, 전 세계 15개국의 고위 간부들을 대상으로 심층 인터뷰를 진행했다. ING는 심층 인터뷰를 통해 현재까지 진행된 기업문화

---

36 ING는 네덜란드 암스테르담에 본사를 둔 글로벌 금융 그룹이다. 소매 금융, 보험, 투자 금융 등 다양한 금융 영역에서 사업을 하고 있다.
37 INSEAD는 프랑스, 싱가포르 등에 캠퍼스를 둔 세계적인 경영 대학원으로, 경영학 석사(MBA), 경영학 박사 과정을 보유하고 있다.

개선 활동들이 어느 정도 정착됐고, 어떤 문제점이 나타났는지를 다차원적으로 파악할 수 있었다.

ING는 1차 정량 조사와 2차 심층 인터뷰 결과를 통합해 기업문화 개선 활동을 한 결과 현재 어느 정도 성과를 창출했으며, 기업문화와 성과 사이의 관계를 측정하고 지속적으로 개선해야 하는 지표들을 파악할 수 있었다.

지금까지 뉴노멀하에서 기업이 추구할 수 있는 세 가지 기업문화의 방향에 대해 살펴봤지만, 현실적인 문제가 한 가지 있다. 바로 기업문화는 바꾸기 힘들다는 점이다. 만약 설립된 지 얼마 안 된 기업이라 아직 기업문화가 완벽히 자리잡지 못했다면 오히려 다행이다. 하지만 수십 년의 업력을 쌓은 기업이라면 알게 모르게 특정한 기업문화가 임직원들과 내부 시스템, 업무 프로세스에 다 녹아 있다. 외부에서 정말 큰 충격을 받지 않는 한 기업문화는 쉽게 바뀌지 않는다. 다행히 현재의 뉴노멀은 기업문화에 영향을 미칠 만큼 커다란 충격과 영향력을 지니고 있다. 21세기에 접어들어 가장 큰 충격을 가져왔던 2008년 금융 위기와 비교한다면, 코로나19가 초래한 충격은 어떤 면에서 더 크다. 2008년의 금융 위기가 비즈니스에 종사하는 사람들에게 영향을 미쳤다면, 지금의 뉴노멀은 기업인뿐 아니라 일반 시민과 학생들까지 거의 모든 사람과 시스템에 영향을 미치고 있기 때문이다.

따라서 기업문화를 개선하고 싶다면 지금이 가장 적기라고 할 수 있다. 변화를 위한 환경적 조건이 준비됐다면 이제는 기업을 구성하고 있는 리더와 직원들의 역할이 중요하다. 불과 얼마 전까지 기업에서는 리더들, 즉 경영진의 의사 결정과 실행력이 제일 중요했다. 물론 지금도 여전히 중요하다. 하지만 코로나19에 따른 원격근무와 직원 개개인의 안전에 대한 중요성은 직원들 역시 예전보다 좀 더 강한 목소리를 낼 수 있는 환경을 구성하기 시작했다. 기업이 좀 더 수평적으로 변화할 수 있는 기회가 만들어진 것이다.

합리적인 기업문화를 갖춘 기업이라면, 합리적인 사고를 할 수 있는 기업인이라면 뉴노멀 상황에서 어떤 기업문화를 갖춰야할 것인지 쉽게 파악할 수 있을 것이다. 다만 어떻게 기업문화를 정착할 것인지에 대한 방법론을 정하는 것은 쉽지 않은 일이다. 하지만 앞으로 적어도 3~4년은 지속될 뉴노멀에 대응하기 위한 기업문화의 설계와 변화 관리를 지금 당장 시작해야만 한다. 그리고 단기간의 성과를 도출하겠다는 욕심을 버리고, 문화를 정착시키는 과정 하나하나가 의미 있다는 사실을 기억하고 노력한다면 뉴노멀에서 생존할 수 있는 가능성이 조금씩 올라갈 것이다.

11장

프로세스 혁신,
기업의 업무 흐름을 개선하다

프로세스 혁신
기업 내외부의 프로세스들을 혁신해
업무의 효율성 및 비즈니스 성과를 증진시키는 활동

기업 경영과 비즈니스는 복잡하고 다양한 활동과 정보들이 마치 씨줄과 날줄처럼 촘촘히 연계돼 운영된다. 그리고 특정 업무를 수행하거나 예정된 결과를 만들어내기 위해 개별적인 활동(Task 또는 Activity)이 서로 전후좌우로 연계될 수 있도록 묶여 있는 것을 '프로세스(Process)'라고 부른다.

마케팅 시장 조사 프로세스의 예를 간단히 들어보자. 신제품 출시를 위한 시장 조사가 필요할 경우, 마케팅 부서는 리서치센터에 시장 조사를 요청한다. 리서치센터는 어떤 방식의 조사가 최적인지 판단하고, 센

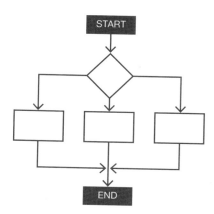

프로세스 혁신은 특정 업무를 달성하기 위해 업무의 시작에서부터 끝까지 필요한 모든 업무들을 분석하고, 업무 간의 관계를 다이어그램 형식으로 표시한다.

터에서 직접 조사할지, 외부 전문 조사 기관에 의뢰할지를 결정한다. 그다음에는 조사 설계에 따라 실제 필드 워크(Field Work)가 진행되고, 조사 결과를 보고서 형태로 정리한 후 조사를 의뢰한 마케팅 부서에 조사 결과를 공유하게 된다. 마지막으로 시장 조사 과정에 들어간 비용들을 모두 정산함으로써 일련의 시장 조사 프로세스가 종료된다. 실제 기업에서의 운영 프로세스는 지금 간단히 적은 내용보다 훨씬 복잡하지만 대체적인 흐름은 비슷하다.

프로세스는 기업의 혈관과도 같다

프로세스는 비즈니스가 제대로 운영될 수 있도록 만드는 일종의 파이프라인과 같다고 볼 수 있다. 중요한 원료가 흐르는 파이프라인은 시작점에서 목적지까지 가장 빠르고 효율적으로 원료가 흘러갈 수 있도록 만들어져야 한다. 목적지까지 30분이면 갈 수 있는 거리를 둘러 반나절 만에 도착할 수 있도록 파이프라인을 설치한다면 어떻게 될까? 만약 한 번에 100L의 물이 흘러가야 하는데, 겨우 10L의 물만 흘러갈 수 있는 좁은 파이프라인을 구축하거나 이와 반대로 1,000L의 물이 흐를 수 있을 만큼 거대한 파이프라인을 준비한다면 어떻게 될까? 그리고 파이프라인 속에 불필요한 찌꺼기들이 많이 끼어들어 원료가 파이프라인을 흘러가는 동안 오염된다면 어떻게 될까? 프로세스는 기업의 중요한 활동과 정보가 흘러가기 때문에 파이프라인이라는 표현보다 오히려 혈관과 같다고 보는 것이 더 적절할 것 같다.

프로세스 혁신(Process Innovation)은 기업과 비즈니스를 위해 현재까지 의도적, 관습적으로 만들어진 프로세스들을 개선해 비즈니스가 더 원활하

프로세스 혁신을 통해 기업은 혼란스럽게 운영되던 프로세스들을 깔끔하고 효율적으로 정리할 수 있다.

게 운영되고 더 많은 성과를 낼 수 있도록 만드는 활동이다.

한 가지 명확하게 해야 하는 부분이 있다. 기업은 매일 업무를 수행하면서 끊임없이 업무 프로세스를 개선하고 업그레이드하려고 노력한다. 여기서 말하는 프로세스 혁신은 일상적으로 조금씩 수행하는 개선 업무를 말하는 것은 아니다. 프로세스 혁신은 글자 그대로 업무를 '혁신'한 것으로 지금까지 구축돼왔던 프로세스들을 전사 차원에서 한 번에 변화시키는 대대적인 프로젝트다.

프로세스 혁신은 일반적으로 'Process Innovation'의 약자인 'PI'라고도 불리는데, 이는 컨설팅 회사들이 수행하는 주요 업무다. 프로세스 혁신을 시행하기 위해서는 우선 기업 전반의 운영 활동을 이해하고 있어야 하며, 운영 활동을 위해 어떤 프로세스들이 필요한지를 명확하게 알고 있어야 한다. 기업 운영 활동에 대한 높은 이해와 노하우를 지닌 컨설팅 회사들이 자신들의 역량을 최대한 활용할 수 있는 영역이 바로 프로세스 혁신이다. 다만 프로세스 혁신 컨설팅은 대규모 인력이 투입돼 기업의 모든 과정을 밑에서부터 훑어나가야 하기 때문에 시간과 노동 투입이 상대적으로 높다는 한계가 있다.

프로세스 혁신이 필요한 세 가지 시점

프로세스 혁신 단행은 기업 입장에서는 중요한 의사 결정이며 대규모 투자를 집행한다는 것을 의미한다. 그렇다면 언제 프로세스 혁신을 단행하는 것이 바람직할까? 정답은 없지만, 다음과 같은 세 가지의 경우에는 일반적으로 프로세스 혁신을 도입한다.

첫 번째는 비즈니스가 전면적으로 새로운 환경에 직면한 경우다. 예를 들어 다른 회사와 인수 합병을 하게 돼 두 개 회사의 서로 다른 프로세스들을 하나로 통합하거나 업종이 전혀 다른 영역에서 사업을 진행해 기존의 업무 프로세스들이 전혀 도움이 되지 않는 경우가 이에 해당한다. 또는 외부 환경이 대대적으로 변화해 기존 프로세스들이 더 이상 작동하지 않는 경우도 해당한다.

두 번째는 오랫동안 운영돼왔던 프로세스들이 시대 변화에 부합하지 않거나 더 이상 경쟁력을 발휘하기 어렵다고 판단되는 경우다. 이는 대부분 경영진이 세대 교체를 이뤘거나 외부에서 새로운 전문 경영인을 영입한 경우에 해당한다. 사람들은 대부분 익숙한 것에서 벗어나고 싶어하지 않는다. 기존 프로세스가 불편하고 비효율적이라도 새로운 프로세스를 도입하고 이에 적응하는 불편함에 비할 바는 아니다. 따라서 새로운 경영진이 외부에서 들어와 기존의 관행을 타파할 때 많이 사용된다.

마지막은 전사적 자원 관리(ERP[38]), CRM[39], SCM[40] 등과 같은 기업 내의 모든 부서와 기능, 프로세스 등을 단일한 IT 플랫폼에 통합하기 위한 IT 솔루션을 도입하는 경우다. 특히 전사적 자원 관리를 위한 솔루션을 도입할 경우에는 전사적인 프로세스 혁신 작업은 필수다. 기존 프로세스를 우선 파악하고 향후 프로세스가 나아갈 방향(To-Be Direction)을 정립한 후 이에 맞게 ERP 솔루션을 설계하고 구축해야 하기 때문이다.

ERP와 프로세스 혁신

© SAP

ERP는 조직 내의 모든 부서와 기능 그리고 프로세스 등을 단일한 IT 솔루션 안에 통합해 모든 임직원이 비즈니스를 위해 필요한 정보를 공유하고 의사 결정을 할 수 있도록 지원한다.[114]

ERP는 회계, 재무, 생산, 영업, 인사 관리 등 기업의 모든 부분을 통합해 단일한 정보 및 업무 흐름 안에서 관리할 수 있도록 해준다. 기존에 부서별로 운영되던 정보와 업무 프로세스를 하나로 통합하기 위해서는 많은 노력과 분석이 필요하다.

대부분의 기업들은 이미 비즈니스 솔루션화된 IT 패키지를 구입한 후 시스템 구현 및 프로세스 정립을 위한 외부 컨설팅 회사와 같이 ERP 도입을 진행한다. 이 과정에서 수억 원 단위의 비용과 거의 1년에 가까운 시간이 투입되기도 한다.

가장 대표적인 ERP 패키지로는 독일 기업인 SAP가 출시한 S4/HANA가 있으며,

---

38 ERP: Enterprise Resource Planning(전사적 자원 관리)

39 CRM: Customer Relationship Management(고객 관계 관리)

40 SCM: Supply Chain Management(공급망 관리)

마이크로소프트, 오라클 등의 회사도 자체 ERP 패키지를 제공하고 있다. 국내 솔루션으로는 더존, 영림원소프트랩 등에서 출시한 패키지들이 있다.

지금과 같은 뉴노멀 시대에 기업이 프로세스 혁신을 다시 검토해야 하는 이유는 무엇일까? 뉴노멀 시대에 프로세스 혁신이 필요한 이유는 지금까지 살펴본 세 가지 경우 중 첫 번째 경우에 해당한다. 뉴노멀 시대에는 얼마 전까지 정상적으로 작동했던 비즈니스 관행이 더 이상 작동하지 않는다. 뉴노멀 이전에 맞게 구성됐던 비즈니스 프로세스들은 뉴노멀이 시작됨에 따라 제대로 작동하지 않게 된다.

물론 코로나19에 의한 뉴노멀이 갑자기 시작됐다고 해서 기존의 모든 경영 프로세스가 한순간에 멈추거나 오작동하는 것은 아니다. 가장 절박한 또는 가장 많은 변화를 겪고 있는 프로세스가 무엇인지를 파악한 후 이들과 연관된 다른 영역의 변화된 프로세스를 찾아야 한다. 뉴노멀 상황에서 가장 많은 영향을 받을 수 있는 프로세스는 다음과 같다.

뉴노멀 상황에서 변화된 프로세스 예시

프로세스	변화 이유	연관된 산업
평가 프로세스	• 원격근무가 활성화됨에 따라 사무실에 잦은 미팅 및 관리 통한 직원 평가가 어려워짐. • 직원이 업무를 비대면 상황에서 수행해 성과를 창출하는지를 평가할 수 있는 프로세스의 확립이 필요함.	모든 산업 영역
경리 프로세스	• 디지털 기술의 급격한 발전으로 경리 업무 자동화를 가능하게 해주는 솔루션 도입이 증가함. • 기존 직원 대신 경리 자동화 솔루션을 도입할 경우 새로운 경리 업무 프로세스의 도입이 필요함.	모든 산업 영역
주문 및 배송	• 뉴노멀하에서 식당들은 배달 음식의 판매 비중이 급격히 증가함. • 식당 내 주문 처리 및 배송 그리고 매출 인식 위한 통합 프로세스 정립이 필요함.	프랜차이즈 레스토랑

뉴노멀 이후 기업들이 준비해야 하는 몇 가지 프로세스 혁신 내용들을 간단히 정리했지만, 이들은 단지 예시일 뿐이다. 뉴노멀을 맞아 기업들이 대처해야 하는 상황은 저마다 다르다. 그리고 기업들이 지금까지 내부적으로 구축한 프로세스들 역시 다르다. 따라서 기업들이 비즈니스를 수행하기 위해 혁신해야 하는 프로세스들을 일관적으로 정리해 말하는 것은 불가능하다. 하지만 한 가지 확실한 것은 모든 프로세스는 서로 밀접하게 연계돼 있다는 점이다. 첫 번째 프로세스가 변화하면 연계된 두 번째, 세 번째 프로세스들 역시 서로 영향을 주고받게 된다. 하나의 프로세스가 자체 완결형으로 독립적으로 끝나거나 모든 운영 활동의 최종 프로세스가 아니라면, 대부분 프로세스들은 서로 밀접하게 연계돼 있다는 것을 항상 기억해야 한다. 앞의 표에서 봤던 평가 프로세스를 비대면 시대에 맞게 혁신한다면, 평가와 늘 같이 다니는 보상 프로세스 역시 변경돼야 한다. 그뿐 아니라 경리 프로세스를 경리 자동화 시스템을 활용해 혁신한다면, 경리 시스템을 위해 투입됐던 인력을 재배치하기 위한 인력 운영 프로세스 역시 바뀔 필요가 있다.

뉴노멀에 대처하기 위해 우선적으로 혁신할 프로세스를 선정했다면, 어떻게 프로세스를 혁신할 것인지에 대해 고민해야 한다. 이때 프로세스 혁신을 기업 스스로 할지 또는 외부의 전문 컨설턴트에게 의뢰할 것인지는 기술적인 문제일 뿐이다. 전문 컨설턴트에게 프로젝트를 맡기더라도 내부 직원들은 프로세스 혁신 프로젝트에 투입돼 함께 참여하게 된다. 왜냐하면 기업 내부의 프로세스는 기업 직원들이 가장 잘 알고 있기 때문이다.

프로세스 혁신 과정에서 제일 중요한 것은 AS-IS와 TO-BE를 명확하게 설정하는 것이다. AS-IS와 TO-BE는 프로세스 혁신을 하는 동안 가장 많이 듣게 되는 용어이며, 프로세스 혁신 성과의 결과를 결정하는 핵심 활동이다.

AS-IS는 쉽게 말해 현재 프로세스가 어떤 식으로 구성돼 있고 운영되는지를 말한다. 반면, TO-BE는 향후 프로세스가 혁신돼야 하는 방향성을 말한다. 당연히 AS-IS와 TO-BE는 가능한 자세하고 세부적으로 작성돼야 한다. 특히 AS-IS를 정교하게 파악하는 것은 매우 중요하다. 대부분의 사람들은 AS-IS 단계의 활동들과 프로세스가 너무도 익숙하기 때문에 특별한 문제 의식을 갖기 힘들다. 또는 현재 프로세스의 문제점에 대해 불만이 있더라도 어디서 어떤 문제가 발생하는지 그리고 서로 다른 프로세스가 어느 지점에서 연결되는지에 대한 생각이 없을 수도 있다. 그렇기 때문에 외부 컨설턴트가 들어와 객관적인 시각으로 프로세스를 살피는 것이 필요할 수 있다.

AS-IS 프로세스가 잘 정리됐다면, 다음 단계에서 하는 활동은 TO-BE 방향성을 잡는 것이다. TO-BE 프로세스를 구현하기 위해서는 제일 먼저 프로세스가 어떤 식으로 구축돼야 하는지를 명확히 해야 한다. 일반적으로 베스트 프랙티스(Best Practice)라고 불리는 내용을 참조하곤 하는데, 이는 외부에서 이미 검증된 활동이나 프로세스를 참고해 도입하는 것을 말한다. 대부분의 ERP 솔루션들은 자체적으로 연구한 베스트 프랙티스들을 바탕으로 다양한 프로세스를 미리 설계해 놓고 있다.

TO-BE 방향성을 정립할 때 가장 많이 실수하는 부분은 TO-BE 프로세스를 단순히 AS-IS 프로세스의 문제 해결 수단으로 생각하는 것이다. 예를 들어 현재 프로세스가 총 5단계 활동으로 구성돼 프로세스 시작에서 완료까지 총 5일이 걸린다면, 이를 단순히 3단계로 축소해 시간을 3일로 단축하는 형식으로 TO-BE 프로세스를 설계하는 것이다. 왜 현재의 5단계에서 3단계로 축소해야 하는지에 대한 논리도 없고 단순히 처리 시간만 무조건 짧게 하겠다는 것은 TO-BE 방향성에 대한 전략적 맥락 없는 의사 결정일 뿐이다. 만약 현재 프로세스 때문에 작업상에 오류가 많이 발생한다면 프로세스에 포함된 활동을 7단계로 늘리고 기간을 늘리는 것이 더 바람직할 것이다.

TO-BE 방향성이 정립됐다면 남은 단계는 향후의 프로세스를 명확하게 설계하는 것이다. 설계 단계에서는 다른 프로세스와의 연계성도 함께 고민해 비즈니스 전체의 모든 프로세스들이 문제없이 연결되는지를 살펴봐야 한다.

다음 그림은 지금까지 말한 AS-IS와 TO-BE를 간단하게 표현한 것이다. 고객이 피자를 주문하는 과정을 아주 단순하게 정리한 프로세스인데, 기존 매장에서 피자를 주문받던 시스템을 비대면 환경을 고려해 전화 주문 및 배달로 변경한다고 가정하고 TO-BE 프로세스를 정리한 것이다.

피자 주문 관련 AS-IS & TO-BE 프로세스 예시

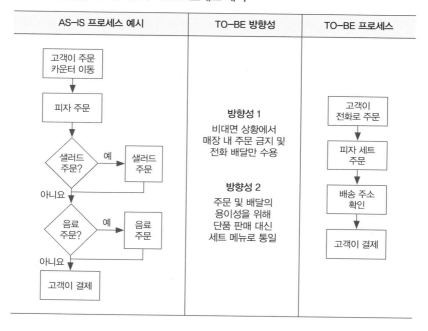

AS-IS와 TO-BE 프로세스를 정리하고 설계할 때 제일 중요한 것은 업무를 잘 아는 직원을 투입하는 것이다. 프로세스 전문가는 프로세스를 구성하는 단계별 활동들이 어떻게 구성되고, 활동을 위해 어떤 정보와 데이터가 필요하며, 최종적으로 어떠한 산출물이 나오는지를 알고 있어야 한다. 또한 프로세스와 활동들을 수행하기 위해 연관된 유관 부서와 담당자들 역시 알고 있어야 한다. 따라서 프로세스 혁신 과정에서는 담당자들과의 지속적인 인터뷰를 통해 업무에 대한 상세한 정보를 확보해야 하며, 교차 인터뷰를 통해 검증해야 한다.

프로세스 관련 실무 전문가뿐 아니라 업무를 책임지는 리더급 직원과 임원들 역시 프로세스 혁신 과정에 동참해야 한다. 실무 전문가는 AS-IS 프로세스에 대한 전문가일 수는 있지만, 향후 기업이 나아갈 TO-BE 방향에 대한 전문가는 아닐 수 있다. 따라서 TO-BE 방향을 정립하고 미래의 프로세스를 설계하기 위해서는 임원들의 안목과 전략적 방향이 필요하다.

뉴노멀 시대의 프로세스 혁신 방향성

뉴노멀 상황에서 TO-BE 프로세스는 어떤 방향으로 설계돼야 할까? 질문을 다르게 한다면, TO-BE 프로세스를 설계할 때 고려해야 할 점은 무엇일까?

크게 두 가지 방향성을 우선 고려할 수 있다. 첫 번째는 유연한 프로세스를 설계하는 것이다. 두 번째는 디지털 환경을 충분히 고려하는 것이다. 이제부터 하나씩 알아보자.

먼저 유연한 프로세스 설계를 알아보자. 일반적으로 ERP, CRM 등의 작업을 위해 프로세스를 설계하면 대부분 프로세스 최적화를 목적으로 한다. 가능한 한 불필요한 요소를 제거하고 최소의 자원 투자를 통해 최대 효과를 달성하는 것을 목적으로 한다. 프로세스 최적화를 추구하는 과정에서 모든 프로세스는 한치의 빈틈도 없이 설계된다. 이러한 설계는 모든 것이 안정적이던 시대에는 가장 적합한 방식이다. 특히 프로세스 최적화를 통해 비용을 최소화하고 산출물을 최대화하겠다는데 누가 반대하겠는가?

하지만 뉴노멀 시대에서는 모든 것이 불확실하다. 솔직히 모든 것이 안정적이던 시대가 진짜 존재했는지 의심스럽지만, 뉴노멀 시대에는 불확실성이 더욱 강해지고 있다. 따라서 프로세스를 한치의 빈틈도 없이 설계한다는 것은 가능하지도 않고 오히려 위험할 수도 있다. 일정 수준 이상의 여유, 소위 말하는 버퍼를 어느 정도 갖고 있어야 환경이 급변하고 경영상에 위험이 다가왔을 때 좀 더 여유롭게 대처할 수 있다.

그렇다면 프로세스를 유연하게 설계한다는 것은 무슨 의미일까? 프로세스 혁신을 맹목적으로 수행할 경우에는 받아들이기 어려울 수 있다. 하지만 불확실성에 대처한다는 차원에서 접근한다면 프로세스를 조금 다르게 바라볼 수 있다. 우선 불확실성에 영향을 많이 받을 수 있는 프로세스를 선정해야 한다.

예를 들어, 해외에서 수입해오는 생산 자재를 관리하는 프로세스를 생각할 수 있다. 2020년 하반기에 접어들어 조금 상황이 호전됐지만, 2020년 중반에는 전 세계가 봉쇄 상태에 들어감에 따라 해외에서 생산되는 중간재의 수입 및 수출이 힘들어졌다. 하지만 글로벌 공급망은 향후에도 언제든지 문제가 생길 가능성을 배제할 수 없다. 따라서 해외 자재를 수입해 공장에서 완제품을 만드는 AS-IS 프로세스를 혁신한다면, 당장은 불필요할 수도 있지만 국내에서 비슷한 자재를 구입하거나 제3국에서 제품 소싱을 하는 프로세스를 함께 설계해야 한다. 다만, 이러한 보완적 프로세스의 실행은 원래 정상적으로 운영돼야 하는 글로벌 공급 계획이 어떤 식으로 무산됐을 때 실행된다는 기준을 미리 마련해둬야 한다. 예컨대 해외에서 정상적으로 수입돼야 하는 자재 도착 일자가 예상 대비 5일 이상 늦어지거나 납품받기로 한 물량이 기준 대비 70% 이하인 경우에는 위기 대응용 프로세스들을 실행한다는 계획이 필요하다. 당연하지만 위기 대응용 프로세스를 가동하면 다른 프로세스에도 영향을 미칠 수 있다. 다시 동일한 예를 들면, 라오스에서 부품당 1,000원에 들여오다가 갑자기 수입에 문제가 생겨 부품 공급처를 대만으로 급히 바꿔 부품당 원가가 1,150원이 됐다면, 이러한 원가 인상분은 자동으로 회계 정보 시스템에 반영될 수 있어야 한다.

만약 위기 대응을 위한 보완적 프로세스를 마련한다면, 구체적인 매뉴얼을 작성하고 관련자들이 충분히 숙지할 수 있도록 해야 한다. 위기 대응용 프로세스는 글자 그대로 보완적 활동이므로 상황이 정상적이라면 활용할 기회가 없다. 따라서 정상적인 시간이 오랫동안 지속된다면 기업 내부에서는 그러한 위기에 대응하기 위한 별도의 프로세스가 있다는 것을 알고 있는 사람들은 점점 없어진다. 하지만 위기 대응 프로세스는 위기를 상정하고 준비하는 것이므로 관련 직원들이 잊지 않도록, 나중에라도 위기 대응 프로세스의 필요성에 의문을 제기하지 못하도록 매뉴얼로 작성해 놓아야 한다.

두 번째 방향성은 디지털 기술과 환경을 고려하는 것이다. 앞의 표에서 경리 프로세스 사례를 들면서 디지털 기술을 활용한 자동화에 대해 잠깐 논의했다. 뉴노멀이 가져온 변화 중 하나는 디지털 기술의 확산이다. 일종의 디지털 트랜스포메이션의 일환으로 기업 경영의 많은 요소가 디지털 기술로 대체되고 있다. 물론 디지털 기술의 완성도에 따라 여전히 사람이 꼭 필요한 영역도 분명히 존재한다. 하지만 단순한 업무들은 디지털 기술을 도입해 훨씬 높은 효율성을 가져올 수 있다. 현재 시중에서 이미 사용되고 있는 몇 가지 디지털 기술들을 알아보자.

RPA(Robotic Process Automation)

- 마치 로봇이 업무를 자동으로 처리하듯이 미리 솔루션화된 프로그램이 사람이 하는 단순 작업들을 자동으로 처리하는 기술이다.
- 일례로 단순 회계 전표 처리 활동에 RPA를 도입하면 직원이 하루 종일 걸리는 업무를 3시간 정도에 끝낼 수 있다. 그리고 24시간 주 7일 동안 계속 RPA를 활용할 수 있다는 것은 덤이다. 조사 회사인 가트너(Gartner)에 따르면, RPA를 도입하면 관련 직원들에게 들어가는 비용의 약 1/5에서 1/3을 절감할 수 있다고 한다.[115]
- 블루프리즘(Blueprism), 오토메이션 애니웨이(Automation Anyway) 등과 같은 업체에서 다양한 RPA 솔루션들을 제공하고 있다.
- 최근에는 광학 문자 인식(OCR)[41] 기능을 적용해 손글씨 또는 출력물 등을 스캔한 후 인식해서 처리할 수 있게 됐다.

재무 자동화(Financial Automation)

- RPA 또는 기업용 소프트웨어를 활용해 재무, 회계와 관련된 단순하고 반복적인 업무에 특화된 기능이다.
- 비용 및 예산 작업을 위해 기업 내 데이터들을 자동으로 집계하거나 매월 회계 및 재무를 자동으로 마감함으로써 업무 효율성 및 집계 과정의 오류를 제거할 수 있다. 매출 채권, 비용 등 필요한 자료들을 자동으로 분석하고 예측 수치까지 포함된 리포트를 사전에 설정된 형태로 만들 수 있다.
- 재무 자동화 관련 대표적 기업은 블랙라인(Blackline)으로, 재무 마감 프로세스에 특화된 클라우드 기반의 서비스를 제공하고 있다. 2001년 미

---

41 광학 문자 인식(Optical Character Recognition, OCR) 기능은 스캐너 또는 카메라 렌즈를 통해 손글씨나 인쇄물 또는 프린터된 글씨 등을 인지해 컴퓨터가 처리할 수 있는 텍스트로 변화하는 기능이다.

국 LA에서 설립됐고, 2019년 매출은 약 3,155억 원 정도다.

챗봇(Chatbot)

- 글자 그대로 채팅하는 로봇이다. 이미 모바일 애플리케이션을 이용해 고객 센터에 문의하면 전문 상담사의 느낌은 아니지만 기본적인 상담을 할 수 있다. 이런 경우 대부분 모바일 고객 센터에서는 1차적으로 챗봇을 활용하고 있다고 보면 된다.
- 아직까지 한국에서는 챗봇이 완벽하게 기능을 발휘하지 못하고 있다. 우선 한글에 대한 자연어 처리 기술이 더 발전해야 하고, 고객 상담 내용들이 훨씬 더 많이 축적되고 분석돼야 훨씬 자연스러운 채팅이 가능하다.
- 하지만 챗봇의 잠재성은 무궁무진하다. 일례로 해외 벤츠 자동차는 챗봇을 통해 간단한 상담 및 매장 방문을 통한 테스트 드라이빙까지 예약할 수 있다. 챗봇 한 대가 훌륭한 영업 사원 한 명의 몫을 하는 것이다.

RPA 또는 챗봇은 향후 우리가 사용할 수 있는 다양한 디지털 기술의 사례일 뿐이다. 프로세스 혁신 관점에서 중요한 것은 앞으로 TO-BE 프로세스를 설계할 때 디지털 기술의 발전을 꼭 고려해야 한다는 점이다. 한 번 구축된 프로세스를 수정하는 것은 어렵다. 비용과 시간이 발생하고, 이에 따른 책임을 누군가가 져야 하기 때문이다.

따라서 프로세스 혁신을 담당하는 책임자는 관련된 업무 영역에서 새롭게 등장하고 있는 디지털 기술과 솔루션에 대해 항상 관심을 갖고 있어야 하며, 이를 프로세스 안에 어떻게 녹여낼 수 있는지를 고민해야 한다.

우리는 바로 앞 장에서 뉴노멀에 대응하기 위한 '기업문화'에 대해 논의했다. 기업문화는 여전히 추상적이고 막연하다. 기업문화는 존재하지만 손에 잡히지는 않는다. 이렇듯 막연한 기업문화를 우리 눈 앞에 생생하게 구현하는 활동이 바로 '프로세스 혁신'이다. 기업문화가 우리들이 나아갈 방향을 제시한다면, 프로세스 혁신은 정해진 방향으로 갈 수 있는 실행 방안을 만드는 것이다. 즉, 가장 추상적인 기업문화와 가장 현실적인 프로세스 혁신은 동전의 양면과 같다. 따라서 뉴노멀 시대에 적합한 프로세스 혁신을 담당하는 임직원은 뉴노멀 시대를 맞아 기업과 비즈니스가 어떤 방향으로 가야 하는지를 명확하게 이해하고 있어야 한다. 단순히 기계적으로 프로세스를 설계한다면, 아쉽지만 아주 가까운 시일 내에 프로세스를 다시 한번 뒤집을 수도 있기 때문이다.

12장

위기 관리, 위험을
기회로 바꾸는 활동

위기 관리
비즈니스에 영향을 미칠 수 있는 위기를
사전에 파악하고 관리해 위기를 기회로 바꾸는 활동

'위기(Risk)'라는 단어의 의미는 대학교 재무 관리 수업에서 처음 배웠던 것 같다. 재무 관리 교수님께서 다소 선문답스러운 질문을 하나 하셨다.

"너희들, 위기(Risk)와 위험(Danger)의 차이가 뭔지 아니?"

당연히 제대로 된 답변은 나오지 않았다. 교수님은 몇 번 더 비슷한 방식으로 대답을 유도하신 후 위기와 위험에 대해 다음과 같이 설명해주셨다.

"너희들, 만약 떨어지는 칼날을 맨손으로 잡으면 어떻겠니? 무조건 위험하겠지? 하지만 주가가 어느 날 갑자기 떨어지는 칼날처럼 팍팍 하락하면 어떻겠어? 대부분의 주주들은 큰 손해를 보겠지만, 주식 하락에 배팅을 한 누군가는 오히려 큰돈을 벌었을 거야. 이게 바로 위기야. 위험은 피해야 하지만 위기는 위험과 기회가 함께 있는 거야."

뉴노멀 시대를 위한 **비즈니스 생존 키워드**

위기에는 기회와 위험이 공존한다

재무 관리 수업에서 여러 가지 지식을 배웠지만, 항상 기억에 남는 것은 위기는 위험과 기회가 공존한다는 교수님의 말씀이었다. 그리고 그때 배웠던 위기의 개념은 지금과 같은 뉴노멀 시대에도 똑같이 적용된다. 뉴노멀은 위험과 기회를 동시에 갖고 있는 위기이지 무조건 피해야만 하는 위험은 아니라는 것이다. 하지만 위기는 기회뿐 아니라 위험 요소도 함께 갖고 있기 때문에 그냥 방치해서는 안 된다. 기회는 최대화하고 위험은 최소화할 수 있는 적극적인 관리가 필요하다.

위기 관리(Risk Management)는 지금 말한 것처럼 기업과 비즈니스에 위해가 되는 사건과 재난을 적극적으로 대응해 위험을 기회로 만들기 위한 활동이다. 위기 관리를 미리 준비한 기업은 뉴노멀과 같은 갑작스러운 변화가 닥쳤을 때 상대적으로 피해를 덜 입거나 남들보다 더 빨리 위험에서 탈출할 수 있다.

위기 관리라고 하면 막연히 '문제가 생기면 적절히 대응하면 된다.'라고

위기 관리는 예고 없이 발생하는 위기를 선제적으로 대응해 추가적인 피해를 막고 새로운 기회를 만드는 것이다.

생각하는 사람들이 의외로 많다. 하지만 위기 관리는 생각보다 훨씬 고도로 발전한 분야다. 특히 위기 관리는 국제표준화기구[42]에서 ISO 31000 항목으로 별도의 위기 관리 표준을 제정해 관리하고 있다. 위기 관리 표준인 ISO 31000은 2009년 처음 제정됐고, 2018년 마지막으로 개정됐다. ISO 31000은 위기에 대한 정의에서부터 위기 관리 프레임워크와 위기 관리 프로세스 등 다양한 방면에서 기업 및 조직들이 지켜야 하는 사항들을 제시하고 있다.

2018년 개정된 ISO 31000에서 제일 주목받는 부분은 '위기'에 대한 정의가 바뀌었다는 것이다. 예전에는 위기를 '손실이 발생할 수 있는 기회 또는 가능성'이라고 정의하며, 물리적인 손실 발생의 가능성을 위기로 파악했다. 하지만 2018년 새로 개정된 위기에 대한 정의는 '불확실성이 대상물에 미치는 영향'이라고 정의하고 있으며, '영향(Effects)'은 '예측치에서 발생하는 긍정적 또는 부정적 차이이며, 위기와 위협이 될 수가 있다.'라고 명기하고 있다.[116] 즉, 위기의 개념이 단순한 물리적 손실에서 불확실성이라는 추상적 개념으로 확장됐고, 긍정적이든 부정적이든 예측에서 벗어나는 것 자체가 일종의 위기라는 것을 명시하고 있는 것이다.

새롭게 정의된 위기의 개념은 현재 뉴노멀 상황과 아주 잘 부합한다. 뉴노멀 상황에서는 모든 것이 불확실하다. 불확실한 것만큼 두렵고 겁이 나는 것이 있을까? 그러나 불확실한 상황에서 제대로 앞날을 예측한다면 남들보다 더 큰 수익을 얻을 수 있다. 따라서 위기를 '불확실성이 가져오는 긍정적 또는 부정적 영향'이라고 해석한다면, 우리는 뉴노멀 시대가 가져온 위기에서 부정적 요소뿐 아니라 긍정적인 요소들도 찾아볼 수 있을 것이다.

---

42 국제표준화기구(International Organization for Standardization)는 1947년 스위스에 설립된 NGO로, 전 세계 165개 국의 회원국을 갖고 있다. 국제표준화기구에서 특정 사항에 대해 표준을 제정해 권고하면 대부분의 회원국들이 공식적 규약으로 받아들일 만큼 큰 영향력을 지니고 있다.

두 가지 종류의 위기 관리

위기가 우리에게 긍정적으로 작용할 것인지, 부정적으로 작용할 것인지는 알 수 없지만, 한 가지 확실한 것은 위기는 적극적이고 체계적으로 관리돼야 한다는 점이다. 그런데 똑같은 위기 관리라고 번역되지만, 영어로 표현하면 서로 다른 두 가지 위기 관리가 존재한다.

첫 번째 위기 관리는 지금까지 논의했던 리스크 관리(Risk Management)이고, 두 번째 위기 관리는 크라이시스 관리(Crisis Management)다. 리스크와 크라이시스라는 단어 모두 한글로 해석하면 '위기'라는 뜻을 갖고 있다. 하지만 크라이시스에는 리스크에는 없는 다른 의미가 한 가지 있다. 바로 '최악의 고비'라는 뜻이다.[117] 두 가지 형태의 위기 관리는 영어 단어가 갖고 있는 의미만큼 비즈니스 환경에서도 다르게 사용된다. 다음 표에서 리스크 관리와 크라이시스 관리가 어떻게 다른지 확인할 수 있다.

두 가지 형태의 위기 관리

구분	리스크 관리 (Risk Management)	크라이시스 관리 (Crisis Management)
의미	기업 운영과 관련된 위기 요소들을 파악하고 이들을 관리하기 위해 계획하는 활동	기업에 잠재적 위협이 될 수 있는 부정적 사건을 다루는 활동
목적	기업의 잠재적 위협을 사전에 파악하고 대비	위기 기간 동안 발생할 수 있는 사회적 이슈를 낮춤
위기 대응 방식	선제적 대응	사후적 대응
위기 예시	• 실적 달성 실패 시 예측되는 재정 위기 • 글로벌 공급망이 마비될 경우 생산 차질의 이슈가 발생	• 경영진의 갑작스러운 퇴임 • 공장에서의 유독 가스 배출
위기의 종류	사전 예측이 가능한 위기	사전 예측이 불가능한 위기
주 사용 영역	기업 전략 및 금융 부문	홍보 및 PR 부문

일반적으로 크라이시스 관리는 홍보와 PR 부문에서 더 많이 사용된다. 예를 들어 특정 기업의 경영진이 사회적 물의를 일으킬 경우 기업의 홍보 부서에서 주로 담당하는 활동이 바로 크라이시스 관리인 것이다. 반면, 리스크 관리는 기업이 전략을 실행하고 여러 가지 운영 활동을 하는 과정에서 발생할 수 있는 위기 요인들을 사전에 파악하고 미리 대처할 수 있도록 준비하는 활동이다. 그렇기 때문에 기업의 기획 조정실이나 재무 부서에서 주로 담당한다. 두 가지 관리 방식은 분명 담당 영역과 관리하는 위기의 종류가 다르지만, 한 가지 공통적인 것은 위기를 제대로 관리하기 위해서는 사전에 철저한 계획과 매뉴얼을 갖추고 있어야 한다.

이 책에서 말하는 위기 관리는 리스크 관리를 의미한다고 생각하면 된다. 뉴노멀 상황에서 필요한 위기 관리는 사전에 기업 전략 및 운영상의 위기 요인을 선제적으로 파악하고 이를 최대한 활용해 위기를 기회로 전환하는 것이다. 따라서 이제부터 말하는 모든 위기 관리는 리스크 관리의 개념을 의미한다.

일반적으로 위기 관리는 크게 네 가지 종류의 위기 상황을 상정하고 대처한다. 다음에 제시되는 위기들은 서로 명확하게 분리된다기보다 일정 부분 서로 맞물려 있고, 서로 영향을 주고받는다. 따라서 개별 위기들이 무엇을 더 강조하는지를 고려하면서 살펴보는 것이 바람직하다.

- 전략적 위기(Strategic Risk): 기업이 변화하는 환경 및 트렌드에 적절히 대응하지 못했거나 잘못된 기업 전략을 수립해서 겪게 되는 위기를 가리킴.
- 운영 위기(Operational Risk): 기업이 일상적인 운영 활동, 즉 생산, 영업, 인사 등의 활동을 수행하는 과정에서 발생할 수 있는 위기를 가리킴.
- 재무적 위기(Financial Risk): 기업이 자금을 조달하고 관리하거나 비용을 집행하는 등의 금융 거래와 관련해 발생할 수 있는 신용 위기, 유동성

위기 등을 가리킴.

- 평판 위기(Reputational Risk)[43]: 기업이 비즈니스를 하는 과정에서 물의를 일으키거나 임직원들의 공적, 사적 활동이 사회적 물의를 초래해 기업의 명성에 금이 가게 하는 위기를 가리킴.

뉴노멀 상황에서 우리들은 위 네 가지 위기들 중 주로 어떤 위기를 더 많이 고민해야 할까? 현실적으로 네 가지 위기를 모두 고민해야 하지만 전략적 위기와 운영 위기를 우선적으로 고민할 필요가 있다.

전략적 위기는 앞에서 말한 것처럼 환경 변화에 잘 대처하지 못하거나 기존에 세웠던 전략이 현실과 괴리될 때 발생한다. 기업이 뉴노멀을 직면했을 때 고민하는 부분들과 정확히 일치한다. 코로나19가 초래한 뉴노멀은 BC(Before Corona, 코로나 이전)와 AC(After Corona, 코로나 이후)로 세상을 나눴고, BC를 기준으로 세웠던 모든 전략과 성과 목표들은 한순간에 실효성을 상실했다. 대부분의 전략은 경영 환경 및 경쟁 상황에 대한 다양한 가정과 분석을 통해 설계되고 실행된다. 예측하지 못한 환경 변화는 필연적으로 부적절한 경영 전략과 실효성 없는 업무 로드맵을 산출한다. 하지만 이미 작성된 전략과 로드맵에 따라 기업은 예산과 자원을 선집행하거나 투자를 진행한다. 이미 집행된 예산은 경영 손실로 재무제표에 반영되고, 새로운 사업 기회를 찾아도 기회비용[44]만 증가하게 된다.

2021년, 2022년의 상황은 어떨까? 2020년에는 세상이 너무 갑작스럽게 BC와 AC로 갈라졌기 때문에 우리들이 전략적 위기를 경험할 수밖에 없었지만, 이제 약 1년 정도 학습이 됐기 때문에 2021년 이후에는 전략적

---

43 평판 위기는 크라이시스 관리(Crisis Management)와 좀 더 밀접하게 연계되지만, 여기서는 발생 가능한 모든 위기를 검토할 필요가 있기 때문에 다른 세 가지 위기들과 함께 제시한다.
44 기회비용이 증가됐다는 표현은 실제 비용이 지출된 것이 아니라 투자 기회를 놓쳤다는 의미다.

위기가 대폭 축소될 수 있을까? 어느 정도 맞는 말이지만, 실제로는 그렇지 않다. 전략은 천재적인 전략가가 영감을 받아 하루아침에 완성하는 예술 작품이 아니다. 전략은 과거의 경험과 데이터를 엄밀히 분석하고 설정된 목표를 달성하기 위해 최적의 방법을 탐색하는 활동이다. 따라서 과거의 데이터와 업무 경험이 더 이상 유용하지 않고, 현재와 미래가 아직 불확실한 상황에서 제대로 된 전략을 수립하는 것은 생각만큼 쉽지 않다. 이는 1~2년 안에 해결될 수 있는 문제가 아니다. 앞으로 몇 해 동안은 수립된 전략과 도출된 결과 사이의 차이를 줄이는 과정을 지속적으로 하면서 오차를 줄이는 활동을 해야 한다. 바꿔 말하면 한동안 전략적 위기에 지속적으로 노출될 것이므로 이에 적절히 대응해야 한다.

뉴노멀과 운영 위기 간의 관계를 살펴보자. 뉴노멀 상황에서 나타난 극단적인 운영 위기는 글로벌 공급망(Global Supply Chain)의 붕괴다. 한국 기업뿐 아니라 대부분의 글로벌 기업들은 생산 원가 절감, 물류비 절감, 현지 소비 시장과의 거리 등을 고려해 오랜 기간 동안 적극적인 글로벌 생산 기지 또는 공급 기지를 건설해왔다. 대부분의 글로벌 공급망은 원래 목적에 맞게 성공적으로 작동했지만, 다음과 같은 굵직한 사태가 발생할 때마다 문제가 발생했다.

글로벌 공급망의 불안정성

글로벌 공급망은 오랫동안 검증받아온 운영 전략이다. 하지만 기업이 타국에 위치한 생산 기지 또는 공급 기지를 완벽하게 관리하는 것은 결코 쉽지 않다. 언제 어떤 환경적 재난이 일어나거나 문화적, 사회적 갈등이 발생할지 모르는 일이다. 다음은 기업들이 글로벌 공급망을 운영하면서 경험한 위기 사례들이다.

- 2011년 발생한 동일본 대지진은 일본 내 자동차 생산을 완전히 마비시켰고,

미국 등 해외 수출 계획에 큰 차질을 발생시킴. 일본은 2011년 대지진의 여파를 극복하는 데 최소 5년 이상 걸렸음.[118]

- 2011년 태국에서 발생한 대홍수로 인해 전 세계 하드디스크 드라이브(HDD)의 부품 가격이 약 20% 인상됐고, 부품 공급 부족 현상은 2012년 4분기까지 지속됐음.
- 2012년 중국 아이폰 생산 기지인 폭스콘에서 직원들이 처우 문제로 대규모 시위를 일으켜 아이폰 5의 생산 및 수출에 차질이 발생함.
- 2018년 미중 무역 전쟁으로 인해 상호 높은 무역 관세를 부가함에 따라 원자재 및 완성품들의 원활한 수출에 문제가 발생함.
- 2019년 11월 세계 최대 구리 광산이 위치한 칠레에서 발생한 대규모 파업으로 인해 전 세계 구리 공급량이 급감함에 따라 구리를 사용하는 산업체의 수익성 악화 및 생산 계획에 악영향을 초래함.[119]

앞에서 살펴본 글로벌 공급망 사례들은 모두 2020년 코로나19에 의한 팬데믹이 발생하기 전에 발생했다. 글로벌 공급망 운영이 이처럼 쉽지 않고 언제든 위기에 처할 수 있다는 것을 경험적으로 알고 있다면, 사전에 위기를 더 철저히 관리했을 것이다. 하지만 팬데믹 기간 동안 포춘 1000의 기업[45]들 중 94%가 글로벌 공급망에서 차질을 경험했다고 한다.[120] 사전에 아무리 철저히 준비했더라도 새로운 위기가 나타나면 분명 이전에 경험하지 못했던 어려움을 겪게 된다. 다만 사전에 위기 관리를 잘 준비했다면 새로 발생한 위기에 체계적으로 대응할 수 있다.

뉴노멀 시대에 발생하는 운영 위기는 이외에도 다양하다. 예를 들어보자. 코로나19 때문에 갑자기 대규모 판촉 행사들이 금지됐다. 신제품 출시

---

45 미국 경영 잡지인 포춘(Fortune) 지가 매출 기준으로 순위를 집계한 상위 1,000개의 미국 대기업을 가리킨다.

를 위해 마트에서 대규모 판촉 행사를 미리 예정하고 비용을 선납했다면 어떻게 해야 할까? 그리고 판촉 행사를 맡아 행사를 진행할 예정이었던 프로모션 업체는 어떻게 해야 할까? 대규모 출시 전략을 통해 인지도를 크게 올린 후 후속 캠페인을 진행할 예정이었던 마케팅 부서는 어떻게 대처해야 할까? 이런 모든 내용 하나하나가 운영 위기이며, 이를 사전에 대비할 수 있어야 한다.

재무적 위기는 돈을 벌거나 써야 하는 기업이 매일 직면하는 위기다. 물론 2008년 세계 금융 위기 상황에서는 재무적 위기가 가장 중요하고 치명적인 위기였다. 뉴노멀에서도 재무적 위기는 항상 존재할 것이다. 기업의 자금 관리나 금융 비용에 큰 문제가 없다면 대부분 재무적 위기는 목표 대비 매출이 부진하거나 비용이 많이 발생해 수익이 부족한 것에서 발생한다. 따라서 재무적 위기는 기업 전략과 운영이 예상대로 진행된다면 어느 정도 안정적으로 관리될 수 있다. 하지만 뉴노멀하에서는 전략적 위기와 운영 위기가 동시에 증감하기 때문에 재무적 위기 역시 함께 증가하게 된다.

마지막 위기인 평판 위기는 조금 상황이 다르다. 평판 위기는 뉴노멀과 큰 상관은 없다. 대부분 기업들이 팬데믹 동안 고생했고, 뉴노멀 상황에서 똑같이 어렵게 지내고 있다. 따라서 사회적으로 문제만 일으키지 않는다면 평판 위기는 뉴노멀에 상관없이 안정적으로 관리될 수 있다. 그럼에도 불구하고 평판 위기는 상시 철저하게 관리돼야 한다. 지금은 너무 많은 미디어 매체들이 존재하기 때문에 언제 어떤 미디어에 이상한 소문 또는 가짜 뉴스가 나갈지 모르기 때문이다.

'7장, 커뮤니케이션' 부분에서 이미 언급했지만, 뉴노멀 시대에는 공중파TV, 케이블TV, 유튜브, 페이스북, 트위터, 인스타그램 등 무수히 많은 미디어 채널이 존재한다. 예전 기업 홍보 부서는 소수의 방송국 및 신문사 기자들만 철저히 막으면 회사와 경영진에 대한 안 좋은 소식이 퍼지는 것을 막을 수 있었다. 하지만 지금은 어느 한쪽을 집중적으로 막아야할 것인지 파악하기도 힘들다. 원천적으로 모든 매체를 막거나 통제하기 힘들다면 사후적으로 철저히 관리할 수 있는 매뉴얼을 준비하는 것이 바람직하다. 물론 홍보 및 PR 전문가들의 도움을 받는 것도 좋은 방법이다.

지금까지 살펴본 것처럼 뉴노멀 시대에 완벽한 위기 관리 방법은 없다. 상황이 안정적이고 모든 것이 예측 범위 안에서 움직인다면, 100% 확실하지는 않지만 일정 수준 이상의 위기 관리 역시 가능하다. 하지만 뉴노멀 상황하에서 안정적인 것과 예측 가능한 것을 기대할 수는 없다. 반복해서 말하지만 오늘은 어제와 다르며, 내일은 오늘과 다를 것이다.

세 가지 위기 관리 원칙

하지만 뉴노멀 시대에도 몇 가지 위기 관리 원칙들은 준비하고 실행할수 있다. 이제부터 하나씩 살펴보자.

첫 번째 원칙은 위기는 준비한 만큼 대응할 수 있다는 확신을 갖는 것이다. 즉, 단순히 말로만 위기 상황에 미리 준비하고 적극적으로 대응하자고 형식적으로 말하는 것이 아니라 전사적으로 위기 관리에 대한 고민과 준비를 할 수 있어야 한다. 대부분의 사람은 위기 관리를 사후적으로 발생한 사건을 잘 무마하는 것으로 생각한다. 이런 활동 역시 매우 중요하며, 앞에서 말한 크라이시스 관리(Crisis Management)가 바로 이런 역할을 수행하고 있다. 하지만 크라이시스도 사전에 철저한 계획과 매뉴얼이 있어야만 제대로 관리할 수 있다.

따라서 최고 경영자는 항상 어떤 위기가 올지에 대해 늘 고민해야 하며, 임직원들 역시 위기 상황을 항상 고려하고 일할 수 있어야 한다. 하지만 더 중요한 것은 위기는 위험과 기회를 모두 갖고 있기 때문에 잘 관리해 위험 요인을 제거하고 기회 요인을 획득하는 것이다.

두 번째 원칙은 위기 관리를 위한 조직과 인력을 정비하는 것이다. 규모가 큰 글로벌 기업이나 대기업이라면 별도의 위기 관리팀을 구성할 수 있다. 하지만 규모에 상관없이 모든 기업은 위기를 전담할 수 있는 인력을 선정하고 적절한 권한과 책임을 부여할 필요가 있다. 위기 관리와 관련해 가장 중요한 사람은 당연히 최고 경영자다. 최고 경영자는 기업의 모든 책임을 최종적으로 지게 된다. 따라서 성과에 직접적으로 연관되는 위기 관리 역시 최고 경영자의 몫이다. 특히 위기는 평상시에는 눈에 보이지 않지만, 문제가 생기면 한순간에 엄청난 파장을 불러일으킨다. 따라서 최고 경영자는 평상시에 임직원들의 위기감이 약해지면 질책을 하고 위기가 갑자기 닥쳤을 때는 맨 앞에서 진두지휘를 해야 한다.

위기 관리를 전담하는 임원을 지정하는 것도 좋은 방법이다. 일반적으로 최고 재무 관리자(CFO)가 위기 관리를 도맡게 된다. 아무래도 재무적 위기는 항시 존재하며 모든 위기는 결국 돈과 관련되기 때문이다. 경우에 따라서는 기획 조정실 또는 전략 본부의 책임자가 위기 관리를 총괄하기도 한다. 그리고 이보다 중요한 점은 실제 업무를 진행하는 실무진에서도 위기 관리와 관련된 담당자를 선정하는 것이다. 운영 위기의 경우 실제 현장에서 업무를 하는 실무진보다 위기를 빨리 감지하는 사람은 없기 때문이다.

그리고 준법 감시부 또는 감사 부서 역시 적절히 활용해야 한다. 이들 부서는 대부분 감찰 업무를 맡기 때문에 운영상 발생하는 부정이나 잘못을 바로잡는 기능을 수행한다. 기업 내의 작업 태만과 부정이 점차 커져 큰 위기가 되는 것을 종종 볼 수 있기 때문이다.

세 번째 원칙은 위기를 어떻게 대처할 것인지에 대한 프로세스를 구축하는 것이다. 위기 관리를 위한 프로세스는 ISO 31000에도 세밀하게 정리

뉴노멀 시대를 위한 **비즈니스 생존 키워드**

돼 있지만[121], 여기서는 실무 과정에서 보다 쉽게 활용할 수 있는 5단계의 프로세스[122]를 알아보자.

1단계: 기업의 준비 상태를 점검하라(Readiness Assessments).

- 팬데믹과 같은 뉴노멀 상황뿐 아니라 일상적 업무 프로세스에서 기업이 위기 상황에 닥쳤을 때 어떻게 대응할 것인지에 대한 정보 및 액션 플랜이 있는지를 객관적으로 평가함.
- 준비 상태 평가 시, 사전에 평가 지표(예: 위기 관리에 대한 공감대는 있는가?) 및 척도(예: 5점 척도) 등이 준비되면 더욱 좋음.

2단계: 위기 관리 계획을 수립하라(Risk Management Plan).

- 기업의 핵심 사업 프로세스뿐 아니라 거의 모든 영역에서 예측 가능한 위기 요인들을 파악한 후 우선순위를 매김.

3단계: 비즈니스에 미치는 영향을 분석하라(Business Impact Analysis).

- 모든 위기 요소가 동일하게 평가되거나 관리될 필요는 없음.
- 2단계에서 파악된 리스크들을 기업 전략, 운영, 재무, 평판 등의 항목으로 분류해 각 항목들이 비즈니스에 미칠 수 있는 영향력의 강도를 측정함.
- 비즈니스에 미치는 위기의 영향력과 강도는 위기와 연관된 사건이 발생할 가능성, 위기가 초래할 결과의 특성과 강도, 복잡성 및 연결성, 시간 경과에 따른 변동성, 사전 통제 가능성을 고려하면 보다 구체적으로 측정할 수 있음.

4단계: 위기 관리 정책을 보완하라(Policy Management).

- 상황이 계속 진행되고 새로운 정보를 획득할 때마다 위기 관리 정책을

적절히 보완함.

- 위기는 상황 및 환경에 따라 상대적이므로 정기적으로 앞에서 분석한 위기의 강도 및 우선순위를 조정하고 이들에 대한 관리 정책을 재조정함.

5단계: 발생하는 사건들을 관리하라(Incident Management).

- 위기가 어느 날 갑자기 나타날 수도 있지만, 대부분의 위기는 사전에 여러 차례 징조[46]를 보임.
- 따라서 위기 관리 차원에서 사전에 설정된 위기와 연계되는 작은 사건 또는 소문들이 사내외에 존재하는지를 상시 모니터링할 필요가 있음.

기업이 처한 상황과 환경 그리고 기업 내부의 역량에 따라 위기 관리를 위한 대처 프로세스는 달라질 수 있다. 상시 재무 위험에 노출된 금융 기관은 훨씬 정교한 위기 관리 프로세스와 프레임워크를 구축하고, 정기적으로 위기 관리를 하고 있는지를 관계 부처에게 검사를 받는다. 반면, 얼마 전 사업을 시작한 스타트업이나 자영업의 경우, 정교한 위기 관리 프로세스를 만들기 위해 시간을 쏟을 여유도 없고 그럴 필요도 없다. 더 중요한 것은 사장과 직원들이 항상 위기 관리에 대해 늘 생각하고 서로 토의하는 문화를 만드는 것이다.

위기는 항상 존재해왔고, 언제 어떤 위기가 닥칠지는 아무도 모른다. 특히 뉴노멀 상황에서는 오랫동안 전문가들이 구축해왔던 위기 관리 노하우 역시 제대로 작동할 것이라고 장담할 수는 없다. 따라서 아무리 철저히 위기를 관리하더라도 생각보다 큰 피해를 입을 수도 있고 좌절할 수도 있다.

이때 필요한 것이 바로 '회복 탄력성(Resilience)'을 갖추는 것이다. 회복

---

46 흔히 '하인리히의 법칙(Heinrich's Law)'이라 불리는 내용이다. 하인리히 법칙은 하나의 대참사가 발생하기 전 29건의 경미한 인명 사고가 발생하고, 그전에는 300건의 인명 피해 없는 사고들이 발생한다는 것으로, 큰 사건이 벌어지기 전에 이미 여러 차례 징후들이 나타난다는 것을 의미한다.

탄력성은 외부의 스트레스를 잘 받아들이고 핵심적인 기능을 빨리 복구하고 변화하는 환경 속에서 살아남는 것을 의미한다.[123] 아무리 위기 관리 정책을 철저하게 수립하고 임직원들이 항상 위기에 대해 논의하는 문화를 정착시키더라도 막상 위기가 닥치면 쉽게 무너지는 경우가 있다. 따라서 제일 중요한 것은 위기를 잘 대처하는 것이지만, 어떤 면에서는 위기를 겪은 후에 다시 한번 떨치고 일어나는 태도와 역량이 필요할 수도 있다. 이러한 회복 탄력성이야말로 궁극적인 위기 관리 방안일지도 모른다.

뉴노멀 상황에서 우리들은 모든 위기를 예측할 수도 없고, 설령 몇 가지 리스크를 예측하더라도 적절히 대처하는 것은 쉽지 않다. 다만 우리들이 할 수 있는 것은 항상 위기가 우리 앞에 존재하며, 위기를 사전에 적절히 관리해야만 한다는 것이다.

세계 최대 반도체 회사 중 하나인 인텔(Intel)의 전설적인 CEO였던 앤디 그로브(Andy Grove)는 자신의 저서 『편집광만이 살아남는다』[124]에서 다음과 같이 이야기한다.

> "매일 아침마다 오늘은 어느 회사가 우리를 인수하겠다고 할지, 오늘은 어느 생산 라인에서 문제가 생길지, 오늘은 경쟁사가 우리보다 더 빨리 신제품 출시 발표회를 하면 어떨지 등을 고민하면서 자리에서 일어난다."

이 책이 출간된 해는 1996년이다. 지금에 비하면 1996년은 상대적으로 무척 안정적인 시대였지만, 그 당시에도 모든 경영자는 하루하루 위기의식을 갖고 비즈니스를 운영했다. 뉴노멀 시대를 살아가는 우리들이 하루하루 위기를 직면하고 이를 헤쳐나가는 것은 어쩌면 정상적인, 즉 노멀(Normal)한 일상일지도 모른다.

개인은 생존하기 위해
무엇을 해야 하는가?

04부

4부에서는 뉴노멀 시대의 생존 전략을 위해 개인이 준비해야 하는 세 가지 키워드들을 다룬다. 비즈니스 생존 전략의 마지막 요소로 개인들을 위한 키워드를 선택한 이유는 명확하다. 삼성전자, 구글과 같은 거대 기업이든, 어제 작은 카페에서 고교 동창 세 명이 막 창업한 스타트업이든 기업의 생존을 결정 짓는 것은 결국 조직에 속해 있는 개인이기 때문이다. 기업이 아무리 멋있고 실효성 높은 전략을 구성하고 글로벌 베스트 프랙티스에 맞는 프로세스를 도입하더라도 구성원들이 충분히 준비되지 않았다면 기업은 결국 비싼 수업료를 지불한 것으로 끝난다. 더욱이 뉴노멀 상황에서는 환경과 경쟁 그리고 소비자들의 트렌드가 예전과 비교할 수 없을 만큼 빨리 변화한다. 따라서 이미 만들어 놓은 전략과 프로세스는 정확한 타이밍을 놓치면 더 이상 사용할 수 없다. 따라서 기업은 뉴노멀 환경에서 생존하고 더욱 강해지기 위해 필연적으로 직원들의 역량을 강화해야 한다.

　그런데 여기서 한 가지 딜레마가 발생한다. 현재 뉴노멀 상황에서는 기업과 직원의 이해관계가 일치하지 않는다는 점이다. 종신 고용 제도가 있었던 까마득한 예전에는 기업과 직원은 하나였다. 기업이 잘돼야 개인이 잘된다는 생각으로 무장한 직원들은 기업의 생존과 성장 그리고 수익 창출을 위해 개인의 희생을 당연하게 생각했다. 하지만 이미 이러한 생각과 관행은 IMF 이후 빠르게 해체됐다. 또한 10년 단위로 등장하는 새로운 세대들, 즉 X세대, Y세대, 밀레니얼 세대 등은 조직 구성원으로서의 삶보다 개인의 삶을 더 중요하게 생각하고 있다. 이런 상황에서 기업은 직원들의 역량을 강화하기 위해 시간과 비용을 투자하는 것이 바람직할까? 그리고 직원들은 회사가 자신을 충분히 오랫동안 지켜주지 못하는데 회사 일에 열의를 다할 필요를 느낄 수 있을까?

　어쩌면 너무 뻔한 대답이지만, 당연히 그래야 한다. 회사는 직원들에 대한 투자를 멈춰서는 안 되고, 직원들은 회사에 남아 있는 한 회사의 성장을 위해 노력할 필요가 있다. 다만 이제는 예전과 같은 의무감이나 남들이 하니까 따라하는 직원 교육은 지양해야 한다. 기업의 전략적 방향과 단기적으로 달성해야만 하는 목표를 고려한 후 현재 기업의 부족한 부분을 채우기 위한 수단으로 직원의 역량 강화를 계획해야 한다. 사무실에서 영어를 한 번도 사용할 일이 없는 직원들에게까지 토익이나 기타 영어 성적을 요구하는 일은 없어져야 한다. 직원 개개인의 육성은 절대적으로 회사의 방향성에 맞춰 이뤄져야 한다.

직원들 역시 회사에 있는 동안 회사의 방향성에 맞춰 역량을 강화해야 한다. 14장의 '경력 관리' 부분에서 다시 한번 말하겠지만, 우리들에게 경력은 눈길에 쌓인 자동차 바퀴 자국처럼 흔적을 남긴다. 그리고 경력 세탁은 말처럼 그렇게 쉬운 일은 아니다. 따라서 나중에 이직할 경우 원하는 직장에서 조심스럽게 나의 평판을 조회할 가능성에 대비할 필요가 있다. 무엇보다 지금 다니는 직장이 자신의 향후 목표와 100% 불일치하지 않는다면, 열심히 일하는 것이 장기적으로 도움이 된다. 왜냐하면 향후에도 비슷한 업종이나 직무에 종사할 가능성이 높기 때문이다. 결국 지금 스스로의 역량을 강화한다면, 조만간 그 역량을 사용할 기회가 있을 것이다. 물론 중요한 전제 조건은 회사에서 계획한 교육 방향과 자신이 계획하는 경력 방향이 어느 정도 일치해야 한다는 것이다.

4부를 구성하는 세 가지 키워드

뉴노멀에도 불구하고 기업과 직원들 모두 역량 강화에 힘을 써야 한다면, 어떤 부분을 고민해야 할까? 일반적으로 '영어나 중국어를 공부하라', '파이썬(Python)이나 알(R)과 같은 컴퓨터 언어를 공부하라' 등과 같은 조언을 많이 듣게 된다. 최근에는 많은 사람이 유튜브가 대세라고 말한다. 하지만 무엇을 준비해야 할지는 기업과 개인의 상황에 따라 다르다. 따라서 4부에서는 뉴노멀의 특성을 고려해 다음 세 가지 키워드를 미리 준비할 것을 제안한다.

- 디지털 노마드
- 경력 관리
- 평생 학습

13장에서는 디지털 노마드를 다룬다. 디지털 노마드는 쉽게 말해 과거 대초원을 자유롭게 떠돌던 유목민처럼 디지털 기기와 자신만의 역량에 의존해 자유롭게 일하는 사람들을 말한다. 현재 미국에만 약 1,000만 명 이상의 사람들이 디지털 노마드로 분류된다. 이들은 기존의 전통적인 사무 공간이 아니라 카페, 관광지, 아니면 사람이 별로 없는 교외에 머물면서 마치 개인 사업자처럼 일한다. 프리랜서의 일종일 수도 있다. 사실 많은 사람이 프리랜서의 삶을 원한다. 기업이나 조직의 계층 구조에 얽매이지 않고 자유롭게 살고 싶기 때문이다. 하지만 프리랜서가 진정으로 프리(Free)한 때는 바로 돈을 벌지 못하는 때라는 말을 기억하자.

개인이 뉴노멀 시대를 살아가기 위한 첫 번째 키워드로 디지털 노마드를 선정한 이유는 간단하다. 비대면 시대의 화두인 원격근무 또는 재택근무는 디지털 노마드를 선정하게 된 이유 중 한 가지일 뿐이다. 제일 중요한 이유는 뉴노멀에서는 개인 스스로가 자신의 삶을 책임질 수 있어야 하기 때문이다. 언제든 조직에서 벗어나 혼자 생존할 때 필요한 몇 가지 특성들을 디지털 노마드가 잘 보여준다.

그뿐 아니라 기업들 역시 디지털 노마드의 특성을 잘 이해할 필요가 있다. 점점 많은 직원들이 디지털 노마드처럼 근무하길 원한다. 그리고 빠르게 발전하는 디지털 기술은 직원들이 꼭 사무실에 있지 않아도 원하는 결과를 낼 수 있도록 도와준다. 디지털 노마드의 특성을 이해하고, 이를 인사 제도 및 업무 프로세스에 적용한다면 뉴노멀에 적합한 인사 정책을 펼 수 있다.

두 번째 키워드는 경력 관리다. 특정 직장에서 근무를 하든, 프리랜서로 자유롭게 활동하든, 작은 옷가게를 운영하든 상관없다. 학교를 졸업하고 사회에 나온 순간부터 우리들의 경력은 시작된다. 다시 한번 강조하지만 우리가 쌓아온 경력은 절대로 쉽게 없어지지 않는다. 과거 경력을 쉽게 지울 수 없다면, 제일 공격적이고 효과적인 방법은 바람직한 경력을 쌓는 것이다. 바람직한 경력은 누구나 알 만한 대기업에 들어가고, 시즌마다 정기적으로 승진해 임원이 되는 것 만을 의미하지 않는다. 자신이 계획한 목표를 달성하기 위해 경력을 든든한 버팀목처럼 쌓아가는 것이다. 뉴노멀 시대에서는 스스로가 독자생존해야 한다. 독자생존의 가장 기본은 바로 자신만의 뚜렷한 역량을 갖는 것이고, 이를 위해서는 체계적인 경력 관리가 필요하다.

경력 관리는 기업에게도 중요한 요인이다. 사실 경력 관리는 인사 관리의 중요한 영역 중 하나다. 직원들의 필요와 희망 사항이 잘 반영된 경력 관리 계획 및 운영 방안은 어떤 면에서 직원들에게 가장 큰 동기 부여가 될 수 있다.

마지막 키워드는 평생 학습이다. 우리들은 인생의 새로운 단계를 시작할 때마다 뭔가를 배워야 했다. 유치원에 들어가고, 초등학교에 입학한 후 대학에 들어가고 회사에 취직할 때, 새로운 환경이 우리에게 요구하는 것을 배워야만 했다. 글자 그대로 '요람에서 무덤까지' 우리들은 계속 학습을 강요받으며 살아왔다. 하지만 뉴노멀하에서는 학습은 이제 강요가 아닌 필수 사항이다.

우리가 경력 관리 측면에서 한 가지 방향을 정하고 꾸준히 노력한다고 생각해보자. 한 우물만을 팠다면, 당연히 특정 분야의 전문가라는 소리를 들을 것이다. 하지만 특정 분야 전문가가 더 이상 최고의 실력을 의미하지는 않는다. 디지털 기술과 새로운 산업이 계속 등장하기 때문에 내가 당연히 익힌 지식과 기술은 금세 진부해진다. 내가 특정 지식과 기술을 얻기 위해 5년이라는 시간을 투자했다면, 내 뒤를 쫓아오는 경쟁자들은 3년 안에 나를 따라잡을지도 모른다. 3장에서 살펴본 '무경계의 경쟁'은 상황을 더욱 힘들게 한다. 언제 어디서 처음 보는 경쟁자가 나타날지 모르기 때문이다.

그렇기 때문에 자신이 가장 자신 있는 분야라도 꾸준히 새로운 트렌드와 지식을 익혀야 한다. 조금이라도 나의 비즈니스와 연관되는 분야가 있다면 절대로 그냥 지나쳐서는 안 된다. 비록 한 가지 경력만을 쌓아왔더라도 언제 자신의 경력이 단절될지 모른다. 그만큼 지금의 환경 변화는 예측하기 어렵다.

기업 역시 직원들의 평생 학습을 지원하는 것이 비즈니스 생존에 도움이 된다. 뉴노멀처럼 환경 변화가 심할 때 모든 임직원이 단일한 특성과 지식 그리고 경험을 갖고 있으면 위험하다. 어느 정도 지식과 경험이 분산돼 있어야 위기 상황에 더 쉽게 대처할 수 있다. 위기 상황에서 갑자기 새로운 사람을 조직에 끌어들일 수는 없다. 따라서 기존의 직원들이 새로운 지식과 경험을 계속 학습해 회사가 필요할 때 활용할 수 있도록 해야 한다.

뉴노멀처럼 갑자기 환경이 바뀌면 기업과 개인 모두 힘든 시간을 보낼 수밖에 없다. 하지만 언제나 회사보다는 개인들이 더 큰 위기감을 갖고 살아간다. 위기감을 극복할 수 있는 제일 좋은 방법은 위기에 대응할 수 있는 자신만의 역량을 갖추는 것이고, 적절한 기회가 나타났을 때 이를 적극 활용할 수 있는 감각을 키우는 것이다. 누군가는 역량과 감각을 모두 타고 난다. 하지만 대다수의 사람들은 역량과 감각을 키우기 위해 부단히 노력할 수밖에 없다. 막연히 노력할 필요는 없다. 뉴노멀의 특성을 이해하고, 자신만의 경력을 쌓아가면서 지속적으로 학습한다면 우리들이 느낄 수 있는 위기감을 조금이라도 줄일 수 있다. 무엇보다 개인 스스로의 생존 가능성을 한층 높일 수 있을 것이다. 그리고 이렇듯 생존력이 강한 개인들로 구성된 조직이라면 조직의 생존력 역시 높아질 것이다.

이제부터 개인들이 무엇을 준비해야 하는지 하나씩 살펴보자. 첫 번째 키워드인 디지털 노마드부터 알아보자.

13장

디지털 노마드,
뉴노멀 시대의 삶의 방식

디지털 노마드
디지털 기기와 자신만의 역량을 바탕으로
자유롭지만 스스로에 대한 책임을 지는 삶

2020년 9월 YTN에 짧은 기사가 하나 올라왔다. 제목은 '디지털노마드 - 온라인 비서 질 오펠리거 씨[125]'인데, 제목만 놓고 보면 상당히 낯선 단어가 눈에 들어온다. 디지털 노마드는 이미 어느 정도 정착된 용어이므로 이해하는 데 어려움은 없다. 하지만 온라인 비서는 무엇일까? 디지털 기술 덕분에 새로 출시된 업무 지원 소프트웨어의 일종인가? 궁금증을 해소하기 위해 기사를 읽은 후 이 짧은 기사가 13장의 주제인 디지털 노마드의 특징을 정말 잘 정리했다는 것을 느꼈다. 기사의 내용 중 핵심적인 사항 몇 가지만 살펴보자.

디지털 노마드, 질 오펠리거 씨의 하루

우선 질 오펠리거 씨는 가상의 소프트웨어가 아니라 살아 있는 사람으로 스위스에서 비대면 방식으로 다양한 기업들을 위해 비서 업무를 수행하고 있는 사람이다. 2년 전에는 회사에 소속돼 영국에 있는 상사의 업무를 지원했지만, 어느 날 출근을 해도 상사를 만날 일도 없고 모든 일을 온라인으로 처리하는 자신을 발견하고, 회사를 그만두고 독립했다. 온라인으로 다양한 기업의 업무를 지원하는 소위 '온라인 비서'가 된 것이다. 최근에는 많을 경우 약 20개 정도의 업체와 계약을 맺고 일한다. 질 오펠리거 씨의 근무처는 정해져 있지 않다. 코로나19 때문에 요즘은 가까운 스위스 루체른 호수를 오가는 기차와 유람선에서 일한다. 예전에는 발리, 이탈리아 등에서도 일을 해봤다. 어차피 온라인으로 업무를 하기 때문에 장소는 중요하지 않다. 일과 개인 삶 간의 균형을 맞출 수만 있으면 된다. 하지만 질 오펠리거 씨가 처음 독립해 일을 시작할 때는 용기가 필요했고, 혼자 일하기 때문에 외로움을 견뎌내야 한다. 최근에는 코로나19 때문에 비대면 문화가 확산됨에 따라 자신의 선택에 대한 확신이 커졌다고 한다. 그리고 질 오펠리거 씨는 자신의 삶을 디지털 노마드식 삶이라고 말한다.

기사에 나오는 질 오펠리거 씨는 디지털 노마드의 특징들을 명료하게 보여준다. 디지털 노마드에 적합한 직무, 업무 방식, 업무를 보는 장소, 디지털 노마드로서 겪게 되는 심리적 부담감 그리고 최근 코로나19가 가져온 비대면 문화의 영향 등 13장에서 다룰 모든 내용들을 함축적으로 보여준다. 다만 기사에 나온 표현 중 한 가지는 수정하는 것이 좋아 보인다. 기사 제목에 나오는 '온라인 비서'라는 표현은 독자들이 쉽게 이해할 수 있도록 택한 용어로 보인다. 일반적으로 통용되는 표현은 '버추얼 어시스턴트(Virtual Assistant)'로, '가상 도우미' 정도로 해석할 수 있다.

원래 13장을 준비하면서 잠정적으로 고려한 주제는 '원격근무'였다. 코로나19에 의해 비대면 근무 및 집이나 카페에서 일하는 원격근무가 급격히 증가했고, 앞으로도 지속될 것이기 때문이다. 하지만 원격근무에 대해 계속 자료를 찾아보고 고민해본 결과, 원격근무는 지금의 뉴노멀이 가져올 라이프 스타일의 변화를 적절히 표현하는 데 한계가 있다는 생각이 들었다. 원격근무는 단지 어디서든 일할 수 있다는 장소적 의미가 너무 강하기 때문이다. 그래서 다시 고민하고 선정한 주제가 바로 디지털 노마드다. 디지털 노마드라는 개념이 나온 지 20여 년이 흘렀지만, 지금처럼 디지털 노마드적 라이프 스타일이 필요한 시대는 없었다.

먼저 디지털 노마드에 대해 알아보자. 디지털 노마드는 '디지털(Digital)'과 유목민을 뜻하는 '노마드(Nomad)'의 합성어다. 종종 '디지털 유목민'이라고 직역하는 경우도 있지만, 현재는 '디지털 노마드'라는 표현이 정착됐다. 일반적으로 디지털 노마드라는 용어는 1997년에 출간된 『디지털 노마드』[126]라는 책에서 시작됐다고 본다. 하지만 디지털 노마드라는 용어는 프랑스의 정치학자이자 경제학자인 '자끄 아탈리(Jacques Attali)'가 1999년에 저술한 『21세기 사전』[127]에서 새로운 세기의 사람은 '디지털 노마드'로서 시간과 장소에 구애받지 않고 유목민처럼 자유롭게 떠돌아 다니며, 인터넷과 모바일 컴퓨터 등을 활용할 것이라고 예측한 글을 통해 유명해졌다.

디지털 노마드, 그들은 누구인가?

디지털 노마드에 대한 좀 더 구체적인 이미지를 얻기 위해 이들의 연령, 직업적 특성 등에 대한 자료를 살펴보자. 아직 한국은 디지털 노마드에 대해 오랫동안 연구한 자료가 많지 않기 때문에 미국에서 2011년 이후 연구된 자료를 참고하고자 한다. 비록 국가는 다르지만, 디지털 노마드 관련된 많은 부분을 공유할 수 있을 것이다.

이제부터 살펴볼 자료는 미국의 인사, 조직 관련 컨설팅 회사인 MBO

파트너스에서 2011년부터 매년 디지털 노마드에 대해 조사한 자료[128]다. 2011년 이후 약 1,500명 이상의 디지털 노마드들을 대상으로 심층 인터뷰를 진행했고, 수만 명의 개인 사업가가 정량 조사에 참여했다. 이제부터 인용할 자료들은 2020년 8월 조사 결과를 통해 도출된 내용이다.

이 조사에 따르면, 2020년 미국에서 자신이 디지털 노마드라고 생각하는 사람들은 약 1,000만 명 이상으로, 2019년 700만 명에서 49% 증가했다. 한 가지 특이한 점은 다음 표에서 볼 수 있듯이 프리랜서, 개인 사업자 등 원래 디지털 노마드로 분류되던 사람들의 1년간 약 50만 명 정도 증가한 반면, 전통적인 직업, 즉 사무직이나 조직에 소속된 사람들 중 스스로가 디지털 노마드라고 생각하는 사람들의 비율이 2배 가까이 증가했다는 점이다. 이는 전통적인 조직과 근무 환경이 비대면으로 바뀜에 따라 조직에 속한 직원들이 자신의 업무를 보는 관점이 변화하고 있다는 점을 명확하게 보여준다.

디지털 노마드의 구성 변화

(단위: 백만 명)

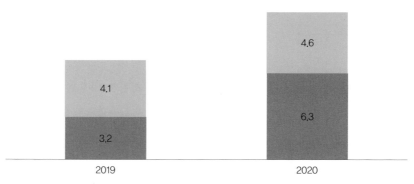

● 독립적 직업군　● 전통적 직업군

디지털 노마드를 세대 구분으로 분류하면, 1980년에서 1990년대 중반에 출생한 밀레니얼 세대(Millennials)가 전체 디지털 노마드의 42%를 차지하며, 그다음은 1970년대 출생한 X세대로 약 22%를 차지한다. 1990년대 중반에서 2000년대 초반에 태어난 Z세대는 19%, 1965년 이전에 태어난 베이비부머(Baby Boomer)는 17%를 차지한다. 전체적으로 30대 전후의 사람들이 디지털 노마드를 구성하고 있는 것이다.

직업적 특성으로 구분해보면, 당연히 IT 기술직에 속하는 사람들이 전체의 12%를 차지하면서 가장 많은 비율을 보이며, 교육 및 트레이닝 관련 분야가 11%, 컨설팅, 코칭 그리고 연구직 역시 11%를 차지하고 있다. 마케팅과 세일즈 직군은 9%를 차지한다. 그리고 응답자의 70%는 디지털 노마드로서 전일제로 근무하며, 나머지 30%는 다른 일을 하면서 디지털 노마드의 삶을 추구한다고 응답했다.

디지털 노마드의 삶에 대한 만족도는 높은 편이다. 스스로가 디지털 노마드라고 생각하는 응답자의 90%는 디지털 노마드로서의 근무 환경에 만족한다고 응답했고, 76%는 소득 수준에도 만족한다고 응답했다. 참고로, 응답자의 26%는 연 소득이 2,800만 원 이하이며, 응답자의 38%는 연 소득이 8,200만 원 이상으로 집계됐다.

한 가지 재미있는 조사 결과는 스스로가 디지털 노마드라고 밝힌 응답자의 17%가 차량[47]을 이용해 여행을 하면서 디지털 노마드의 삶을 즐긴다는 점이다. 최근 한국에서 차박[48]이 크게 유행하고 있는데, 향후에 한국에서도 자신의 차를 하나의 오피스처럼 개조해 여행과 업무를 같이 해결하는 디지털 노마드의 등장을 기대해본다.

디지털 노마드는 자신만의 전문성 및 디지털 기술에 높은 관심과 투자

---

47 미국에서는 일반적으로 밴(Van)이나 숙박이 가능한 트레일러를 이용한다.
48 글자 그대로 차에서 숙박하는 것을 의미하며, '오토 캠핑'이라는 용어도 있다.

뉴노멀 시대를 위한 **비즈니스 생존 키워드**

를 하고 있다. 디지털 노마드라고 응답한 사람들 중 71%는 디지털 기술이 자신이 경쟁력이라고 생각한 반면, 디지털 노마드가 아니라고 응답한 사람들 중 43%만이 디지털 기술이 경쟁력이라고 답했다. 이와 마찬가지로 디지털 노마드 중 68%는 자신의 업무를 하기 위해 특성화된 트레이닝, 교육 그리고 전문 역량이 필요하다고 응답했지만, 디지털 노마드가 아닌 응답자들 중 48%만이 전문적인 트레이닝 등이 필요하다고 응답했다. 업무 관련 역량 개발에서도 약 20% 포인트 이상의 차이를 보이고 있는데, 디지털 노마드의 58%가 최근 업무와 관련된 교육을 받았지만, 디지털 노마드가 아닌 사람들은 단지 34%만이 교육을 받은 것으로 나타났다.

지금까지 살펴본 조사 결과만 요약한다면, 디지털 노마드는 상대적으로 젊고, 디지털 기술 및 디지털 기기를 잘 다루고, 자신만의 전문성을 갖고 독립적으로 일할 수 있는 사람이다. 소득 수준 역시 나쁘지 않지만, 끊임없이 자기계발을 해야만 한다. 그리고 한곳에 머물러 일하는 것보다 자유롭게 다니면서 일하는 업무 방식을 선호한다.

앞에서 살펴본 질 오펠리거 씨는 지금 설명한 디지털 노마드와 비슷한 부분이 많다. 대표적인 예로 자유로운 근무 방식, 디지털 기기의 활용, 독립적인 활동 등을 들 수 있다.

디지털 노마드는 자신만의 업무 방식을 갖고 있다. 이들의 업무 방식은 그들만의 특성, 즉 디지털 기술과 업무 방식 그리고 근무 방식 등에 기인한다. 디지털 노마드만의 특징적인 업무 방식을 살펴보자.

• 온라인, 즉 인터넷과 와이파이, 모바일 기기를 이용해 대부분의 업무를 처리한다. 대부분의 사무직들이 사무실에서 기대하는 기기들, 즉 프린터, 책상 위에 놓인 유선 전화기, 전용 책상과 의자 그리고 여러 명이 모일 수 있는 회의실 등을 더 이상 사용하지도 않고 원하지도 않는다.

- 원하는 장소가 있다면 어디든 가서 일을 한다는 것이다. 이미 모든 업무는 온라인으로 처리하기 때문에 와이파이와 스마트폰 네트워크가 연결되는 곳이 바로 사무 공간이 된다. 따라서 이들의 근무지는 광범위하다. 어떤 디지털 노마드는 도시 내에서 유명한 카페와 명소들을 찾아다니며 자유롭게 일한다. 또 다른 디지털 노마드는 전 세계를 다니면서 일한다.
- 디지털 노마드는 주로 혼자 일한다는 특성을 갖고 있다. 물론 꼭 혼자서 일할 필요는 없다. 같은 회사의 사람들이 회사 외의 장소에 같이 모여 일할 수도 있다. 하지만 이런 경우는 동료들이 일종의 위성 사무실(Satellite Office)에서 일하는 개념이다. 디지털 노마드는 자신의 맡은 일을 독립적으로 그리고 자기완결형으로 처리한다. 자신과 업무를 공유할 사람은 있지만, 무조건 같이 일할 필요는 없다.

지금까지 세 가지 사항들은 대부분 디지털 노마드들이 공통적으로 갖고 있는 특성이다. 하지만 한 가지 특성은 디지털 노마드마다 차이점을 보일 수 있다. 바로 조직에 대한 소속감이다. 대부분의 디지털 노마드들은 프리랜서 또는 자영업자들이다. 자신만의 역량에 대한 믿음을 갖고 조직 구성원이 아닌 프리랜서의 삶을 선택한 것이다. 물론 특정 프리랜서 협회나 소속사 등에 속한 경우는 제외한다. 하지만 최근 비대면 트렌드가 급격히 증가하면서 일반 기업에 속한 직원들 역시 디지털 노마드식 삶을 선택하기 시작했다. 직원들의 디지털 노마드식 삶의 시작은 원격근무에서 시작된다. 만약 회사에서 코로나19에 대한 방역 이슈로 재택근무를 지정한 것이 아니라면, 원격근무는 원칙적으로 장소에 구애받지 않는다.

원격근무는 종종 재택근무와 혼용되지만, 사실 원격근무(Remote Work)는 재택근무(Work from Home)를 포함하는 개념이다. 원격근무는 1970년대 후반부터 본격적으로 논의됐는데, 이때 많이 사용됐던 용어는 '텔레커뮤팅

(Telecommunting)'이었다. 즉, 전화기만 있으면 어디서든 근무할 수 있다는 것인데, 무선 통신이 없었던 시절에 가장 편하게 근무할 수 있는 곳은 집이었다. 얼핏 생각하면 원격근무와 재택근무가 비슷해 보였다. 하지만 지금처럼 모바일 기기가 자유로운 시대에는 원격근무와 재택근무는 분명 전혀 다른 개념으로 봐야 한다.

따라서 특정 기업에 소속돼 있더라도 원격근무를 할 수 있는 직원 역시 일종의 디지털 노마드라고 볼 수 있다. 이런 관점에서 본다면, 우리들이 일반적으로 프리랜서, 개인 사업자, 프로그래머 등을 디지털 노마드라고 생각하지만, 회사에 속해 있는 영업 사원, 마케터, 비서 등도 디지털 노마드가 될 수 있다. 기업에 소속된 직원들 역시 디지털 노마드처럼 일할 수 있다는 것은 인사 관리 및 운영 프로세스 측면에서 큰 의미를 지닌다.

지금까지 직원들은 모두 사무실에서 모여 근무해야 한다는 전제가 무너진 것이다. 기업은 디지털 노마드처럼 움직이는 직원들을 평가하고 관리하기 위한 프로세스를 다시 정립해야 하며, 직원들 역시 디지털 노마드처럼 일할 수 있는 기회가 주어진다면 그에 합당한 책임감과 자세를 갖고 일해야 한다. 뒷부분에서 이와 관련된 내용들을 좀 더 살펴본다.

디지털 노마드를 위한 장소, 코워킹 스페이스

디지털 노마드라고 하면 왠지 태국의 치앙마이나 프랑스 시골에서 혼자 여유롭게 지내면서 워라밸을 지키면서 살 것 같다. 실제로 이렇게 혼자 다니면서 자신만의 시간과 자유를 즐기는 디지털 노마드 역시 많다. 하지만 우리들의 이런 생각과 달리 디지털 노마드 역시 사회적 관계 속에서 살아가는 존재이므로 다른 사람들과 어울리는 삶을 살고 있다. 다만 전통적, 사

디지털 노마드의 특성을 고려해 만들어진 공간이 코워킹 스페이스다.
이들은 코워킹 스페이스가 주는 편리함을 누리면서도 자신만의 자유를 추구한다.

회적 관계 대신 비슷한 삶의 궤적을 공유하는 또 다른 디지털 노마드들과 함께 지내는 것을 선호한다. 그리고 이들이 같이 모여 근무도 하고 여가 생활도 함께하는 장소들도 쉽게 볼 수 있다. 일반적으로 이런 장소들을 코워킹 스페이스(Coworking Space)라고 한다.

코워킹 스페이스는 이름 그대로 함께 모여 일하는 공간을 말한다. 코워킹 스페이스에 대한 구체적 정의와 기준은 없다. 따라서 위워크(WeWork)와 같은 공유 사무실도 코워킹 스페이스라고 부르는 언론들도 있다. 하지만 위워크 또는 패스트파이브(FASTFIVE) 등과 같은 공유 사무실은 대부분 기업이 공유 사무실의 일정 공간을 렌트해 사용하는 개념이다. 따라서 스타트업이 창업 초기에 사용하거나 기존 회사에서 특정 조직이나 팀을 한시적으로 외부에 배치할 때 종종 사용한다. 실제로 한국뿐 아니라 다른 나라의 위워크를 방문해보면 적으면 서너 명, 많으면 십여 명이 소파 또는 회의

실에 모여 일하는 것을 쉽게 볼 수 있다.

반면 디지털 노마드들이 주로 찾는 코워킹 스페이스는 위워크 형태의 공유 사무실은 아니다. 디지털 노마드들이 선호하는 장소는 글자 그대로 '공간(Space)'를 공유하는 것이지 사무실을 공유하는 것은 아니다. 유명한 여행지나 휴양지에서 일하기 편한 책상과 의자 그리고 초고속 인터넷이 가능한 장소를 다른 디지털 노마드들과 함께 공유하는 것이다. 그뿐 아니라 디지털 노마드를 위한 코워킹 스페이스를 위워크 등과 차별화하는 특징이 한 가지 있다. 바로 비슷한 성향이 있는 디지털 노마드끼리 함께 살수 있도록 마치 호텔처럼 운영된다는 점이다. 이들 장소는 대부분 일을 할수 있는 공간뿐 아니라 호텔 룸처럼 잠을 잘 수 있는 공간과 요가나 피트니스를 할 수 있는 공간들을 갖고 있다. 따라서 디지털 노마드들을 위한 공간을 묘사할 때는 일반적으로 '코리빙 & 코워킹(Coliving & Coworking)'이라는 표현을 쓰기도 한다.

최근에는 디지털 노마드를 위한 '코리빙 & 코워킹' 장소들이 크게 증가했다. 미국 포브스(Forbes) 지에 따르면 미국에서 디지털 노마드를 위한 '코리빙 & 코워킹' 장소는 2017년에서 2019년 사이에 약 2배 이상 증가했다고 한다.[129] 이런 장소들은 일반적으로 하나의 기업이나 호텔 체인처럼 운영되고 있다. 전 세계의 유명한 도시에 동일한 구성으로 디지털 노마드를 유혹하는 코워킹 스페이스들도 쉽게 찾아볼 수 있다. 다음으로 살펴볼 로움 역시 미국, 런던, 도쿄, 발리 등에서 디지털 노마드를 위한 공간을 제공하고 있다.

__ROAM__ © ROAM

2015년 오스트리아 출신의 브루노 하이드(Bruno Haid)에 의해 설립된 로움은 디지털 노마드들을 위한 대표적 코리빙 & 코워킹 스페이스다. 2021년 현재 미국의 샌프란시스코, 마이애미, 뉴욕, 영국의 런던, 일본의 도쿄 그리고 인도네시아 발리 등에 지점을 두고 있다. 설립된 지 1년 만인 2016년 340만 불의 투자를 성공적으로 유치했다.

영어 단어인 로움(Roam)은 '떠돌아다니다.', '방랑하다.' 등의 뜻을 지닌다. 로움이라는 공간 역시 여기저기 떠돌아다니며 일을 하는 디지털 노마드만을 위한 공간을 표명한다. 로움 홈페이지에는 '같이 방랑하자(Roam Together).', '생산적으로 방랑하자(Roam Productively).', '편안하게 방랑하자(Roam Comfortably).' 등의 표현들을 쉽게 찾아볼 수 있다. 코리빙 & 코워킹 공간을 지향하는 로움은 마치 호텔처럼 로움 안에 머무는 디지털 노마드들이 일할 때는 집중해서 일할 수 있고, 쉴 때는 자기만의 여유와 활동, 요가나 취미 생활을 즐길 수 있는 모든 설비를 갖추고 있다. 심지어 발리에 있는 로움 사이트는 부띠크 호텔을 개조한 것이다.

디지털 노마드를 대상으로 하지만 기본적인 운영 방식은 호텔과 비슷하다. 화장실과 샤워실이 있는 작은 방이 있고, 식사를 제공하는 레스토랑이 있다. 그리고 이용자들의 특성을 고려한 요가 수련장과 피트니스 센터를 갖추고 있다. 물론 방은 호텔만큼은 아니지만 원하는 시간에 청소 및 정리를 해준다. 로움을 이용하기 위해서는 최소 7박을 해야 한다. 기본 요금은 7일 기준으로 최소 500달러에서 1,200달러 사이이며, 요금은 지역에 따라 조금씩 차이가 난다. 멤버십 비용도 없으며, 보증금도 필요없다. 깔끔하게 예약한 기간만큼 이용하고 비용을 지불하고 떠나면 된다.

로움이 내세우는 차별화 포인트는 '커뮤니티'이다. 로움과 에어비앤비와의 차이점을 물어보면, 로움의 설립자인 브루노 하이드가 항상 강조하는 것이 '멋진 사람들'

을 만날 수 있다는 점이다. 비슷한 특성을 가진 사람들이 모여 시너지를 내고, 정보와 지식을 공유하고 즐거움을 나눌 수 있다는 점이 로움이 내세우는 강점이다. 그리고 이를 위해 로움 안에 머무르는 사람들끼리 친해질 수 있는 다양한 활동, 예를 들어 브런치 세션을 준비하거나 아침마다 잔디밭에서 요가 클래스를 운영하고 있다.

로움과 같은 코리빙 & 코워킹 스페이스는 어떤 면에서는 언제든 자유롭게 떠돌아다니는 디지털 노마드의 가치관과 편한 삶을 추구하려는 인간의 욕망을 모두 반영한 결과물이다. 로움은 분명 디지털 노마드가 편리함과 생산성 그리고 자유로움을 모두 누릴 수 있는 좋은 옵션이라는 점은 확실하다.

디지털 노마드를 위한 코워킹 스페이스는 해외에만 있는 것은 아니다. 한국에도 있다. 제주도 서귀포에 있는 '스타트업베이'가 한국적 코워킹 스페이스다. '디지털 노마드를 위한 파라다이스'라고 불리는 스타트업베이는 서귀포시의 특성인 천혜의 자연 환경, 자유로운 교류, 다양한 다과 및 프리미엄 커피 등을 제공하면서 창업가, 프리랜서, 유튜버 등을 서귀포로 끌어들이고 있다.[131]

다양한 국가에서 디지털 노마드들을 유혹하기 위해 많은 노력을 하고 있다. 인도네시아는 디지털 노마드들을 대상으로 발리(Bali)에 있는 멋진 코리빙 & 코워킹 스페이스를 자국의 공식 관광청 홈페이지에 소개하고 있다.[132] 에스토니아는 12개월간 체류할 수 있는 '디지털 노마드 비자' 제도를 2020년 8월부터 도입했고, 서인도 제도의 영연방 내 독립국가인 바베이도스는 '12개월 바베이도스 웰컴 스탬프'라고 불리는 1년짜리 비자를 6월부터 시행하고 있다. 시행 후 약 석 달 사이에 벌써 1,350여 명이 신청했다고 한다. 서인도 제도에 위치한 또 다른 영국령 섬인 앵귈라(Anguilla)[49]

---

49 앵귈라는 서인도 제도에 위치한 영연방 소속의 입헌군주제의 섬나라다. 인구는 약 1만 5,000명 수준이며, 관광업이 주 수입원이다.

에서는 '디지털 노마드를 타깃으로 삼고 있다.'고 공식적으로 말하고 있다.[133] 관광이 주 수익원인 국가들에게는 안정적인 소득을 갖고 있고, 확실한 직업을 갖고 있는 디지털 노마드만큼 매력적인 타깃도 없을 것이다. 실제로 이들 국가들은 디지털 노마드 관련 비자를 신청하려면 일정 수준 이상의 월 소득을 증빙할 것을 요구하는데, 에스토니아는 이전 6개월 평균 소득이 3,504유로 이상 돼야 디지털 노마드 비자를 신청할 수 있다.

지금까지 살펴본 디지털 노마드 관련 내용들만 보면, 디지털 노마드로 사는 것도 나쁘지 않을 것 같다. 자신이 원하는 일을 하고, 답답한 조직에 속할 필요도 없고, 직장 상사를 신경 쓸 일도 없고, 무엇보다 자유롭게 여행을 다니면서 워라밸을 즐길 수 있을 것 같다.

하지만 다른 모든 것과 마찬가지로 디지털 노마드의 삶 역시 쉽지는 않다. 제일 어려운 일은 스스로가 자신의 삶에 온전한 책임을 져야 한다는 점이다. 더 이상 기업과 조직이 직원들을 예전처럼 챙기는 시대는 끝났다. 하지만 여전히 어딘가에 소속돼 안정적인 월급을 받을 수 있다는 것은 큰 장점이다. 디지털 노마드의 삶을 선택한 순간부터 자기 자신이 회사의 주인이자 사장이며, 관리자이고, 막내 사원이며, 경비원과 환경 미화원이 된다. 앞으로 몇 년간의 수익을 책임질 큰 계약과 관련된 의사 결정에서부터 싸고 좋은 사무용품을 찾는 일까지 모든 업무를 맡아서 해야 한다. 워라밸을 당당히 지키고 싶겠지만, 안정적으로 일을 계속하지는 못한다. 안정적인 삶 또한 위협받을 수 있다는 두려움과 항상 싸워야 한다.

다행히 안정적인 수입원을 확보하더라도 디지털 노마드의 삶이 앞에서 묘사한 것처럼 아름답거나 낭만적이지는 않다. 뉴욕타임스에 실린 기사[134]를 잠깐 인용해보자.

LA에 살고 있는 케이티 스미스-아데어(Katie Smith-Adair)는 남편과 함께 이벤트 회사를 운영하고 있다. 현재 자신의 볼보 승용차를 오피스 삼아 미국 서부를 여행하면서 기업들의 버추얼 이벤트 업무를 도와주고 있다. 전형적인 디지털 노마드의 삶이다. 하지만 현실은 이상과 항상 일치하지는 않는다. 인터뷰 내용을 살펴보자.

"저는 인터넷이나 업무에 항상 묶여 있고 싶지 않았어요. 그래서 지금 하고 있는 일을 선택했어요. 지금은 글자 그대로 언플러그(Unplugged)된 상태에요. 하지만 고객이 줌으로 화상 회의 요청을 하면 항상 바로 바로 받아야 해요. 그래서 실제로 우리가 일하는 장소는 와이파이가 잘 터지는 맥도널드 또는 스타벅스 주차장이에요. 주차장에 접이식 의자를 놓고 일하고 있죠."

맥도널드 주차장에서 접이식 의자를 펼쳐 놓고 일하는 케이티의 모습은 시원한 사무실에서 갓 내린 커피를 마시면서 넓은 회의실에서 회의를 하고 있는 직장인의 모습과 대조적이다. 어느 것이 더 좋은지는 개인의 선택이다. 하지만 모든 디지털 노마드가 발리에 있는 멋진 코워킹 스페이스에서 쾌적하게 일하는 것이 아니라는 사실을 항상 기억해야 한다.

또 다른 문제는 단기적이지만 항상 고민해야 하는 문제다. 바로 예기치 못한 위험에 항상 노출된다는 것이다. 밤길을 가다 강도를 만나거나 교통사고 발생을 말하는 것은 아니다. 극명한 예를 들어보자. 많은 디지털 노마드가 2020년 초에 해외로 떠났다. 더 쾌적한 곳에서 근무하기 위해서다. 하지만 지금 그들 중 많은 사람이 본국으로 돌아오지 못하고 있다. 당연히 코로나19에 의한 방역 때문이다. 한두 달을 목표로 했던 여행이 1년 정도로 길어짐에 따라 현지에서의 삶도 힘들어지고 있다. 현지 체류가 길어짐에 따라 경제적, 문화적 그리고 사회적 갈등은 심화되지만, 언제 돌아갈지 알 수 없는 삶을 살고 있다. 디지털 노마드에서 디지털 난민(Digital Refugee)

으로 전락할 수도 있다. 물론 이는 코로나19 때문에 발생한 매우 극단적인 경우다. 하지만 개인이 디지털 노마드의 삶을 선택한 순간, 언젠가는 최악의 상황도 겪을 수 있다는 마음가짐이 필요하다.

개인이 디지털 노마드의 삶의 선택한다면, 기업 역시 디지털 노마드의 삶을 인정해야 한다. 회사와 직원 모두 원격근무 또는 재택근무를 통해 사무실이 아닌 장소에서도 일할 수 있다는 사실을 깨달았다. 여전히 원격근무와 관련된 많은 문제점, 즉 생산성, 직원 관리 및 평가, 데이터 보안 등의 이슈들이 존재하지만, 이러한 문제점들은 기술의 발전과 회사 프로세스 혁신을 통해 해결될 수 있다. 기업은 직원들이 디지털 노마드의 근무 방식을 원한다면 이를 수용할 필요가 있다. 물론 사전에 인사 평가와 프로세스 개선 그리고 명확한 업무 및 성과 가이드라인을 책정해야 한다. 예전처럼 사무실에서 같이 일한다고 해서 성과가 창출되지는 않는다. 사무실에 같이 근무하는 것이 성과를 내기 위해서인지, 관리 및 통제의 편의성을 위해서인지 스스로 생각해봐야 한다. 뉴노멀하에서는 관리와 통제가 성과와 직결되지는 않기 때문이다.

회사는 기존 직원을 디지털 노마드처럼 운용할 수도 있지만, 처음부터 디지털 노마드와 계약을 맺고 이들의 역량을 활용할 수도 있다. 이미 많은 기업은 특정 업무, 예를 들어 디자인, 단순 회계 업무, 직원 교육 등은 외부의 프리랜서들을 자주 활용하고 있다. 기존 프리랜서와 디지털 노마드의 경계는 명확하지 않다. 다만 디지털 노마드는 전통적 프리랜서와 달리 기업, 즉 갑이 원한다고 해서 몇 시간 후에 바로 사무실로 오지는 않는다. 디지털 노마드에게 장소는 중요하지 않기 때문이다. 따라서 기업은 디지털 노마드와 일할 때는 항상 비대면으로 업무를 처리한다고 생각해야 한다. 그리고 이에 적절한 IT 시스템과 계약 체계를 갖추고 있어야 한다. 또한 직원의 일부를 디지털 노마드로 계약한다면 사무 공간 및 전산 분야에서 어느 정도 비용을 절약할 수 있는지도 파악해야 한다.

회사가 뉴노멀 상황에서 생존하고 번영하기 위해서는 우수한 직원을 채용하고 직원들이 최고의 성과를 낼 수 있도록 해야 한다. 이를 위해 직원들이 무엇을 원하는지, 어떤 방식의 삶과 근무 방식을 선호하는지 파악해야 한다. 이것이 바로 기업이 디지털 노마드에 관심을 가져야 하는 이유다.

디지털 노마드는 자유로운 삶을 추구하는 전문직이 처음 시작했지만, 이제는 기업과 개인 모두가 관심을 갖고 있는 주제가 됐다. 디지털 노마드라는 용어를 사용하든, 전통적인 원격근무라고 표현하든 중요한 점은 디지털 노마드적 삶과 근무 방식을 이해하고 이를 뉴노멀 상황을 뚫고 나가는 원동력으로 활용해야 한다는 것이다.

14장

경력 관리,
앞으로 나아갈 길을 준비하다

경력 관리
향후 목표하는 곳에 도달하기 위해
경력을 체계적으로 계획하고 관리하는 활동

우리들은 직장에서 '경력'이라는 단어를 많이 사용한다. '누구누구는 경력이 화려하다.', '이번 프로젝트에는 마케팅 경력을 가진 사람이 필요하다.'처럼 말이다. '경력'을 의미하는 영어 단어는 '커리어(Career)'이다. 커리어는 고대 라틴어에 뿌리를 두고 있다. 커리어의 어원인 라틴어 '카러스(Carrus)'는 '바퀴가 달린 탈 것' 또는 '전차' 등을 의미했다. 카러스는 이후 이탈리아어와 프랑스어로 편입돼 사용됐고, 영어에서는 16세기 중반에 등장했다. 19세기 초에 커리어는 우리가 알고 있는 경력이라는 뜻으로 쓰이기 시작했는데, '한 사람의 공적인 또는 전문가로서의 삶의 궤적'이라는 의미로 사용된 것이다.[135]

라틴어에서 '바퀴 달린 탈 것'을 의미하던 단어가 이탈리아와 프랑스에서 어떤 변화를 겪었는지는 자세히 알 수 없다. 하지만 영어로 단어가 편입되고 경력이라는 의미로 확장될 때는 최소한 라틴어의 원래 의미와 이미지는 제대로 남아 있었던 것 같다. 마치 마차나 전철 또는 자동차들이 한

번 달리기 시작하면 바퀴의 궤적을 그리면서 정해진 목적지를 향해 달리듯이 현재 우리들의 경력 역시 한 번 시작되면 불가항력으로 멈추기 전까지는 어딘가를 향해 계속 달려야 한다. 그리고 우리의 회사에서 또는 사회에서 쌓아온 경력들 역시 바퀴의 흔적처럼 계속 남아 있다.

경력이 우리에게 의미하는 것

14장의 주제는 '경력 관리'이다. 바로 앞에서 설명한 것처럼 경력은 우리들이 지금까지 살아왔던 기록이자, 우리들이 나아가야 할 방향이다. 경력은 대기업에서 또는 스타트업을 창업하는 사람들만의 전유물이 아니다. 높은 직급에 있는 사람이든, 지금 막 사회생활을 시작한 새내기이든 사회에 나온 순간부터 하나씩 경력이 누적되기 시작한다. 경력이 쌓이기 시작할수록 더 많은 흔적이 남는다면, 이왕이면 아름답고 의미 있는 모습으로 남는 것이 좋다. 또한 어차피 앞으로도 계속 경력을 쌓는다면, 제대로 된 경력을 쌓는 것이 바람직할 것이다.

경력 관리는 경력이 시작하는 순간부터 끝나는 마지막 시점까지 경력이 잘 유지될 수 있도록 하는 활동을 말한다. 얼핏 생각하면 단순하고 간단해 보이지만, 막상 실제로 해보면 어려운 것이 경력 관리다. 경력 관리를 제대로 할 경우, 개인적 욕망과 능력이 조직의 역량과 인사 정책과 복잡하게 얽이기 시작할 뿐 아니라 사회적 환경 역시 큰 영향을 미치기 때문이다.

4부에서 경력 관리를 논하는 이유는 명확하다. 뉴노멀 시대에는 그 누구도 개인의 경력을 관리해주지 않기 때문이다. 경력 관리를 하기 싫어서 안 하는 것이 아니다. 이는 새롭게 등장한 뉴노멀 시대에 맞는 경력 관리 방향이 아직 정립되지 않았기 때문이며, 경력 관리의 주체는 이제 개인 스

경력 관리는 자신이 목표한 방향으로 나아가기 위해 스스로 계획을 세우고 실천하는 활동이다.

스로가 돼야 하기 때문이다.

과거 직장에서의 경력 관리는 상대적으로 쉬웠다. 사원은 대리가 되고, 대리는 차·과장이 되고, 부장이 된다. 임원이 될 수 있는지는 알 수 없지만, 아주 불가능한 일도 아니었다. 담당 업무 역시 3~5년에 한번씩 바뀌었다. 얼마 전까지 인사팀에 있던 과장이 어느 날 마케팅팀에서 일하는 식이다. 직장 내에서 큰 사고만 치지 않으면, 경력 관리는 대부분 회사의 인사팀에서 정해진 코스를 따라가면 해결됐다. 하지만 이제 그런 시대는 끝났다.

지금 우리가 경험하고 있는 뉴노멀이 향후 어떻게 진화할 것인지는 알수 없다. 단지 얼마 전과는 많이 다른 세상이 시작됐다는 것만 알고 있다. 우리들이 직장에서 또는 개인 사업을 하면서 경력을 쌓아왔던 모든 시스템과 환경 역시 뉴노멀에 의해 변화하고 있다. 이미 한 직장에서 퇴직할 때까지 근무하는 경우는 거의 찾아보기 힘들다. 이는 뉴노멀이 오기 전부터 가속화된 현실이다. 하지만 뉴노멀 시대가 도래하면서 몇 가지가 더 바뀌었다.

먼저 비대면 환경이 강화됨에 따라 예전처럼 직장에서 선후배들이 탕비실에서 차를 마시면서 또는 퇴근 후에 늦게까지 술잔을 건네면서 친해질 수 있는 기회가 줄어들었다. 직장 상사와 선배는 좋든, 나쁘든 일종의 롤모델이 된다. 직장에서 멋진 모습을 보이는 선배는 닮고 싶은 모델이고, 회사에서 부정적인 모습만 보이는 상사와 선배는 반면교사라는 역할을 수행하게 된다. 직장에서 서로 부대끼면서 각각의 부서들과 직무들이 갖는 장단점을 직접 경험해야 소위 '커리어 패스(Career Path)'를 계획하기가 더욱 쉬워진다. 하지만 현재의 비대면 환경에서는 회사 내의 다른 부서와의 직간접적 커뮤니케이션 채널이 매우 제한적이다. 제한적 정보는 결국 회사 내에서 불만족스러운 경력 개발과 연계될 수 있다. 즉, 여차하면 제대로 된 경력을 만들 수 없다는 것이다.

또 다른 변화는 비즈니스 여건이 지속적으로 바뀜에 따라 한 가지 경력의 유통 기간이 점점 짧아지고 있다는 점이다. 특정 분야의 전문가는 관련된 영역의 지식을 많이 공부했거나 경험이 많은 사람이다. 따라서 한 가지 영역의 전문가가 되려면 일정 수준 이상의 기간이 필요하다. 하지만 뉴노멀 상황에서는 어떤 업무도 지속적으로 수행할 수 있다고 보장하긴 힘들다. 모든 상황이 유동적이기 때문에 장기 계획을 세우는 것이 예전만큼 쉽지 않으며, 장기 계획 역시 과거만큼 힘을 발휘하기 힘든 것이 사실이다. 따라서 경력 관리를 위해 심사숙고할 수 있는 시간은 점점 부족해진다. 시간이 부족해 새로 맡은 업무도 처리하기 힘든데, 앞으로의 경력 계획까지 세워야 하는 일은 결코 쉽지 않다. 잘못된 결정만 내리지 않아도 절반은 성공한 것이다.

마지막 변화는 검증받은 경력직에 대한 선호도 증가다. 바로 앞에서 말한 것처럼 우리들은 급변하는 세상에 살고 있다. 남들보다 하루라도 더 빨리 뭐라도 해야 한다는 편집광적인 사고가 팽배해지고 있다. 새로운 비즈니스를 하기 위해, 조직 관리를 환경에 맞게 새로 구성하기 위해, 신제품을 더 빨리 개발하기 위해 외부에서 검증받은 전문가를 영입해 일을 맡기는 것을 너무 쉽게 볼 수 있다. 내부 직원을 육성하고, 새로운 책임을 부여하면서 함께 성장하던 시대는 끝났다. 외부에서 경력직 전문가가 온다는 것은 기존 직원이 향후 올라갈 수 있는 자리가 하나 없어졌다는 것을 의미한다. 물론 회사가 커져서 새로운 부서 또는 새로운 자리가 만들어진 경우는 예외로 해야 하지만 새로운 경력직 직원 때문에 직원들이 애써 경력 관리 계획을 세우고 노력했던 활동들이 무의미해질 수도 있다.

하지만 경력 관리는 여전히 중요하다. 뉴노멀처럼 모든 것이 변화되는 상황에서 안정적으로 경력 관리를 한다는 것은 절대 쉽지 않지만, 앞에서 말한 것처럼 경력은 과거의 흔적이며 앞으로 나아갈 방향이기 때문이다. 자신의 경력을 마치 태풍 속에서 떠다니는 나뭇잎처럼 함부로 버려둬서는 안 된다. 오히려 태풍에도 불구하고 굳건히 자리를 차지하고 있는 뿌리깊은 나무처럼 관리해야 한다. 변화라는 태풍 때문에 나뭇가지들이 많이 떨어져 내릴 수는 있어도 뿌리와 줄기까지 상하게 해선 안 된다. 개인의 경력역시 마찬가지다. 뉴노멀이라는 변화 속에서도 자신만의 경력을 계획하고 실행해야 한다.

경력 관리의 주체는 개인이지만, 경력을 쌓기 위해서는 기업이라는 조직이 필요하다. 결국 경력 관리는 기업과 개인이 서로 상호작용을 통해 만들어가는 것이다. 실제로 경력 관리는 애초에 기업이 직원들을 더 잘 활용하기 위한 인사 관리 활동 중 하나로 개발됐다. 따라서 인적 자원(HR)의한 부분인 경력 관리는 조직의 필요를 만족시킬 수 있어야 한다. 실제로 경력 관리 시스템은 다양한데, 몇몇 기업은 비공식적인 관계에 의존하기도 하지만 많은 기업은 정교한 프로그램에 의존해 직원들의 경력을 관리한다.[136]

기업이 직원들의 경력 개발에 대해 어떻게 생각하는지를 알기 위해서는 최고 경영자(CEO)와 인사 책임자(CHO) 그리고 재무 책임자(CFO) 간의 대화를 예상해보면 된다. 이들의 대화를 통해 담당 업무에 따라 직원들을 바라보는 시각이 어떻게 다른지 알 수 있다. 다음의 대화를 살펴보자.

- CHO: "직원들의 업무 역량 강화와 회사 내 원활한 경력 개발을 위해 내년에는 직원 교육 비용을 50% 증가시켜야 합니다."
- CFO: "지금이 어느 때인데 교육비에 돈을 쓰나요? 직원들이 교육만 받고 다른 회사로 이직하면 우리는 결국 돈만 버리는 셈입니다."
- CEO: "만약 직원들이 아무 교육도 받지 못해 역량 개발이 안 된 상태로 계속 회사에 남아 있으면 어떻게 되나요? 그리고 예전 방식으로 같은 업무만 매일 하고 있으면 어떨 것 같나요? 교육비에 좀 더 돈을 쓰시죠."

대부분의 기업들은 '인재 제일'과 같은 슬로건을 갖고 있다. 항상 직원들이 최고의 자산이며, 이들을 최정예 인력으로 만들어 기업의 성과를 극대화하겠다고 말한다. 하지만 직원을 선발하고 교육시키고 월급을 주는 모든 활동은 비용과 연계된다. 제품을 판매하는 영업 부서를 제외하고 자신이 회사 매출과 수익에 공헌했다고 단언할 수 있는 임직원은 얼마나 될까? 또한 언제 이직할지 모르는 직원들을 위해 시간과 돈을 들여 교육을 시키는 것이 바람직할까? 그리고 언제 비즈니스의 방향이 바뀔지 모르는 상황에서 직원들에게 명쾌한 경력 개발 가이드를 줄 수 있을까?

그럼에도 불구하고 직원들에 대한 경력 관리는 꾸준히 지속돼야 한다. 이유는 아주 간단하다. 회사는 직원이 회사를 떠나는 순간까지 책임져야 할 의무가 있으며, 직원들의 역량을 최대한 뽑아내 성과를 극대화해야 한다. 또한 직원들이 공감할 수 있고 목표로 삼을 수 있는 사내 커리어 패스는 직원들에게 강력한 동기 부여가 된다. 이런 측면에서 볼 때 글로벌 명품 회사들이 어떻게 직원들의 경력을 관리하는지는 많은 점을 시사한다.

LVMH © LVMH[50]

RICHEMONT © Richemont Group[51]

창업한 지 얼마 되지 않았고 특정 거대 기업에 소속되지 않고 독립적으로 활동하는 패션 브랜드와 누구나 알 만한 거대한 패션 기업에 소속된 오래된 패션 브랜드가 있다면 누가 더 창의적인 디자인의 패션을 제안할 수 있을까? 물론 두 가지 모두 세계적 패션쇼에 디자인을 올릴 수 있는 수준이라면 말이다.

대부분 사람들은 독립적인 패션 브랜드가 더 창의적일 것이라고 대답한다. 하지만 프랑스의 경영대학원인 INSEAD의 교수인 앤드류 시필로브(Andrew Shipilov)와 프레데릭 고다르(Frederic Godart)는[137] 거대한 패션 기업에 소속된 그룹 브랜드들이 더 창의적이라는 사실을 밝혀냈다. 패션 시즌별로 각 브랜드가 제안한 디자인의 창의력 포인트를 분석한 결과 그룹 브랜드들의 창의력 포인트가 독립 브랜드 대비 3배 이상 높다는 것을 확인했다.

연구진은 그룹 브랜드의 창의력이 더 높은 이유를 파악하기 위해 다양한 사례 연구 및 루이비통, 리치몬트 그룹 등의 50여 명 이상의 고위 경영진들과의 심층 인터뷰를 진행해 다음과 같은 공통점을 발견할 수 있었다.

---

50 세계 최대 명품 기업으로, 루이비통, 티파니, 크리스찬 디올과 같은 다수의 명품 브랜드를 보유하고 있다. 2019년 매출은 약 71조 원 정도다.
51 스위스에 위치한 세계 최대 명품 기업 중 하나다. 바셰론 콘스탄틴, 까르띠에, 몽블랑 등과 같은 명품 브랜드를 보유하고 있다.

첫 번째는 내부 디자이너들에 대한 체계적인 경력 관리다. 대형 브랜드의 장점을 적극 활용해 디자이너들이 다양한 브랜드에서 다양한 프로젝트를 수행할 수 있도록 커리어 패스를 설계하고 있다. 특히 하나의 개별 브랜드가 더 이상 성장할 수 없을 것이라고 판단되면, 브랜드를 담당하는 디자이너에게 회사 내 다른 브랜드를 맡긴다고 한다. 글로벌 명품 회사들은 내부적으로 높은 잠재력을 갖고 있는 디자이너들을 별도로 파악하고 있지만, 공개적으로 이를 알리지는 않는다. 하지만 이 디자이너들에게는 다른 브랜드로의 전배 기회가 주어진다. 다만 언제 그리고 어떤 브랜드를 맡게 될지는 미리 알려주지 않는다. 항상 유동적인 패션 산업의 특성 때문이다. 디자이너들은 비록 누가 회사에서 주목받는지는 모르지만, 다른 사람이 더 명성 있는 브랜드의 디자인을 맡는 모습을 보면서 지속적으로 동기 부여를 하게 된다.

두 번째는 글로벌 네트워크를 적극적으로 활용하는 것이다. 대형 명품 회사들은 다수의 글로벌 브랜드를 운영하고 있기 때문에 내부 디자이너들이 다른 권역, 다른 나라에서 근무할 기회를 제공하고 있다. 해외 체류 경험을 디자이너들에게 새로운 영감과 자극을 주는 주요한 수단으로 활용하는 것이다.

마지막 특성은 내부의 경력 관리 체계를 통해 외부에서 유능한 인재들을 더 손쉽게 확보할 수 있다는 점이다. 학교를 갓 졸업한 젊고 창의력 넘치는 디자이너들이 대형 명품 회사를 선망할 뿐 아니라 비패션 부문의 전문가들도 입사를 희망한다.

어떤 면에서는 글로벌 명품 기업이기 때문에 가능한 일이라고 볼 수도 있다. 하지만 대형 명품 기업일수록 개별 브랜드들을 하나의 폐쇄적인 조직, 즉 사일로(Silo)처럼 움직이는 경향이 있다. 이를 극복할 수 있는 전사적 경력 관리 체계를 구축하고 디자이너들을 동참시킨다는 것은 결코 쉬운 일이 아니다.

경력 관리를 위해 필요한 두 가지 활동

앞의 사례에서 볼 수 있는 것처럼 기업의 체계적인 경력 관리 시스템은 기업과 개인 모두에게 도움이 되는 제도다. 기업이 경력 관리를 체계적으로 관리하고 운영하기 위해서는 사전에 두 가지 활동을 준비해야 한다. 첫 번째는 경력 관리를 위한 계획 수립이고 두 번째는 관리 활동이다.

• 첫 번째 활동은 경력 관리를 위한 계획 수립(Planning)이다. 계획 수립은 세 가지 단계로 구성된다.

  – 최초 단계는 커리어 매핑(Career Mapping)을 구성하는 것이다. 인사 부서에서는 회사의 전체 부서와 팀 그리고 담당 직무들을 분석한 후 특정 직무를 담당하는 데 필요한 역량과 경험 그리고 선행 직무들을 세부적으로 선정해야 한다. 이때 커리어 매핑 자료는 직원들이 열람할 수 있어야 한다.

  – 두 번째 과제는 직원 스스로 자신의 역량과 현실을 평가하는 것이다. 많은 기업은 인사 평가 시 직원들이 향후 개발하고 싶은 역량을 적어내라고 한다. 대부분 유명무실하게 관리되지만, 매우 중요한 단계다. 직원들이 스스로의 성향과 과거 경력 그리고 향후 목표로 하는 최종 직급 및 부서 등을 종합적으로 고려해 회사 내에서의 경력 목표를 수립하게 된다.

  – 마지막 과제는 인사 부서와 같이 현실 점검을 하는 것이다. 인사 부서는 직원들이 수립한 경력 목표를 달성하기 위해 어떤 활동 또는 역할을 수행해야 하는지를 알려주고 회사는 무엇을 지원할 수 있는지를 공유한다. 그리고 개인의 커리어를 위한 중·장기 전략을 함께 수립하는 것이다. 다만, 소수의 인사 부서 직원들이 전체 직원들을 상담할 수 없기 때문에 많은 경우 부서 내 상사들이 대신 상담하곤 한다.

• 두 번째 활동은 경력 관리 활동을 직접 수행하는 것이다. 직원들은 자신이 계획한 경력 관리 목표를 달성하기 위해 노력해야 하고, 회사는 사전에 협의한 지원 사항들, 즉 교육 기회나 업무 참여 기회 등을 제공해야 한다. 현실적으로 직원들이 회사에 실망을 하는 단계가 바로 경력 관리 활동을 수행하는 단계다. 회사는 외부 환경 변화 또는 비즈니스 전략의 변경 등의 이유로 원래 계획했던 업무 기회를 제공하지 못할 수도 있고, 비용 때문에 예정된 교육 프로그램을 취소할 수도 있다. 결국 직원들은 허울뿐인 회사의 인사 정책에 또 한 번 속았다고 생각할 수도 있다. 그럼에도 직원들은 자신이 세운 경력 관리 계획을 꾸준히 수행해야 한다. 비록 지금 다니는 회사에서는 사용할 수 없더라도 언제 외부에서 더 좋은 기회가 다가올지 모르기 때문이다.

직원들이 경력 관리 목표를 수립할 때 한 번쯤 고민하는 점은 '대부분의 업무들을 두루 해낼 수 있는 제너럴리스트(Generalist)가 될 것인지', '한 가지 업무에 특화된 스페셜리스트(Specialist)가 될 것인지'를 결정하는 것이다.

마케팅 업무를 예로 들어보자. 마케팅 업무를 다소 극단적으로 분류한다면 한두 개의 브랜드를 책임지는 브랜드 매니저 시스템과 커뮤니케이션, 상품 개발 등 마케팅의 기능별로 특화된 시스템으로 나눌 수 있다. 브랜드 매니저는 상품 개발, 커뮤니케이션, 광고, 시장 조사 등 모든 마케팅 업무들을 두루두루 해야 하는 반면, 기능별로 특화된 마케팅 시스템에서의 커뮤니케이션 담당자는 오직 커뮤니케이션 업무만 하고, 상품 개발을 맡은 마케터는 상품 개발 한 가지만 담당한다. 이때 브랜드 매니저는 제너럴리스트, 커뮤니케이션 매니저는 스페셜리스트에 해당한다. 제너럴리스트는 여러 가지를 폭넓게 경험하지만, 특정 분야의 지식과 경험이 부족하다. 반면, 스페셜리스트는 한두 가지 영역에서는 최고의 전문가이지만 다양한 분야의 경험은 부족하다.

과거 종신 고용제하에서의 기업들은 직원들을 여러 부서에 근무할 수 있도록 하는 순환 보직 제도(Job Rotation)를 많이 채택했다. 일반적으로 순환 보직 제도는 기업 내 제너럴리스트를 양성하는 과정으로 인식됐다. 직급이 높아질수록 맡아야 하는 업무의 범위는 넓어지고, 다른 부서와의 협업도 중요하기 때문이다. 하지만 최근에는 스페셜리스트에 대한 수요가 더 커지고 있다. 세상이 빠르게 전문화되고 있기 때문이다.

물론 스페셜리스트보다 제너럴리스트를 지지하는 사람들도 있다. 연구에 따르면 미국에서 MBA 졸업생들 중 금융 회사에 취직한 사람들의 연봉을 조사해보면, 한 가지 영역에서만 일했던 스페셜리스트 대비 다양한 분야에서 넓게 경험한 제너럴리스트들의 초봉이 더 높다는 결과가 있다. 스페셜리스트는 할 수 있는 업무와 할 수 없는 업무가 명확한 반면, 제너럴리스트는 오히려 더 잠재성이 높다는 이유다. 물론 최상급 MBA를 졸업했기 때문에 두 부류 모두 기본 역량은 동일하다는 기본 가정은 있다.[138]

또한 제너럴리스트와 관련된 책[139]을 저술한 데이비드 엡스타인(David Epstein)은 다양한 것을 경험하고 훈련할수록 한 번도 경험하지 못한 일이 닥쳐왔을 때 보다 유연하게 대처할 수 있다고 강조한다. 결국 우리가 뽑아낼 수 있는 인사이트는 우리들이 과거에 겪었던 다양한 경험에 국한된다고 말하며, 회사와 팀에는 오히려 제너럴리스트가 더 다양한 가치를 제공할 수도 있다고 말한다.[140] 엡스타인의 논리에 따르면 지금처럼 불확실성이 높은 시대에는 오히려 제너럴리스트가 더 유용할 것 같다. 다만 조직이 모두 제너럴리스트로만 구성돼서는 안 되고 제너럴리스트와 스페셜리스트가 적절한 비율로 구성되어야 한다.

스페셜리스트와 제너럴리스트 중 어느 한쪽이 더 좋다고 말할 수는 없다. 개인의 성향과 지금까지 쌓아온 경력의 흔적 그리고 회사가 제공하는 기회 등을 포괄적으로 검토해야 한다. 다만 한 가지 꼭 확인해야 하는 부분은 현재 내가 걷고 있는 길이 스페셜리스트로 가는 길인지, 다른 방향인지를 항상 파악하고 있어야 한다는 것이다. 한 번 고착화되면 되돌리기가 쉽지 않기 때문이다.

개인은 자신만의 경력을 관리하면서 이중적인 태도를 지닐 필요가 있다. 직장에서 일을 할 때는 정말 직장에 뼈를 묻을 자세와 열정으로 일하면서 회사 내에서 자신만의 커리어 패스를 구축해야만 한다. 자신만의 개인 시간을 보낼 때는 항상 언제든 떠날 수 있고, 언제든지 회사가 나를 내보낼 수 있다는 사실을 생각해야 한다. 직장 밖에서 새로운 경력을 시작할 수 있다는 생각으로 또 다른 경력 관리 계획을 세우고 실천해야 한다. 직장 내에서의 경력 관리와 직장 밖에서의 경력 관리가 일치한다면, 예를 들어 '나는 회사에 상관없이 마케팅 최고 책임자(CMO)가 되겠다.'라는 목표가 있다면 회사 내부와 외부에서 경력 관리를 위해 준비하는 활동들이 일치한다. 반면, 회사에서는 마케팅 최고 책임자를 목표로 하는데, 퇴근 후에는 프리랜서 작가를 목표로 한다면 개인의 시간과 열정, 자원 등을 현명하게 사용해야 한다.

또한 개인들은 자신의 경력을 관리하기 위해 외부 전문가를 적극 활용할 필요가 있다. 이미 우리 주변에는 이직을 도와주는 헤드헌터들과 경력 관리를 도와주는 코칭(Coaching) 전문가들이 많다. 물론 헤드헌터들은 채용 시 수수료를 제공하는 기업의 편에서 일한다. 하지만 좋은 헤드헌터를 만나 그들의 폭넓은 경험과 최근 경력 관리 트렌드를 확인하는 것도 개인의 경력 관리에 도움이 된다. 코칭 역시 이와 마찬가지다. 자신의 부족한 부분을 어떻게 극복하고 어떤 점을 더 강화해야 하는지를 외부 전문가의 시각에서 들어보는 것도 유익하기 때문이다.

경력 관리를 위해 꼭 전문가들만 만날 필요는 없다. 진짜 전문가를 선별해 만날 수 있는 기회는 많지 않다. 특히 무료로 말이다. 특정 분야의 전문가들 이외에 다른 영역에 종사하는 사람들을 많이 만나는 것도 개인의 경력 관리에 도움이 된다. 자신이 속한 업무 영역에만 계속 있다 보면 어느 순간 시야가 좁아지고 들을 수 있는 정보가 제한적이게 된다. 그럴 때는 가볍게 외부의 친목 모임을 찾아가거나 유료 독서 모임 등을 이용하는 것이 좋다. 이런 모임을 통해 특정 분야에 대한 정보도 확인하고 새로운 네트워크를 구축하겠다는 목표들을 설정하는 것이 좋다. 그렇지 않다면 친목을 위한 활동으로 끝나기 때문이다.

경력 관리는 정말 어렵다. 앞에서 말한 것처럼 경력 관리는 나 혼자만의 일이 아니기 때문이다. 기업은 직원들이 제대로 경력을 관리해 성과를 내주길 바라고, 개인은 경력 관리를 잘해서 회사 안에서 또는 회사 밖에서 더 좋은 기회를 찾기를 원한다. 어떻게 보면 회사와 개인이 원하는 경력 관리 목표가 서로 배치되는 것 같다.

기업은 생존하기 위해 직원들의 역량을 최대한 끌어올려야 한다. 이를 위해 개인들의 경력 관리 목표를 현실적으로 인정하고, 개인의 경력 관리 목표를 회사와 잘 융합시킬 수 있어야 한다. 직원 역시 자신만의 경력 관리를 위해 회사 업무를 소홀히 한다면 언젠가는 과거의 소홀함이 부메랑처럼 자신에게 돌아올 수 있다. 경력은 결국 과거에 내가 했던 활동들의 흔적이기 때문이다.

경력 관리를 위한 다섯 가지 질문

마지막으로 경력 관리에 대한 피터 드러커의 조언[141]을 들어보자.

"성공적인 경력은 계획을 한다고 해서 관리되는 것이 아니다. 자신의 강점과 일하는 방식 그리고 자신만의 가치에 근거해 기회를 준비해야만 경력을 성공적으로 관리할 수 있다."

피터 드러커는 스스로를 관리하고, 성공적인 경력을 쌓기 위해 자신에게 다음의 다섯 가지 질문을 해보라고 권한다. 이 질문들에 대한 답을 스스로 찾는 동안 자신이 만들고자 하는 커리어 패스의 모습이 보다 선명해질 것이고, 새로운 기회를 찾게 될지도 모른다.

나의 강점은 무엇인가?

내가 전혀 경쟁력 없는 부분을 개선하려고 시간을 낭비하지 말고, 내가 강점을 갖고 있는 영역에 집중해야 한다.

나는 어떤 식으로 일을 하는가?

다른 사람과 함께 일할 때 성과가 좋은지, 혼자 일할 때 더 성과가 좋은지를 파악해야 한다. 이와 마찬가지로 의사 결정을 선호하는지, 조언자로 머무는 것을 좋아하는지를 파악하는 것도 중요하다.

내가 소중하게 생각하는 가치는 무엇인가?

살면서 가장 중요하게 생각하는 것은 무엇이며, 나의 이러한 가치들이 자신이 속한 조직의 가치 및 윤리와 잘 부합하는지를 파악해야 한다.

나는 어디에 속하는가?

자신의 강점과 업무 스타일 등을 고려했을 때, 내 스스로가 최고의 성과를 낼 수 있는 업무 분야 또는 산업에서 일하고 있는지를 고려해야 한다.

내가 공헌할 수 있는 것은 무엇인가?

자신의 강점과 가치, 업무 스타일 등을 고려했을 때, 내가 조직에 무엇을 공헌을 할 수 있으며 어떤 방식으로 기여할 수 있는지를 알아야 한다.

어떻게 보면 매우 뻔한 질문들이다. 하지만 거울 앞에 서서 이 질문들을 하나하나 물어본다면, 대답하기 어려울 것이다. 하지만 이 질문에 대한 답을 찾아가는 과정이야말로 개인의 경쟁력을 강화하고 생존 가능성을 높일 수 있는 방법이 될 것이다.

15장

평생 학습, 지속적 생존을 위한 마지막 방법

평생 학습

스스로의 경쟁력과 생존력을 높이기 위해
지속적으로 필요한 지식을 익히는 활동

현재 인류의 기대 수명은 의학의 놀라운 발전과 개선된 위생 환경 덕분에 과거와 비할 바 없이 늘어났다. 나이가 70세가 된 것을 일반적으로 '고희(古稀, 예로부터 드물다)[52]'라고 하는데, 옛날에는 70세까지 사는 사람이 드물었기 때문에 칠순을 부르는 명칭으로 자리잡았다. 하지만 2018년 기준으로 한국의 평균 수명은 82.7세[142]로, 70세는 더 이상 희소한 나이가 아니다.

하지만 길어진 평균 수명은 단순히 축복만은 아니다. 당연히 사람이 건강하고 풍족하게 오래 사는 것처럼 축복받은 일은 없겠지만, 경제적 뒷받침이 있어야만 그러한 축복을 온전히 누릴 수 있다. 경제적으로 안정된 노후를 누리거나 적어도 경제적 어려움 없이 은퇴하려면 결국 젊었을 때부터 돈을 많이 모아두거나 연금이나 저작권료 등이 꾸준히 나와야 한다. 어

---

52 중국 당나라의 시인인 두보의 시 '곡강시(曲江詩)'에 나오는 '인생칠십고래희(人生七十古來稀)'이라는 구절에서 유래했다.

떤 경우이든 결국 젊었을 때 조금이라도 더 노력해 노후에 대비하고, 이를 꾸준히 유지하는 수밖에 없어 보인다.

직원들을 채용하고 관리하는 기업 역시 직원들에 대한 부담감을 점점 느끼고 있다. 예전의 종신 고용 제도는 이미 사라진 지 오래다. 수익을 최고의 목표로 하는 사기업은 당연히 인건비와 연령이 모두 높은 직원보다는 상대적으로 인건비가 저렴하고 더 신선해 보이는 젊은 직원을 선호한다. 이제 대기업의 30대 신규 임원은 더 이상 새로운 뉴스거리도 아니다. 그렇다고 해서 기업이 이미 채용한 직원들에 대한 책임감까지 함부로 버릴 수는 없다. 이미 채용한 직원들을 잘못 내보낼 경우 노동법과 사회적 평판 등에서 언제 어떤 문제가 생길지 모르기 때문이다. 하지만 새로운 디지털 기술과 IT 솔루션들은 계속 나오는데 기존의 인사 제도만을 고집할 수는 없다.

따라서 기업의 입장에서는 직원들의 역량을 지속적으로 강화시켜 불의의 사태가 발생했을 때, 즉 회사가 어려워져서 더 이상 직원들을 고용할 수 없게 될 때에 대비하는 것이 바람직하다. 물론 직원들의 미래와 안위를 이처럼 챙기는 기업은 적을 것이다. 오히려 직원들의 역량을 최대한 끌어올려 회사에서의 생산성을 극대화하려는 기업들이 많을 것이다. 목적과 시작점은 비록 다르지만 직원의 입장에서는 회사에 있는 동안 최대한 많은 것을 배우고 익혀 개인의 역량을 끌어올리는 것이 바람직해 보인다.

그런 측면에서 본다면 평생 학습은 이제 선택이 아닌 필수다. 개인은 지속적으로 자신의 역량을 꾸준히 끌어올려야만 자신의 경쟁력을 강화할 수 있다. 또한 기업 역시 직원들이 회사를 다니는 한 지속적으로 학습할 수 있도록 지원함으로써 기업 내부의 경쟁력을 증대하고 혹시 모를 사태에 대비해 최소한의 지원을 해야 한다.

우리들은 이미 오래전부터 평생 학습의 중요성에 대해 들어왔다. 고등

학생일 때는 대학만 가면 더 이상 공부를 하지 않아도 되는 줄 알았지만, 진정한 공부는 대학에서 시작된다. 직장에 취직하면 더 이상 공부를 하지 않아도 되는 줄 알았지만, 오히려 승진과 이직을 위해 더 치열하게 공부해야 한다. 퇴직 또는 명퇴 후에는 살아 남기 위해 새로운 것을 배워

평생 학습은 이제 피할 수 없는 생존 방식이다. 어린 시절부터 노년까지 장기적인 계획 아래 꾸준히 익히고 배워야 한다.

야만 한다. 나이가 들고 시간이 지날수록 학습은 생존과 직결된다. 옛 선인들은 자기수양을 위해 평생 공부했지만, 지금 우리들은 살아남기 위해 공부해야만 하는 것이다.

평생 학습을 위한 체계적인 학습 전략

개인은 생존을 위해 평생 학습을 해야 하고, 기업은 직원 복지와 생산성 증대를 위해 평생 학습을 할 수밖에 없다면, 보다 체계적인 학습 전략이 필요하다. 이번에는 다음 세 가지 질문에 대해 하나씩 알아본다.

· 뉴노멀 상황에서 무엇이 우리들을 평생 학습을 하도록 만드는가?
· 향후 무엇을 집중적으로 학습해야 하는가?
· 어디서 또는 어떻게 평생 학습을 이어갈 것인가?

먼저 무엇이 우리들을 평생 학습을 하도록 만드는지에 대해 생각해보자. 길어진 수명, 불확실해진 기업 여건, 계속 짧아지는 기업 내 근속 연한 등으로 인해 우리들은 평생 학습을 해야 한다고 말했다. 또한 점점 짧아지는 경제 불황 주기 역시 중요한 요인이다. 심지어 코로나19와 같은 대형 사건은 예측조차 할 수 없다. 하지만 이런 요인들은 우리들이 뉴노멀 시대를 살아가면서 평생 학습을 해야만 하는 핵심 원인이 아니다. 우리들이 사무실과 생산 현장 그리고 근무지에서 점점 더 밀려나게 된 가장 중요한 이유는 급격한 기술의 발전 때문이다. 그리고 뉴노멀 시대의 급속한 기술 발전의 배후에는 디지털 기술이 존재한다.

디지털 기술 또는 자동화(Automation) 기술은 두 얼굴을 갖고 있는 야누스(Janus)[53]와 같다. 디지털 기술은 누군가에게는 축복이자 기회이지만 또 다른 누군가에게는 저주이자 공포다. 실제로 주변에 디지털 기술이 우리의 일자리를 뺏을 것이라는 두려움을 갖고 있는 사람들을 쉽게 찾아볼 수 있다.

사실 기술 발전에 대한 시민들의 저항과 공포는 시대에 상관없이 흔히 볼 수 있었다. 영국에서 자동차가 등장하자 직업을 잃을 위기에 처한 마차 사업자들을 보호하기 위해 1865년에 제정한 「붉은 깃발법(Red Flag Acts)」[54]은 합법적 테두리 안에서 이뤄진 일종의 저항이었다. 최근에는 로봇 도입에 따른 실직을 막고 실직자의 재교육을 위해 로봇을 도입한 기업에게 '로봇세(Robot Tax)'를 부과하자는 의견도 있다.

기술 발전에 대한 두려움과 분노가 폭발한 가장 대표적인 사건은 1811년 영국에서 발생한 '러다이트 운동(Luddite Movement)'이다. 러다이트 운

---

53 야누스(Janus)는 로마 신화에 나오는 문(門)의 신이다. 일반적으로 문의 앞뒤 면처럼 두 개의 얼굴을 지닌 것으로 묘사된다. 영어의 1월(January)의 어원이다.

54 'Red Flag Acts' 또는 'Locomotive Acts'라고 불리는 「붉은 깃발법」은 1861년 영국에서 처음 제정됐고, 1865년 개정되면서 우리가 알고 있는 '붉은 깃발' 항목이 추가됐다. 1896년 붉은 깃발 등의 항목이 폐지될 때까지 30년간 영국에서는 자동차는 낮에는 붉은 깃발, 밤에는 붉은 등을 단 마차 뒤에서 시속 3.2km(도심) 또는 6.4km(교외)의 속도로만 달릴 수 있었다.

동은 혁신적 기술에 대한 두려움과 분노 때문에 발생한 사건이지만, 좀 더 다른 시각에서 본다면 갑자기 등장한 뉴노멀에 사람들이 적절히 대응하지 못했을 때 어떤 현상이 나타날 수 있는지를 보여주는 좋은 사례다. 러다이트 운동에 대해 좀 더 자세히 알아보자.

기계에 대한 조직적 저항, 19세기 러다이트 운동

일반적으로 러다이트 운동은 1811년 영국 노팅엄 지역의 직물 공장에서 시작해서 랭커셔, 요크셔 등 잉글랜드 북부 지역으로 번진 기계 파괴 운동을 가리킨다. 정부와 자본가들의 탄압으로 기세가 크게 위축됐다가 1816년 불황을 맞아 다시 재연됐지만, 1817년을 마지막으로 러다이트 운동은 사라진다. 러다이트 운동의 본질은 불황 때문에 생활이 비참해진 노동자들과 자본가들이 도입한 직물 공장 내의 기계들과의 대립이다. 하지만 불황은 언제나 반복적으로 나타났고, 기술은 지속적으로 빠르게 발전해왔다. 따라서 러다이트 운동이 일어나기 직전의 환경 변화를 살펴보면 왜 1811년을 기점으로 인간과 기계의 대립이 폭력적으로 발전했는지를 보다 선명하게 이해할 수 있다.

시간을 러다이트 운동이 시작된 1811년에서 10년 앞으로 당겨보자. 1811년 직물 노동자들의 삶은 비참했다. 하지만 1800년 전후의 삶은 완전히 달랐다. 영국 북부 지역에서 직물 제품을 제조하던 직물 노동자들 중 많은 사람은 주당 삼사일을 근무했다. 당연히 주말에는 근무하지 않았고, 심지어 월요일에도 술에 취해 근무하지 않았다고 한다. 일을 조금 한다고 해서 급여 수준이 낮은 것도 아니었다. 이들 직물 노동자들이 주로 생산하던 제품은 스타킹이었다. 그 당시만 해도 남성들 역시 지금의 레깅스와 비슷한 스타킹을 신는 것이 관례였다. 직물 노동자들이 여유롭게 일하면서 충분한 돈을 벌 수 있었던 이유는 이들 노동자들이 없으면 생산이 불가능했고, 시장의 수요는 충분했으며, 이들을 관리할 수 있는 조직과 세력이 아직 충분히 형성되지 않았기 때문이다. 무엇보다 그들은 일종의 장인으로 인정받았다.

하지만 불과 10년 만에 상황이 급변했다. 나폴레옹과의 전쟁 때문에 유럽 대륙과의 교역은 중단됐고, 유럽에서 들여오던 값싼 농산물과 생필품이 부족해지자 영국 내에서 식자재와 생필품 가격이 무섭게 뛰어올랐다. 더욱이 패션 트렌드가 급변했다. 남성들이 스타킹 대신 바지를 입기 시작했다. 그리고 증기 기관을 활용한 산업혁명이 영국 각지로 퍼져나갔다. 한마디로 19세기 초의 영국은 뉴노멀을 맞이하게 된 것이다.

개별 노동자들로부터 구입한 스타킹을 시중에 판매해 돈을 벌던 자본가들은 스타킹 수요가 감소하자 두 가지 방법을 동시에 선택했다. 첫 번째는 비용을 줄이는 것이다. 즉, 노동자들에게 돌아갈 월급을 지속적으로 낮췄다. 두 번째는 증기 기관이 장착된 기계를 적극적으로 도입한 것이다. 자본가들은 미친 듯이 공장을 증설하고, 공장 안을 기계로 채워 넣었다. 그리고 공장들이 밤낮 없이 돌아갈 수 있도록 비숙련 노동자, 다르게 말하면 저렴한 임금 노동자를 대거 고용했다. 어차피 경제 불황으로 시장에는 실업자가 넘쳐나고 있었다. 기술 발전으로 공장 안 기계들의 생산성은 빠르게 향상됐고, 더 싸고 적당한 품질의 제품이 시장에 유입됐다. 자긍심 높은 직물 장인들의 수공업 제품들은 오직 소수의 사람들만이 찾게 됐다. 결국 장인들마저 공장 어느 구석에서 기계의 부품처럼 일하기 시작했다. 직물 노동자들은 점점 더 협상력을 잃어갔고, 그들이 받을 수 있는 돈을 빠르게 줄어들었으며, 물가는 더욱 가파르게 상승했다. 그리고 직물 노동자들의 분노와 생활고는 한계점에 도달했다. 이러한 모든 변화가 불과 10년 사이

에 일어난 것이다.[143]

러다이트 운동은 '네드 러드(Ned Ludd)'라는 사람의 이름을 딴 일종의 비밀 조직에서 시작됐다. 이들 조직원들은 글자 그대로 조직적으로 기계 파괴 활동을 진행했다. 이들은 활동을 시작한 후 한 달 만에 175대의 기계를 파괴했고, 불과 몇 달 사이에 약 800대의 기계를 파괴했다. 러다이트 운동의 결말은 우울하다. 운동을 이끌었던 사람들은 대부분 처형되거나 호주로 유배됐다. 1817년까지 몇 차례 운동이 재연됐지만, 모두 이와 비슷하게 마무리됐다. 그리고 나폴레옹 전쟁이 종결됨에 따라 경제가 빠르게 회복됐고, 대량 생산된 제품들은 영국 사회의 전반적인 복리후생 수준을 끌어올렸다. 결국 러다이트 운동에 대한 사회 전반의 관심과 지지는 줄어들었다.

여기서 러다이트 운동과 관련된 논쟁거리가 생긴다. 그것은 바로 '과연 기술 발전이 우리들에게 부정적인 효과만을 가져올 것인가?'이다. 최근 우리들은 이와 비슷한 질문에 대한 대답을 강요받고 있다. 정답은 알 수 없지만, 200년 전 영국 북부의 직물 노동자들이 직면한 뉴노멀을 통해 21세기 디지털 기술과 자동화가 초래한 뉴노멀에 대한 방향성을 알 수 있지 않을까?

러다이트 운동을 시작한 직물 노동자들은 절박했다. 기계가 그들의 일자리를 대체했고, 근무 환경은 가혹해졌으며, 월급은 처참하게 낮아졌다. 이런 관점에서 본다면 기술 발전은 개개인에게 무조건 바람직한 것만은 아니다. 또 다른 관점, 즉 거시 경제적 관점에서 본다면, 기술의 발전은 사회 전체의 복지와 생활 수준을 향상시켰다. MIT 경제학과 교수인 에릭 브라이언욜프슨(Erik Brynjolfsson)과 디지털 산업 전문가인 앤드류 맥아피(Andrew McAfee)가 저술한 『두 번째 기계의 시대(The Second Machine Age)』[144]'에서 볼 수 있듯이 기계화된 공장의 출현은 수많은 숙련공의 일자리를 파괴했다. 수십 년 후 새로운 직업, 예를 들어 사무직과 같은 신규 직군이 만들어졌다. 그리고 평균 임금은 지난 200년 동안 꾸준히 상승해왔다. 결국 기계가 부를 창출한 것이다.

우리에게 상당히 먼 과거인 19세기 러다이트 운동에 대해 자세히 설명한 이유는 간단하다. 러다이트 운동을 초래한 방직 기계를 21세기의 디지털 또는 IT기술로 대체하고, 직물 노동자들을 사무실에서 근무하는 사무직 또는 계약직 직원이라고 생각하면 과거와 현재가 완벽하게 맞아떨어지기 때문이다. 다행히 지금 시대에는 러다이트 운동과 같은 조직적 기계 파괴 운동은 나타나지 않는다.

디지털 기술이 우리의 일자리와 직장을 대체할 것이라고 생각하는 가장 큰 이유는 인공지능(AI)과 로봇 기술 때문이다. 인공지능은 글자 그대로 컴퓨터가 사람처럼 생각하고 스스로 학습하기 때문에 사람의 두뇌 역할을 그대로 대체한다는 것이고, 로봇 기술은 물건을 옮기거나 생산하는 등의 물리적 활동을 담당해 사람들의 물리적 작업을 대체한다는 것이다. 반은 맞고 반은 틀린 생각이다. 인공지능의 목표는 분명 사람처럼 생각하고 판단하는 것이다. 하지만 아직까지는 정해진 알고리즘하에서 주어진 데이터를 이용해 학습하는 단계이므로 가야 할 길이 멀다. 특히 대부분의 인공지능은 특정한 영역에 적합하도록 개발되고 있기 때문에 인간만의 다양성과 잠재력에 비하면 아직 많이 부족하다. 즉, 알파고가 이세돌 기사를 이겼다고 해서 알파고의 인공지능 알고리즘을 기업 경영에 바로 적용할 수는 없다. 하지만 특정 영역에서 성공한 사람들은 다른 영역에서도 쉽게 적응하고 실력을 발휘하는 경우를 종종 볼 수 있다.

로봇 역시 마찬가지다. 2020년 12월 현대자동차가 미국의 대표적인 로봇 공학 회사인 보스턴 다이내믹스(Boston Dynamics)의 지분을 인수했다. 개처럼 움직이는 4족 보행 로봇인 스팟(Spot)으로 널리 알려진 보스턴 다이내믹스의 인수를 통해 스마트 모빌리티와 자율주행 그리고 무인 제어와 같은 핵심 기술을 확보할 수 있게 됐다.[145] 유튜브에서는 보스턴 다이내믹스의 로봇들이 마치 인간처럼 춤추는 모습을 볼 수 있다.[146] 정해진 프로그램에 따라 매스 게임을 하듯 획일적으로 움직이는 것이 아니라 정말 사람이 그루브를 타듯 덩실덩실 신명나게 춤추는 로봇들을 보면 정말 로봇이 사람을 대체할 날이 얼마 남지 않았다는 생각이 든다.

하지만 로봇이 사무직 직원들을 대체하는 현실은 이미 시작됐다. 사무실 안에서, 스마트폰 안에서 그리고 다양한 인터넷 쇼핑몰에서 이미 인공지능과 결합한 로봇들이 열심히 일하고 있다. 대표적인 예로 RPA라 불리는 로봇 프로세스 자동화(Robotic Process Automation)와 챗봇을 들 수 있다. 이들은 우리가 로봇이라고 할 때 떠올리는 터미네이터나 생산 라인의 로봇 팔처럼 보이지 않기 때문에 소프트웨어 또는 프로그램이라 생각할지도 모른다. 하지만 이들은 사람처럼 학습하면서 사람의 업무를 바로바로 대체할 수 있다는 점에서 로봇에 가까우며, 단순 업무를 하던 사무직들에게는 위협적인 존재가 될 수 있다. 이미 '11장, 프로세스 혁신'에서 RPA와 챗봇에 대해 자세히 살펴봤다. 다만 여기서 한 번 더 고민해야 할 부분은 RPA와 챗봇은 현재 단순 작업을 잠식해 가고 있지만, 언젠가는 더 높은 수준의 업무까지 대체할 것이라는 사실이다.

디지털 기술이 우리들의 업무를 얼마나 대체할 것인지를 알아보기 위해 컨설팅 회사인 맥킨지가 재무 부서의 업무를 대상으로 조사한 2018년 자료[147]를 살펴보자.

재무 업무별 자동화 가능성

업무 영역	자동화 어려움	낮은 자동화 가능	높은 자동화 가능	완벽한 자동화 가능
일반적 회계 업무	–	12	12	77
현금 출납	–	18	4	79
매출 관리	4	17	4	75
재무 통제 및 외부 공시	9	18	36	36
세무 업무	19	24	19	38
재무 계획 및 분석	11	34	45	11
자금관리	18	43	21	18
위기 관리	20	60	20	–
감사	40	40	10	10
외부 협력 업무	33	67	–	–
사업 개발	100	–	–	–

(출처: 맥킨지(2018), 반올림의 영향으로 업무별 총합이 100%가 아닐 수 있음)

일반적인 회계 업무, 현금 출납 그리고 수익 관리 등의 업무는 완벽하게 자동화될 가능성이 각각 77%, 79% 그리고 75%이며, 재무 통제와 외부 공시 업무는 완벽하게 자동화될 가능성은 36%이지만 높은 자동화 가능성 역시 36%이므로 조만간 자동화가 거의 진행될 것으로 예상된다. 반면, 자동화가 100% 불가능하다는 업무는 한 가지밖에 없다. 바로 사업 개발 영역이다. 그다음은 대외 협력 업무인데, 자동화가 100% 불가능하다는 비율이 33%, 다소 가능하다는 비율이 67%이다. 사업 개발 영역과 대외 협력 업무는 비록 100% 자동화 불가능 비율에서는 제법 큰 차이가 나지만, 두 가지 모두 자동화 가능성이 전혀 없다는 공통점을 지니고 있다. 재무 자동화 기술의 발전 속도를 감안한다면, 업무별 자동화 가능성은 더 높아졌을 수도 있다.

재무 업무 관련 자동화 가능성만 조사를 했지만, 기업의 다른 업무를 조사하더라도 이와 비슷한 결과가 나왔을 것이다. 업무 영역에 상관없이 업무 지식과 경험이 별로 중요하지 않고, 업무 프로세스가 사전에 잘 정립된 업무부터 디지털 기술과 자동화에 대체될 것이고, 복잡한 상황을 이해하고 경험과 인사이트를 바탕으로 의사 결정을 내려야 하는 업무는 앞으로도 사람의 개입이 필요할 것이다. 만약 하루하루 업무를 하면서 '지겹다.', '지루하다.'는 생각이 든다면 뒤를 돌아봐야 한다. 디지털 기반의 자동화가 이미 업무를 시작하려고 준비하고 있을 것이다. 업무 하나하나를 끝낼 때마다 "이번에도 뭔가를 배운 것 같아, 나의 결정이 어떤 결과를 가져올지 두렵다."라는 생각이 든다면 앞으로 한동안은 디지털과 자동화를 두려워할 필요는 없을 것이다.

지금 살펴본 내용만 본다면 왠지 허무하다. 결국 배우기 쉽고 업무가 간단한 일 대신 복잡하고 어려운 일을 할 수 있어야 한다는 말이다. 하지만 일반인들이 회사에서 복잡하고 어려운 일, 어쩌면 중요한 의사 결정을 하는 자리에 올라갈 확률은 얼마나 될까? 대기업에서 남성이 임원이 될 가능성은 남성 40대 1, 여성 293대 1이라는 자료가 있다.[148] 임원까지 바라지 않더라도 고참 부장이나 차장까지 문제없이 승진하는 것도 점점 힘들어지는 세상이다. 디지털 기술과 경쟁하기 위해 사람들에게 무조건 복잡하고 의사 결정이 가능한 업무를 익히라고 말하는 것은 무책임하다.

똑같은 관점에서 인공지능과 경쟁하기 위해 인문학적 지식을 쌓으라고 말하는 것 역시 무책임하다. 인문학적 공부, 즉 철학과 역사, 종교, 문학, 예술 등에 대한 지식을 익히고 배우는 것은 사람이 사람답게 살기 위해 절대적으로 필요한 공부다. 인문학은 평생해야 하는 공부이므로 어떤 면에서는 인문학이야말로 평생 학습에 가장 적합하다고 할 수 있다. 하지만 지금 논의하는 내용은 디지털 기술과 경쟁해 생존 가능성을 높일 수 있는 방법을 찾는 것이다. 인문학 학습을 통해 인공지능 시대의 살아남겠다고 '세계 인문학 요약 사전'을 외울 필요는 없다. 인공지능은 우리가 한 달 동안 암기한 인문학 지식을 단 몇 초 만에 해결할 수 있기 때문이다. 그리고 이러한 단순 암기를 통해 절대로 인문학적 감성과 통찰력을 기를 수는 없다.

무엇을 학습해야 하는가?

평생 학습과 관련된 두 번째 질문, '향후 무엇을 집중적으로 학습해야 하는가?'에 대해 다시 생각해보자. 평생 학습을 위해 '꼭 이것만은 학습해야 한다.'는 정답은 없다. 그나마 근접한 정답은 자신이 관심 있고 좋아하는 것을 학습하는 것이다. 문화적 성향이 높은 사람에게 이공계의 학습을 강요할 수는 없다. 이와 마찬가지로 수학적 머리가 유독 발달된 사람에게 갑자기 예술적 감각을 학습하라고 강요할 수도 없다. 지식의 상호 작용과 균형을 맞추기 위해 자신이 평소 관심 없던 영역을 학습하는 것은 바람직하다. 관심도 없고 잘하지도 못하는 내용을 학습해야 하는 이유는 오직 한 가지이다. 생존을 위해 필요하기 때문이다.

만약 생존을 위해 꾸준히 뭔가를 배우면서 경쟁력을 키워 디지털 또는 자동화 시스템에 뒤처지지 않겠다면 다음과 같은 몇 가지 원칙을 고려할 수 있다.

첫 번째는 자신이 잘 알고 있으며, 이미 어느 정도 경쟁력을 갖춘 영역을 더 깊게, 더 넓게 파는 것이다. 만약 새로운 분야에 도전하는 것이 아니라면, 대부분의 사람들은 업무적 연속성을 갖고 움직인다. 담당 업무는 그때그때 다르지만 특정 업무만을 계속 수행하게 된다. 따라서 우선 자신이 속한 영역에 대해서는 일정 수준 이상의 지식과 경험을 쌓아야 한다. 여기서 '일정 수준'이란 '언제든 기회만 주어지면 상사의 업무를 바로 맡아 수행할 수 있는 수준'을 말한다. 예를 들어 회계팀의 대리는 언제든 과장의 업무를 맡아 일을 할 수 있도록 미리 학습해야 한다. 이와 마찬가지로 작은 식당을 운영하는 사장은 항상 조금 더 큰 식당을 운영할 수 있도록 미리 노하우를 배우고 익혀야 한다.

두 번째는 자신이 맡고 있는 업무와 직·간접적으로 연계된 영역을 학습해야 한다. 자기 영역에 대한 철저한 학습과는 달리 두 번째 학습은 조금 여유가 있다. 틈틈이 다른 부서의 동료나 다른 가게의 사장이 무엇을 하는지를 보면서, 조금씩 전문 지식을 쌓아나가야 한다. 마케팅 부서에서 커뮤니케이션 팀을 이끌고 있다면, 영업 부서에서 커뮤니케이션 콘텐츠를 어떻게 활용해 고객을 상대하는지를 익히는 것이 좋다. 만약 식당을 운영하고 있다면, 식자재를 납품해주는 기업이나 개인이 어떻게 사업을 하는지를 알아두는 것이 좋다. 최악의 경우 식당이 문을 닫아 생계가 위험해질 때, 식자재 부문에서 일하게 될지도 모르기 때문이다.

첫 번째와 두 번째가 자신의 업무를 중심으로 지속적으로 학습하는 것이라면, 세 번째는 보편적인 업무 경험에 대한 학습을 해야 한다. 이 책에서 다루고 있는 15가지 생존 키워드들에 대해 하나씩 학습하면 가장 좋을 것이다. 하지만 우리들이 쓸 수 있는 시간은 제한적이다. 15가지 키워드들은 무엇을 의미하고 어떤 방향으로 가고 있는지를 이해했다면, 다음 내용은 좀 더 시간과 노력을 투자해 학습하는 것이 좋다.

• 첫 번째는 업무 프로세스에 대해 학습하는 것이다. 대기업이든, 스타트업이든 모든 업무는 일련의 프로세스를 중심으로 이뤄진다. 작은 가게를 운영하든, 프랜차이즈를 경영하든 모든 비즈니스는 다양한 프로세스가 중첩돼 운영된다. 따라서 프로세스가 무엇이고 어떻게 구성되며 어

떤 식으로 움직여야 효율적인지에 대해 항상 고민하고 배워야 한다. 특히 디지털 기술의 발전으로 프로세스들이 훨씬 밀도 있게 움직이고 있다. 따라서 어떤 신기술이 등장해 기존에 익숙했던 프로세스에 어떤 영향을 미칠 것인지에 대해 늘 고민해야 한다. 프로세스를 익힌다면 향후 프로세스가 변화됨에 따라 나에게 미칠 부정적 영향을 미리 파악할 수 있고, 프로세스를 나에게 유리하게 개선해 자신의 생존력을 더 끌어올릴 수도 있기 때문이다.

- 두 번째는 조직과 사람에 대해 학습하는 것이다. 누군가는 이를 '정치'라고 하지만 조직에 속해 일을 하는 사람이라면 누구나 조직이 어떻게 운영되는지를 알아야 한다. '세 명만 모여도 정치가 시작된다.'라는 말처럼 사람은 조직에서 자유로울 수 없기 때문이다. 심지어 혼자 글을 쓰고 그림을 그리는 프리랜서들도 조직화된 기업을 고객으로 삼아 일을 한다. 뉴노멀 상황에서 기업 내 조직이 어떻게 운영되고 변화하는지를 관찰하는 것도 필요하다. 조직 내에서 사람들의 역할이 어떻게 바뀌는지도 알아두어야 한다. 조직과 사람에 대한 부분은 사회학이나 조직 행동론 또는 정치 관련 책들을 보면서 기본 지식을 갖출 수 있다. 하지만 가장 좋은 것은 역시 직접 관찰하면서 학습하는 것이다.

- 세 번째는 경제를 학습하는 것이다. 우리 모두가 경제학자가 될 필요도 없고 될 수도 없다. 우리가 경제 뉴스를 쓰는 기자들처럼 정보를 많이 모으거나 증권사의 애널리스트들처럼 시장을 분석할 수도 없다. 다만, 현재 경제 여건이 어떠한지에 대해 항상 주목하고 관심을 갖고 있어야 한다. 주가 지수, 주요 기업들의 주가, 환율 등의 변화를 늘 파악하고 있어야 하며, 경제 신문까지는 아니더라도 일간지의 경제면은 꼼꼼히 들여다봐야 한다. 하지만 이렇게 한다고 해서, 주식 투자를 더 잘하거나 재테크를 성공적으로 한다는 보장은 없다. 그렇지만 갑자기 경제적인 변

화가 일어났을 때, 당황하지 않고 누구에게 무엇을 물어볼 것인지에 대한 기초 정보는 갖게 될 것이고, 운이 좋다면 뉴노멀 상황에서 재테크 수익률을 조금이라도 높일 수 있을 것이다.

- 마지막은 디지털 기술에 대해 학습하는 것이다. 요즘 유행하는 파이썬(Python)을 이용해 프로그래밍을 할 필요는 없다. 스마트폰에 사용할 수 있는 모바일 애플리케이션을 만들 필요도 없다. 물론 잘 만들어 수익을 낼 수 있다면 새로운 경력을 시작할 수도 있을 것이다. 하지만 디지털 기술에 대해 학습한다는 것은 일종의 지피지기(知彼知己)[55]에 해당한다. 디지털 기술과 경쟁하기 위해서는 적어도 어떤 신기술이 자신의 업무 영역에서 떠오르는지를 항상 주시할 필요가 있다. 그리고 의도적으로 디지털 기술에 대한 면역력을 길러야 한다. 새로운 디지털 기술이 있다면 적어도 한 번이라도 사용해보려는 열린 자세를 갖고 있어야 한다. 따라서 디지털 기술은 평생 즐긴다는 마음을 갖고 접근하는 것이 더 맞을 것이다.

이제 평생 학습과 관련된 마지막 질문에 대해 생각해보자. 어디서 평생 학습을 할 것인지에 대한 질문이다. 답은 어느 정도 정해진 것 같다. 디지털 기술이 모여 있는 인터넷 세상에서 평생 학습을 해야 한다.

불과 얼마 전까지 정규 교육 과정은 우리들의 생존을 위한 필수 조건이었다. 실제로 한국의 높은 교육열은 우리 사회를 지금 수준으로 끌어올린 견인차였다. 일제 강점기뿐 아니라 그 어떤 위기 상황 속에서도 한국인들은 꿋꿋하게 공부했다. 이는 다른 나라들도 마찬가지였다. 미국의 경우를 살펴보자. 영국과 마찬가지로 미국에서 19세기에서 20세기 초까지 기계화

---

55 손자병법에 나오는 표현으로, 지피지기백전불태(知彼知己百戰不殆)에서 유래했다. '적을 알고 나를 알면 백 번 싸워도 위태롭지 않다.'는 뜻이다.

로 인해 대량 실업이 발생하자 미국은 공립 학교(Public School)들을 열어 사람들에게 새로운 기회를 제공했다. 제2차 세계대전이 막바지에 이르자, 미국은 전쟁에 참전한 군인들 중 약 800만 명을 대학에서 공부할 수 있도록 하는 정책을 펼쳤다.[149]

지금까지의 정규 교육은 젊은이들을 교육시키고 사회에 내보낸 후 직장에서 다시 세부적인 업무 교육을 받는 방식이었다. 즉, 한 번 사회로 나간 사람들은 다시 정규 교육을 받기 어려운 시스템이다. 만약 대학원을 다니고 싶다면, 직장을 그만두고 정식으로 주간 석·박사 과정에 입학하거나 직장에서 눈치를 보면서 야간 대학원을 다니는 방식이었다. 또한 직장인들의 업무 역량 강화 또는 실업자들의 재취업을 위한 사회적 차원의 준비 및 예산은 현저히 부족한 것이 사실이다. 실제로 미국에서 직장인들의 재취업이나 전직을 위한 예산은 전체 GDP의 0.1% 수준인데, 이는 30년 전에 비해 절반으로 줄어든 수치다.[150] 참고로 미국의 전체 교육 예산은 GDP의 약 6.2% 수준이다.

결국 직장인 또는 자영업자들이 생존을 위해 정부나 기존 교육 기관에 의존하는 것은 어렵다. 결국 스스로 평생 교육을 위한 강의 계획서를 작성하고 학습 기관을 선정하고 스승을 찾아나서야 한다. 다행히 우리 주변에서는 디지털 기술을 통해 구현되는 다양한 교육 기관, 그것도 세계 최상위 교육 기관들과 연계된 디지털 학습장을 쉽게 찾을 수 있다. 일반적으로 이를 무크(MOOC)라고 부른다.

무크는 대규모 온라인 공개 강좌(Massive Open Online Course)를 의미한다. 이름 그대로 인터넷 플랫폼을 이용해 다수의 사람에게 공개적으로 양질의 교육 프로그램을 제공하는 시스템이다. 대표적인 플랫폼으로는 코세라(Coursera), 유다시티(Udacity), 에드엑스(edX) 등을 들 수 있다. 무크는 구현된 플랫폼을 통해 하버드, 예일 등과 같은 아이비리그 학교들뿐 아니라 듀크, 스탠퍼드, MIT 등 세계 최고 수준의 대학들과 연계한 교육 프로그램을 온라인으로 제공하고 있다. 그뿐 아니라 IBM, 구글, 오라클 등 다양한 기술 기업들 역시 무크 플랫폼을 통해 다양한 디지털 기술 및 트렌드 관련 교육 프로그램을 제공 중이다. 현재 이들 무크 플랫폼에는 1억 1,000만 명의 수강자들과 전 세계 900개 이상의 대학들이 참여하고 있고, 1만 4,000여 개의 학습 과정, 800개 이상의 자격증 그리고 50여 개 이상의 학위 과정을 제공하고 있다. 물론 모든 교육 과정들이 무료는 아니다. 가장 대표적인 무크 플랫폼인 코세라의 경우, 디지털 관련 자격증 강좌는 39~79달러 수준이며, 대학 석사 과정은 최대 4만 달러 수준이다. 또 다른 플랫폼인 유다시티의 특정 강좌는 주당 10시간씩 6개월 수강을 하는 데 약 1,200달러의 비용이 든다.[151]

최근 무크 플랫폼에 대한 인기는 분명 코로나19에 의한 비대면 교육 열기에 기인한다. 하지만 무크는 이미 탄생한 지 10여 년이 흘렀고, 여러 차례의 격변을 겪으면서 점차 안정적 수익 구조와 시스템을 구축하게 됐다. 무엇보다 무크를 통해 새로운 지식과 네트워크를 쌓은 수많은 교육생들이 가장 큰 자산이다.

무크와 비대면 때문에 갑자기 시행된 온라인 수업과 사이버 강좌와의 가장 큰 차이는 무엇일까? 바로 '자발성'과 '절박성'이다. 어떻게 보면 당연한 결과이겠지만, 코세라 등의 무크에서 제공하는 무료 강좌를 등록한 수강생들의 과정 이수율은 10% 전후지만, 자격증이나 학위를 취득하는 과정의 이수율은 최대 90%에 달한다. 집에서 혼자 강좌를 듣는다는 것을 생각하면 놀라운 이수율이다. 수강생들은 스스로 한 단계 올라가기 위해 또는 필요한 지식을 얻기 위해 그리고 제한된 시간과 여건을 최대한 효율적으로 활용하기 위해 무크를 선택한다.

무크의 가장 큰 장점은 방대한 교육 프로그램 중에서 자신에게 꼭 맞는 프로그램을 상대적으로 저렴한 비용으로 수강할 수 있다는 점이다. 물론 수업 시간과 장소는 자신이 정할 수 있다. 꼭 학위 과정일 필요는 없다. 자신이 특정 업무 또는 비즈니스에 지식을 보유하고 있다는 점을 증명하기 위해 무크에서 발행하는 자격증만 있어도 충분한 시대로 변하고 있다.

만약 우리들이 평생 학습을 위해 또는 필요한 지식을 얻기 위해 다니던 직장을 그만두고 다시 정규 교육 과정으로 돌아간다면, 1~2년 정도의 시간이 필요하고, 그 사이에 수많은 기회비용이 발생한다. 그리고 제도권 교육이 뉴노멀에 필요한 지식과 정보를 무크만큼 신속하게 준비할 것이라고 기대하지는 않는다.

평생 교육이라는 관점에서 이제 개인 스스로가 '나'라는 대학의 총장이자 교수이며, 학생이다. 스스로 어떤 방향으로 가겠다는 지향점을 설정한 후 그 곳에 도달하기 위해 필요한 지식을 구체화하고 이를 조달할 수 있는 최선의 교육 기관을 찾아야 한다. 특히 지금과 같은 뉴노멀에서는 기존의 전통적 교육 체계와 교육 기법이 예전과 같은 힘을 발휘하기 어렵다. 정규 교육은 반드시 필요하지만 정규 교육이 도와주지 못하는 영역은 스스로 보충해야만 한다.

현재 평생 교육의 필요성은 분명 디지털 기술과 IT 혁신 때문에 더욱 강화됐다. 디지털 기술은 200년 전 러다이트 운동을 초래한 직물 공장과 증기 기관으로 작동하는 기계들보다 더 큰 영향력을 미치고 있다. 이미 많은 변화가 시작됐다. 하지만 200년 전의 영국과 다른 점이 있다면, 디지털 기술은 활용 방식에 따라 안정된 삶을 빼앗는 킬러 머신(Killer Machine)이 될 수도 있고, 우리들을 한 단계 업그레이드시켜줄 수 있는 교육 후원자가 될 수도 있다는 것이다.

평생 살아가면서 뭔가를 또 배운다는 것은 힘든 일이다. 그러나 앞에서 말한 것처럼 우리 스스로가 'ME University' 또는 'ME Company'의 총장 또는 회장이 돼 전체 교육 과정을 계획하고 발전 상황을 지켜본다면 나름 의미 있고 즐겁지 않을까? 디지털 기술이라는 든든한 지원군도 곁에 두고 말이다.

참고문헌

1 　검은 백조(Black Swan)는 나심 니콜라스 탈레브의 책 이름이자, 갑자기 예측하지 못한 충격적인 사태가 발생하는 것을 은유적으로 표현한 단어다.

2 　회색 코뿔소(Grey Rhino)는 2013년 세계정책연구소의 미셀 부커(Michele Wucker)가 처음 발표한 용어로, 개연성이 높고 파급력이 엄청난 위험을 상징한다. 검은 백조와 달리 위험이 닥치는 것을 미리 알 수 있지만, 위험이 오히려 너무 커서 어쩔 줄 모르는 상태를 의미한다.

3 　방 안의 코끼리(Elephant in the Room)는 모두가 잘못됐다는 것을 알지만 먼저 말을 꺼낼 경우 초래될 위험이 두려워 어떤 사람도 먼저 말하지 않는 문제를 가리킨다.

4 　검은 코끼리(Black Elephant)는 「뉴욕타임스」의 칼럼니스트인 토머스 프리드먼(Thomas L. Friedman)이 만든 용어로, 엄청난 사태가 일어날 것이라는 점은 모든 사람이 알지만 아무도 나서서 해결하지 않는 문제를 말한다.

5 　웨인 그레츠키(1961년 출생)는 캐나다 출신의 미국 아이스하키 리그(NHL) 선수다. NHL 역사상 가장 위대한 선수로 평가받으며, 닉 네임은 'The Great One'이다.

6 　2014년 미국에서 창업한 즈위프트는 실내 자전거 트레이닝용 애플리케이션을 제공하고 있다. 집 또는 실내에서 자전거를 고정식 거치대에 설치하고 컴퓨터 또는 스마트폰에 즈위프트 애플리케이션을 작동하면, 집에서도 실외에서 레이싱하는 것과 동일한 경험을 할 수 있다.

7 　Our new historical divide: B.C. and A.C. – the world before Corona and the world after, Thomas L. Friedman, NY Times, March 17, 2020. 한국의 언론에서도 2020년 4월 이후 BC와 AC 관련 기사를 싣기 시작했다.

8 　Open like never before라는 커뮤니케이션 캠페인에서 래퍼이자 시인인 '조지 더 포잇'의 독백에서 '뉴노멀'이라는 표현이 사용된다.

9 　BTS's 'Dynamite' holds steady at No. 1, proving that chat-topping hits are their new normal, Forbes, Sep 8, 2020

10 　"원하면 코로나 끝나도 무기한 재택근무… 근로 뉴노멀 맞는 기업들, 동아일보, 2020년 5월 13일

11 　[기고] 폭염 뉴노멀 시대, 경향신문, 2020년 7월 22일

12 　종교 소모임 통해 확산… 비대면 모임의 뉴노멀 만들어야, KBS News, 2020년 6월 1일

13 　야구장에서 침 못 뱉는다. KBO 리그의 뉴노멀, 중앙일보, 2020년 4월 17일

14 　The New Normal is actually pretty old, NY Times, Jan 11, 2011

15 　The New Normal, Fast Company, Apr 30, 2003

16 　习近平破题新常态, CCTV News. CCTV News에 따르면 2014년 5월 10일 이후 수차례 신상태, 즉 뉴노멀을 공개석상에서 언급한 것으로 나온다.

17 　서브프라임 모기지 사태를 다룬 마이클 루이스의 소설 및 영화인 '빅 쇼트(Big Short)', IMF 금융 위기를 다룬 영화 '국가부도의 날' 등은 대변혁의 징조를 미리 파악한 전문가들의 이야기를 다루고 있다.

18 　The Next Normal, how companies and leaders can reset for growth beyond coronavirus, McKinsey & Company. 맥킨지 웹 사이트 내의 Featured Insights에 들어가면 Next Normal과 관련된 다양한 글을 볼 수 있다.

19 　중국 전국시대 사상가인 순자(荀子)의 저서 '순자' 왕제편(王制篇)에 나오는 '君者舟也 庶人者水也(군자주야 서인자수야), 水則載舟 水則覆舟(수즉재주 수즉복주)'의 구절이다. '군주는 배와 같고, 백성은 물과 같다. 물은 배를 띄우기도 하지만 배를 뒤집기도 한다.'라는 의미다.

20 How the coronavirus pandemic will permanently expand government powers, Foreign Policy, May 16, 2020; The era of small government is over, NY Times, March 18, 2020; Coronavirus means the era of big government is back, Wall Street Journal, April 26, 2020; In the age of government is back, The Washington Post, March 20, 2020

21 상식으로 보는 세상의 법칙: 경제편, 이한영 저, 21세기북스

22 여러 가지 역량 중에서 기업이 성공적인 비즈니스를 영위하기 위해 꼭 필요한 역량을 '핵심 역량(Core Competency)'이라고 한다. 핵심 역량에 대해 궁금하다면 다음 논문을 읽기를 권한다. The core competence of the corporation, Prahalad, C.K. and Hamel, G, HBR, 1990, No 3, pp. 79~91. 이외에도 다양한 논문이 번역돼 있다.

23 Merriam-Webster Dictionary, Oxford Dictionary

24 사상 첫 온라인 삼성 공시 무사히 끝나… 새 트렌드될까?, 연합뉴스, 2020년 5월 31일

25 Working at home can save gasoline, The Washington Post, 1979

26 풀무원 김동현 국장 인터뷰, 2020년 8월

27 언택트 시대 '로켓질주' 김범석 쿠팡 대표, 인사이트 코리아, 2020년 12월 2일

28 미국 디지털 광고매출 122조 원… 전통 매체 광고 매출 첫 추월, 연합뉴스, 2020년 12월 2일

29 배달 앱 10년… 치킨집 사장님은 전화기를 없앴다, 매일경제신문, 2020년 11월 26일

30 비대면 연결의 개념은 전작인 '비대면 비즈니스 트렌드'(김동현, 마정산 공저) 41~44쪽에서 보다 자세한 설명을 볼 수 있다.

31 17세기 영국의 사회학자인 홉즈(T. Hobbes)가 주창한 개념으로, 사회적 규약과 계약이 없던 시대에 오직 생존만을 위해 경쟁하는 모습을 의미한다. 영어로는 'The war all against all'이라고 표현한다.

32 미국에서 시작한 우버(Uber), 중국의 디디추싱(滴滴出行) 등과 같이 개인의 차량을 활용해 택시와 비슷한 서비스를 제공한다.

33 경계의 종말, 딜로이트 안진회계법인 & 딜로이트 컨설팅 저, 원앤원북스, 2016, pp 21~29. '경계의 종말'에서 명기된 세 가지 경계 와해 현상들의 아이디어를 참고했고, 이 책에 실린 세부 내용들은 별도의 리서치를 통해 정리했다.

34 AI 챗봇 아직은 일렀나… 유통업계 챗봇 서비스 속속 종료, 헤럴드경제, 2020년 10월 2일

35 The Pandemic is emptying call centers. AI chatbots are swooping in, MIT Technology Review, May 14, 2020

36 5 Crowdfunded side projects that become million-dollar companies, Forbes, Sep 18, 2017

37 https://www.metmuseum.org/art/online-features/met-360-project. 현재까지 여섯 편의 짧은 비디오 클립으로 구성돼 있으며, 메트로폴리탄미술관 내 건축물과 작품들을 볼 수 있다. 스마트폰의 유튜브와 가상현실 헤드셋을 통해 볼 수 있다.

38 정확한 표현은 다음과 같다. "A Smith and Wesson beats a strait flush." Smith and Wesson(S&W)은 미국의 대표적 권총 브랜드이고, 스트레이트 플러시는 포커의 가장 높은 패 중 하나다.

39 비선형 세계에서 선형적으로 사고를 할 때, 바트 데랑해, 스테파노 푼토니, 리처드 래릭, 하버드 비즈니스 리뷰(한글판), 2017년 6월호

40 Scenario Planning for a post-Covid-19 World, IMD, May 2020. 시나리오 플래닝 관련해서 잘 정리된 논문이다. 시나리오 플래닝의 개념, 시나리오 도출 과정, 시나리오의 활용 등을 짧지만 명쾌하게 보여주고 있다. 시나리오의 예측력을 떠나 시나리오 플래닝을 검토할 때 참고하면 좋은 자료이다.

41 Overcoming obstacles to effective scenario planning, McKinsey, June 1, 2015

42 공자의 논어(論語)의 위정편(爲政篇)에 나오는 표현이다.

43 The changing nature of strategy: Reflections on thirty years, James Allen, Bain & Company, February 7, 2019

44 A leader's framework for decision making, Harvard Business Review, Dave Snowden, Mary E. Boone, 2007

45 피터 드러커(1909~2005)는 오스트리아 출신의 미국 경영학자다. 경영학의 위대한 구루(Guru)로 인정받고 있으며, 경영 전략, 조직 관리 등의 영역에서 혁신적인 아이디어와 통찰력을 제공했다.

46 원문은 다음과 같다. "The aim of marketing is to know and understand the customer so well the product or service fits him and sell itself."

47 These are the key fashion trends for Spring/Summer 2021, Vogue, November, 21, 2020

48 CJ대한통운 빅데이터로 관찰한 일상생활 리포트 Plus, CJ대한통운, 2020년 6월

49 1943년 처음 발표된 매슬로의 욕구 단계론은 초기에는 5단계였지만, 추후 1단계가 추가돼 6단계로 분류된다. 욕구 단계론의 기본적 특성은 낮은 단계의 욕구가 충족돼야 비로소 다음 상위 단계의 욕구를 충족하려고 시도한다는 것이다.

50 Shaping the consumer of the future, Bain & Company, September 23, 2020

51 UK Organic food and drink sales boom during lockdown, The Guardian, September, 3, 2020

52 IKEA assembly made easier through augmented-reality app, dezeen.com, March 23, 2018

53 돌(Dole) "2025년까지 블록체인 식품 추적 시스템 전면 도입", 코인데스크 by 한겨레, 2020년 4월 27일

54 에어비앤비에서 제공하는 '중세 흑사병 의사와 함께 떠나는 프라하 탐방'이라는 온라인 체험 프로그램의 내용을 각색했다. 이 프로그램은 한 시간 동안 약 15명의 참가자들을 대상으로 운영되며, 1인당 참가비는 약 2만 원 정도다.

55 Market research is more important than ever in the age of COVID-19, Kantar.com, April 8, 2020

56 '카드 주인 이쁨' 인증글에… 13배 급증 '대박'난 카드, 한국경제, 2021년 1월 15일

57 초등생 '의사말고 유튜버 될래요.'… 희망 직업 1위는, 한국일보, 2019년 12월 10일. 초등학생들의 2019년 희망 직업 1위는 운동선수(11.6%), 교수(6.9%) 그리고 유튜버(5.7%)로 매년 3위였던 의사가 최초로 4위로 밀려났다.

58 활활 인기 끄는 비인기 종목 유튜브 채널, 중앙일보, 2019년 11월 1일

59 GM 회장이었던 슬로언은 저가 브랜드에서 프리미엄 브랜드까지 모든 라인업을 갖춘 후, 이를 성공의 사다리(Ladder of Success)라고 불렀는데, 이는 현대적 브랜드 포트폴리오 개념과 유사하다.

60 한국에서는 「개인정보보호법」, 「정보통신망법」, 「신용정보법」 등 다양한 법안과 규제 사항들이 존재한다.

61 The smart factory, Responsive, adaptive, connected manufacturing, Deloitte University Press

62 How data fuels the move to smart manufacturing, MIT Management, August 11, 2020

63 Adidas Speedfactory: Impossible is nothing with automation, HBR, November 15, 2017

64 Adidas is closing hi-tech sneaker factories in Germany, CNN, November 12, 2019

65 1949년 최초 시상을 시작한 미국 텔레비전 드라마, 스포츠, 다큐멘터리 관련 시상식이다. 텔레비전 분야에서 가장 저명한 시상식으로, 영화계의 오스카상과 동일한 무게감을 갖고 있다.

66 2008년에서 2011년까지 4회 연속 최우수 드라마상을 수상했고, 그 이후에도 여러 차례 후보작으로 이름을 올렸다.

67 소비자가 광고 매체가 되는 가장 일반적 사례는 네트워크 마케팅 또는 다단계 마케팅이다. 네트워크 마케팅에서는 비용이 많이 드는 매체 광고 대신 회원들이 직접 사용하면서 주변 사람들에게 적극적으로 제품을 추천하고 회원을 모집한다. 회원 하나하나가 회사와 제품을 알리는 매체 역할을 하는 것이다.

68 MBC 협찬 및 간접 광고 안내에 있는 단가표를 참고함(2020년 12월 기준). 비록 표준 단가표는 정해져 있지만, 광고 물량, 광고 기간, 광고 집행 계획 등에 따라 광고비는 차이가 날 수 있다.

69 네이버 광고 단가는 네이버 디스플레이 광고 내 광고 단가표를 참고함(2020년 12월 기준). 1시간 동안 디스플레이 광고는 CPT 방식이며, 1시간 동안 정해진 광고를 집행한다는 의미다.

70 Coronavirus: How the advertising industry is changing, BBC News, May 27, 2020

71 Consumers' personal values have changed. Has your brand's message?, AdvertisingWeek360.com

72 Bestadsontv.com, June 2020. 광고의 원문은 다음과 같다. "Staying apart is the best way to stay united."

73 "Open like never before"의 대사는 코카콜라 홈페이지(www.coca-colacompany.com)의 영문 스크립트를 번역했다. 광고에는 '뉴노멀'이라는 단어가 정확히 사용되고 있고, 캠페인을 소개하는 글은 '더 나은 일상(Better Normal)'이라는 표현도 사용하고 있다.

74 존 워너메이커(1838~1922)는 미국의 사업가이자 정치인이다. 미국에서 백화점을 처음으로 개장한 사업가들 중 한 명이며, 마케팅과 광고 분야의 개척자 중 한 명으로 여겨진다.

75 Online sales reach $10.8 billion on Cyber Monday, the biggest U.S. e-commerce day ever, Adobe says, CNBC, December 1, 2020

76 '블프'에도 텅텅 빈 뉴욕 쇼핑가… 온라인만 하루 매출 10조[조재길의 지금 뉴욕에선], 한국경제신문, 2020년 11월 29일

77 산업통상자원부, '2020년 상반기 주요 유통업체 매출 전년대비 3.7% 증가', 2020년 7월 30일

78 Walmart Annual Report, 2020. 전체 매장 수는 월마트, 샘스클럽, 월마트 슈퍼센터 등을 모두 합한 수치이다.

79 Walmart's online sales have surged 74% during the pandemic, Forbes, May 19, 2020

80 E-commerce in the time of Covid-19, OECD Policy Responses to Coronavirus, October 7, 2020

81 How will Covid-19 change the retail consumer? Data-driven insights into consumer behavior, Accenture, May 2020

82 A rediscovered 1997 video reveals why Jeff Bezos chose books and not CDs to be Amazon's first product, Fastcompany, November 13, 2019. 기사에 실린 인터뷰 내용을 중심으로 다른 인터뷰 자료들을 보완하여 책 선정 이유를 정리하였다.

83 '차 33만 대 온라인으로 팔았다.' 세계 발칵 뒤집혔던 11월 11일, 중앙일보, 2020년 11월 26일

84 온라인 판매 대박 내 나이키… 'AR 메이크업' 히트 친 에스티로더, 한국경제신문, 2020년 11월 18일

85 Nike won't sell directly to Amazon anymore, CNBC, November 13, 2019

86 영국 작가인 루이스 캐럴(Lewis Carroll)이 쓴 동화책이다. '이상한 나라의 앨리스'의 후속 작품이다.

87 '거울 나라의 앨리스'에 나오는 붉은 여왕(Red Queen)은 제자리에 있기 위해 끊임없이 달린다. 붉은 여왕 가설 또는 붉은 여왕 효과는 스스로 변화하려고 노력하지만 주변 환경과 경쟁자들 역시 변화하기 때문에 제자리에 머물거나 오히려 뒤처지는 현상을 말한다.

88 Transforming Culture - 'Who Says Elephants Can't Dance?, Louis Gerstner

89 기업에 문제가 생겼을 때, 기업문화에서만 문제를 찾는 것은 바람직하지 않다. '문제의 주범은 문화가 아니다(HBR, 2016년 4월)'에서는 조직의 문제가 생기면 기업문화에서 문제를 찾는 경우가 많지만, 실질적으로 기업의 문제가 해결되고 실적이 개선되면 기업문화 역시 좋아지는 경우가 많다는 점을 밝히고 있다.

90 Leveraging digital technologies to transform the business model and become one of the most successful toymakers, World Economic Forum

91 Robotic Process Automation(RPA) role in finance automation, Gartner Research

92 Why digital transformations fail: Closing the $900 Billion hole in enterprise strategy, Forbes, March 13, 2018

93 Unlocking success in digital transformation, McKinsey, October 29, 2018. 추가 설명을 하자면, 디지털 트랜스포메이션 성공률은 기업 규모에 따라 많은 차이가 있다. 직원 100명 미만의 기업이 직원 수 5만 명 이상인 기업 대비 2.7배 높은 성공률을 보였다.

94 The 'how' of transformation, McKinsey, May 9, 2016

95 Companies that failed at digital transformation and what we can learn from them, Forbes, September 30, 2019

96 GE의 디지털 트랜스포메이션과 관련해 다음 아티클을 참조했다. GE, The 124-year-old software start-up, New York Times, August 28, 2018

97 물론 최근에는 SasS와 같은 방식으로 쉽고 간편하게 소프트웨어를 설치하거나 클라우드에서 이용하는 방법이 많다. 하지만 이러한 서비스들 역시 충분한 분석 및 커스터마이제이션 과정이 필요하다.

98 Why so many high-profile digital transformation fail, Thomas Davenport and George Westerman, HBR, March 9, 2018

99 Starbucks: using big data, analytics and artificial intelligence to boost performance, Forbes, May 28, 2018

100 P&G 홈페이지, 구글 데이터 서칭

101 P&G 디지털 트랜스포메이션 사례는 다음 2개 논문을 참고하였다: Why digital transformations fail: Closing the $900 Billion hole in enterprise strategy, Forbes, March 13, 2018; Why so many high-profile digital transformation fail, Thomas Davenport and George Westerman, HBR, March 9, 2018

102 Digital business transformation: Where is your company on the journey, IMD, April, 2014

103 Digital Transformation is not about technology, HBR, March 13, 2019. 이 논문은 변화관리(Change Management)의 관점에서 디지털 트랜스포메이션을 분석했다.

104 디지털 도구 관련 정보는 다음 아티클을 참조해 작성했다. Digital business transformation: Where is your company on the journey, IMD, April, 2014

105 클라우드 방식은 분명 초기 투자 비용이 적고 사용하는 만큼 비용을 낸다는 장점이 있지만, 시간이 지날수록 누적된 비용과 제한된 자율성 등에서 한계가 있을 수 있다. 따라서 클라우드 시스템 선정 시 단기적 비용 절감뿐 아니라 장기적 투자 가치도 함께 고려해야 한다.

106 Syverson, C., 2011, What Determines Productivity? Journal of Economic Literature, 49, 326-65

107 Corporate culture: Evidence from the field, John R Graham, Campbell R. Harvey, Jillian Popadak, Shivaram Rajgopal, December 30, 2016

108 동일 논문

109 The Leader's Guide to Corporate Culture, Boris Groysberg, Jeremiah Lee, Jesse Price, and J.Yo-Jud Cheng, Harvard Business Review, January–February, 2018

110 Covid-19 creates a moment of truth for corporate culture, Bain & Company, April 1, 2020; From London to New York, How empty hotels may turn into coronavirus hospitals, Forbes, May 16, 2020

111 말콤 브래드버리경(1932~2000)은 영국의 작가이자 교수다.

112 Doing vs being: practical lessons on building an agile culture, McKinsey, August 4, 2020

113 동일 논문

114 경영 정보 시스템(5th Edition), 409쪽, Paige Baltzan 저, 고석하, 김태성, 권순동, 서동백, 송대진, 최상헌 옮김, 생능, 2019년

115 Robotic Process Automation(RPA) role in finance automation, Gartner Research

116 ISO 31000 홈페이지(https://www.iso.org/obp/ui/#iso:std:iso:31000:ed-2:v1:en)

117 네이버 영어 사전 중 동아출판 한영사전, Crisis 항목

118 Toyota, other major Japanese firms hit by quake data, supply disruptions, Fortune, April 17, 2016

119 Copper output slumps at Codelco, BHP's Escondida in November, Reuters, January 8, 2020

120 Covid-19: 거대한 충격을 견뎌낼 수 있는 공급망을 구축하는 방법, EY, 2020년 6월 8일

121 ISO 31000 홈페이지에 가면 위기 관리 프레임워크 및 프로세스 등을 볼 수 있다. 보다 자세한 내용은 홈페이지(https://www.iso.org/obp/ui/#iso:std:iso:31000:ed-2:v1:en)에 방문해보길 바란다.

122 Coping with Coronavirus: Five strategies to mitigate business risks, Knowledge@Wharton, May 17, 2020. 논문 내용을 근간으로 저자의 추가 의견을 정리했다.

123 A guide to building a more resilient business, Harvard Business Review, July 2, 2020

124 Only the paranoid survive, Andy S. Grove, Doubleday, 1996

125 디지털 노마드-온라인 비서 질 오펠리거 씨, YTN, 2020년 9월 20일. 이하의 내용은 기사를 요약, 편집한 것이다.

126 Digital Nomad, Tsugio Makimoto, David Manners, Wiley, 1997

127 21세기 사전, 자끄 아탈리, 중앙M&B, 1999년

128 Covid-19 and the rise of the digital nomad, MBO Partners, 2020. 이 보고서는 MBO 파트너스가 매년 조사해 발표하는 'State of Independence in America Report'에서 발췌돼 공개된 자료다. 2020년에는 3,475명의 미국인들이 조사에 참여했고, 조사 결과는 전체 미국 인구를 바탕으로 가중치를 적용했다.

129 5 Co-living and Co-working space for digital nomads, Forbes, March 30, 2019

130 When you're a 'digital nomad,' the world is your office, The New York Times Magazine, February 8, 2918; Roam Homepage, 5 Co-living and Co-working space for digital nomads, Forbes, March 30, 2019

131 디지털 노마드족, 서귀포 스타트업 베이로 모인다, 매일경제, 2020년 7월 24일

132 15 Cool co-working spaces for inspiring digital nomads in Bali, www.indonesia.travel, December 16, 2020

133 관광국들 '우리나라에서 재택근무하세요.'… 디지털 노마드 공략, 뉴스핌, 2020년 9월 18일

134 The digital nomad did not prepare for this, New York Times, November 8, 2020

135 Oxford Language, Online Etymology Dictionary

136 인적자원관리론(Fundamentals of Human Resource Management), 3판, Noe, Hollenbeck, Gerhart, and Wright 저, 정진철 외 6인 공역, 맥그로힐 코리아, 2010년

137 Luxury's Talent Factories, Andrew Shipilov, Frederic Godart, Harvard Business Review, June 2015

138 제너럴리스트가 스페셜리스트보다 더 좋은 일자리를 제안받는 이유, 제니퍼 멀루지, 하버드 비즈니스 리뷰, 2016년 6월호

139 늦깎이 천재들의 비밀(원제: Range), 데이비드 엡스타인, 열린책들, 2020년 5월

140 Don't underestimate generalist: They bring value to your team, Knowledge@Wharton, interview with David Epstein, July 9, 2019

141 Managing Oneself, Peter F. Drucker, Harvard Business Review, Managing Yourself, January 2005. 최초의 논문은 1999년 Harvard Business Review에 실렸고, 2005년 다른 논문들과 함께 단행본으로 출간됐다.

142 2018년 기준으로 평균 82.7세로 남성은 79.7세, 여성은 85.7세다(출처: 통계청).

143 When robots take all of our jobs, Remember the Luddites, Smithsonian Magazine, January/February 2017

144 The Second Machine Age: Work, Progress, and Prosperity in a Time of Brilliant Technologies, Erik Brynjolfsson, Andrew McAfee, W.W.Norton & Company, 2016

145 현대차, 세계 최고 로봇기술 등에 업고… 자율주행 완전 정복 나선다, 매일경제신문, 2021년 1월 5일

146 Do you love me?, Boston Dynamics, December, 30, 2020, Youtube(https://www.youtube.com/watch?v=fn3KWM1kuAw)

147 Bots, algorithms, and the future of the finance function, McKinsey, January 9, 2018

148 대기업 임원될 확률 보니… 남 40대1, 여 293대1, 매일경제, 2020년 6월 30일

149 Millions of American have lost jobs in the Pandemic – And robots and AI are replacing them faster than ever, Time, August 6, 2020

150 동일 자료

151 무크(MOOC)의 부활… 코세라, 가입자 1,000만 명 폭증, 한국경제신문, 2020년 5월 28일